知而不知數學

중등수학에 관한 대화 1

知 而 不 知

數 學

이동원 지음

KM 경문사

머리말

중·고등학교 수학 선생들을 만나다 보면 '수학을 잘 가르치기 위해서는 무엇을 해야 하는가?'와 같은 질문을 받곤 한다. 이런 질문을 하는 선생들은 대개 수학을 더 공부하면 본인의 문제를 해결할 수 있을 것으로 믿으며 수학 공부를 더 하고 싶다고도 한다. 하지만 그들이 갖고 있는 의문을 자세히 들여다보면 단순히 수학전공자들처럼 석박사과정의 수학을 더 공부함으로써 해결할 수 있는 것도 아니고 수학교육학의 방법론을 습득함으로써 해결할 수 있는 것도 아니다. 피상적으로는 중등수학의 얕은 지식에서 발생하는 단순한 질문처럼 보이지만 실상은 수학적 사유의 방식과 수학적 지식 체계의 본질적이고도 미묘한 지점에서 생겨나는 의문이라는데 설명과 해결의 어려움이 있다. 학교 현장 교사들이 하는 질문은 대략 다음과 같이 분류해 볼 수 있다.

수업에서 수학적 조작 활동을 하다 보면 생기는 의문이 근본적으로 해결되지 않는 경우가 있음을 느낀다고 한다. 예를 들어 분수의 연산에서

$$\frac{2}{\sqrt{2}+1} = \frac{2}{\sqrt{2}} + \frac{2}{1} = \sqrt{2}+2$$

와 같이 계산하는 학생에게

$$\frac{b+c}{a} = \frac{b}{a} + \frac{c}{a}$$

는 성립하는데

$$\frac{a}{b+c} = \frac{a}{b} + \frac{a}{c}$$

은 성립하지 않는 이유를 명쾌하게 설명하기 어렵다고 한다. 또

$$\frac{x^2+1}{x} = \frac{x^{\not{2}}+1}{\not{x}} = x+1$$

또는

$$2(2x+3)=4x+3$$

으로 계산하는 학생에게 왜 그렇게 하면 안 되는지 설명을 해도 설득이 잘 안 된다는 것이다. 첫 번째 식은 분모와 분자를 각각 괄호로 묶어

$$\frac{x^2+1}{x}=(x^2+1)\times\frac{1}{x}=x+\frac{1}{x}$$

와 같이 계산해야 한다고 설명하고, 두 번째 식은 다음 그림과 같은 넓이를 이용해 분배법칙을 설명해도 설득이 잘 안 된다는 것이다. 학생은 교사의 설명을 들을 때는 이해하는 듯하다가도 다른 단원이나 다른 문제에서는 같은 실수를 반복한다는 것이다. 그리고 교사는 교사대로 왜 그래야 하는지 스스로 의문이 생긴다는 것이다.

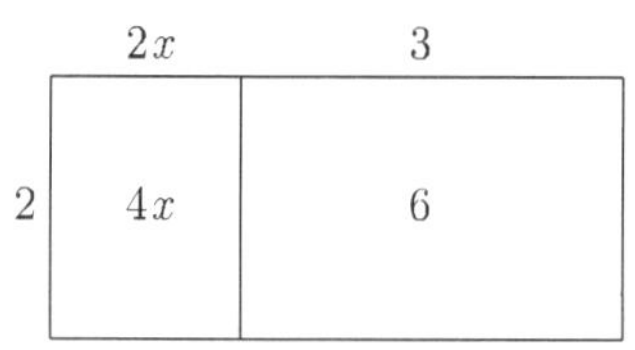

수학교육의 이론적 방법론도 현실적이지 않고 스스로에게도 수식 계산 방식이 왜 그렇게 정해져야 하는지 알 수 없다는 것이다. 그러면 저자는 다음과 같이 물어보곤 한다. "정말로 그렇게 되는 이유는 무엇인가?"라고. 교사는 내게 무슨 저의가 있는 것은 아닌지 눈치를 살피면서 "분배법칙이 성립하니까 그런 것 아닌가요?"라고 반문한다. 그러면

$$10-(2+3)\neq(10-2)+(10-3)$$
$$10\div(2+3)\neq(10\div2)+(10\div3)$$

과 같이 뺄셈과 나눗셈은 분배법칙이 성립하지 않는데 곱셈은 분배법칙이 성립하는 이유가 무엇인가? 하고 다시 묻는다. 이에 교사는 학생에게 가르쳤던 넓이의 그림을 갖고 다시 설명을 반복한다.

분배법칙을 설명하는 넓이 그림은 분배법칙을 이해하는데 도움을 주기 위해 사용하는 시각적 모형이다. 그림의 넓이에 대한 분배법칙이 곧 추상적 수식의 전개와 같은 것은 아니다. 분배법칙에서 또는 분수의 계산에서 괄호 밖의 곱이 괄호 안으로 들어갈 때 각각의 항에 곱해야 하는 현실적 모델의 예시가 곧 추상적 수식의 연산을 의미하는 것은 아니지 않는가? 이런 모델로부터 수학적 대상인 수식의 분배법칙을 도출하는 데에는 비약이 있다. 그렇다면 '수식의 분배법칙이 성립하는 진짜 이유는 무엇인가?'라고 물을 수 있다.

분수의 계산에서 생기는 오류는 대부분 분배법칙을 잘못 적용한 데서 비롯되는데 그 원인은 대개 기호 +, ×, −, ÷와 괄호 ( )의 의미를 이해하지 못하고 오용한 데서 발견된다. 그리고 수학적 기호와 수식의 의미를 이해하지 못하는 이유는 근본적으로 기호와 수식의 추상성에 기인한다. 교사들은 추상화된 기호와 수식을 현실 유비와 활동으로 설명하지만 한계가 있기 마련이다. 기호의 의미와 조작 방식은 기호의 정의에 의해 파악되어야 하는데 기호의 추상성에 의하여 낯설어 현실 유비의 설명으로는 부족할 수밖에 없다. 실제로 어떤 학생은 돈 계산이나 상자 안에 들어있는 사과의 개수를 계산하는 현실적 문제는 잘 해결하면서도 이를 수식으로 표현하고 분배법칙을 적용하는 데는 어려움을 겪는다. 이런 점을 고려하여 교사는 먼저 학교 현장에서 일어나는 현실 유비의 설명이 수학의 추상적 대상과는 차이가 있음을 인식하고, 교사의 현실 유비의 설명을 들어도 수학적 대상의 의미를 학생들이 이해하기 어려울 수도 있다는 점을 인정해야 한다. 그리고 이런 점을 극복하기 위해 교사는 현실 유비 너머 있는 기호 본래의 추상적 정의와 정확한 의미를 인지하고 수학적 지식과 현실 유비의 차이를 알고 있어야 한다. 비록 학교 수학 교실에서 현실 유비를 통한 수업밖에 할 수 없을지라도 교사가 수학적 지식의 추상성을 이해하지 못하면서 현실적인 활동을 바탕으로 수학을 '조작 활동으로 결론 내기'로 변형하여 가르치는 것은 좋은 수업이 될 수 없다.

학교 현장 선생들을 만나다 보면 당연히 생각해 보았어야 할 수학적인 질문을 엉뚱하게 하기도 한다. 예를 들어

> '직선은 곡선인가?'

또는

> '함수 $f(x)=x+\sin x$에서 앞의 x는 실수인데 $\sin x$의 x는 각도를 나타내므로 $f(x)=x+\sin x°$ 또는 $f(x)=x+\sin(x$ 라디안)로 표현해야 하는 것이 아닌가?'

라는 식의 질문이다.
이런 종류의 질문은 수학적 용어와 기호의 의미를 명확히 이해하지 못한 상황에서 생기는 의문이다. 특히 일상생활 용어와 수학적 용어가 상충하는 경우나 수학적 기호가 명시적으로 적시되지 않은 경우에 많이 발생한다. 실제로 첫 번째 질문은 일상생활에서는 직선과 곡선이 반대 개념의 배타적인 용어지만 수학적 용어로는 직선은 곡선의 일종인 혼란스러운 상황에서 생긴 것이고, 두 번째 질문은 같은 기호를 사용하지만 삼각비의 sin과 삼각함수의 sin의 차이가 무엇인지 명확히 알지 못한데서 생긴 것이다. 수학에서는 같은 기호를 여러 가지의 의미로 사용하는 경

우도 종종 있다. 예를 들어 $\sum_{n=1}^{\infty} a_n$은 급수를 표현하는 기호이면서 급수의 극한값을 의미하기도 한다. 이처럼 수학적 정의와 용어 또는 기호의 오해에서 생기는 현상은 그 의미를 한번 짚어주면 교사는 금방 알아차릴 수 있으므로, 수학적 정의와 기호가 나타날 때 교사들의 관심과 사고를 환기시켜 명확히 해줄 필요가 있다.

학교 현장 선생들의 질문이 때로는 단순하지만 그 질문에 답하기 위해서는 중등수학보다 더 높은 수준의 수학적 지식을 요구하는 경우도 있다. 예를 들어 'π는 무리수인가?'와 같은 질문이다. 학교 현장에서는 π가 무리수라고 가르치지만 π가 무리수임을 증명하는 경우는 거의 없다. 그런데 π가 무리수라고 매번 가르치다가 보면 정작 자신도 그 증명을 본적이 없음을 깨닫고 '진짜로 π가 무리수인가? 무리수인 것은 어떻게 아는가?'와 같은 질문을 하게 되는 것이다. 교사는 이에 대한 답을 찾으려고 인터넷이나 서적을 뒤적여 보지만 설명이 쉽지 않다. 그도 그럴 것이 π가 무리수임을 증명하는 가장 간단한 수학적 증명이 학부 수준 교재의 뒤편에 소개되어 있고 중등교육의 수준보다 복잡한 계산과 사전 지식을 요구하기 때문이다. 'e는 무리수이다', '$\lim_{n\to\infty} n2^{-n} = 0$이다', '표준정규분포의 확률밀도함수는 $f(x) = \frac{1}{\sqrt{2\pi}} e^{-\frac{1}{2}x^2}$이다'은 중등교육에서 매번 사용하는 지식이지만 그에 대한 증명은 학부나 대학원 교재에서 찾을 수 있는 중등수학보다 높은 수학적 지식이다.

학교 현장에서 직관에 의존하여 다루는 수학적 내용의 증명을 위해서 중등수학의 수준을 넘어서는 지식이 필요한 경우는 교사 스스로 결과를 얻거나 증명을 찾아 의문을 해결할 수 있도록 수학의 내용 지식을 변환하여 지원해 줄 필요가 있다. 이를 위해 중등수학의 내용을 다루면서도 그 내막에 가려있는 높은 수준의 수학적 지식에 대한 정보를 제공하여, 교사가 학생들에게 직접적으로 가르칠 수는 없어도 교사 자신에게 답할 수 있도록 해야 한다. 이는 교사의 성취를 돋우고 학교 수업의 내재적 지식을 교사가 지님으로써 학생들에게 수학적 지식의 방향과 전개 양상을 짐작할 수 있도록 한다.

학교 현장의 선생들은 드러난 모습은 너무나 당연해 보이지만 수학적 지식의 기초를 손대야만 설명할 수 있는 수학에 대한 근본적인 질문을 하기도 한다. 예를 들면 다음과 같은 질문을 한다.

'$1+1=2$ 인가?'

또는

'음수에 음수를 곱하면 양수가 되는 이유는 무엇인가?'

이런 유형의 질문은 당연하다고 인식하고 있는 수학적 지식이 사실은 단순 명확한 것이 아니라 어떤 수학적 기초 위에 구성된 내용임을 이해할 때 해결될 수 있다. '$1+1=2$'라는 지식은 초등학교 이후로 줄곧 쓰면서도 한 번도 의심하지 않다가, 수학을 가르치면서 또는 문제를 풀면서 느끼는 수학의 근본적인 물음에서 비롯된다. 교사도 어떤 의미에서는 수학적 지식의 의미를 명확히 알지 못한 상황에서 덧셈에 대한 연산을 가르치고, 음수에 대한 연산을 가르치고, 사칙연산을 확장하며 분수와 무리수의 더하기와 곱하기를 가르치며 연산 결과를 얻기 위한 조작 활동에 열중한다. 이런 훈련을 반복하다 보면 교사와 학생은 수학이 '조작 활동에 의한 결론내기'하는 과목이라는 인식을 하게 된다. 그러면 교사들은 $-1-1=-2$, $1-(-1)=2$와 같은 음수의 연산에서 잘못 계산하는 학생들을 이해하지 못하고 형식불역의 원리를 비롯한 여러 가지 조작 기법으로 설명하고 설득하려 애쓴다. 음수 계산에 대한 수학적 근거를 제대로 이해하지 못한 상황에서 문제를 풀기 위한 기교적 조작 활동을 아무리 강조하여도 근본적으로 학생을 이해시킬 수는 없다. 왜냐하면 앞의 어리석어 보이는 질문이 사실은 수학적 지식의 기초에 해당하는 수학 지식 구조의 한 부분을 이해해야만 완전히 설명할 수 있기 때문이다. 아쉽게도 교사들에게는 이런 수학적 지식의 기초를 배울 기회가 거의 없기 때문에 현실적으로 극복하여 가르칠 기회도 거의 없다.

교사들의 의문과 궁금증은 학교 현장의 수업에서 '수학을 어떻게 하면 잘 가르칠까?' 또는 '내가 가르치고 있는 것이 무엇인가? 어떤 의미를 지니는가?' 또는 '수학적 지식은 무엇인가?'와 같이 수학을 잘 가르치고 쉽게 설명하기 위한 고민에서 나온다. 이런 질문들에 스스로 답하기 위하여 노력하다가 어느 순간 '왜 그렇지?'라는 질문에 빠져버린다. 이런 현상은 학교 교실에서 매일 쓰면서도 구체적으로 증명하지도 않고 의심해본 적도 없는 수학적 지식에 대한 교수학적 변환 과정에서 내적으로 흔히 일어난다.

교사의 의문을 해결하기 위해서는 중등수학보다 높은 수준의 수학적 지식을 갖고 와야 할 수도 있고 수학 전공자들이 고민하는 수학의 기초에 대한 지식을 갖고 와야 할 수도 있다. 그럼에도 불구하고 교사는 의문과 궁금증을 해결할 마땅한 방법이 있기를 기대한다. 왜냐하면 수학적 지식의 구조와 의미를 파악해야만 풀 수 있는 근본적인 질문이더라도 학교 현장에서는 설명해야 하는 주제이기 때문이다.

수학을 잘 가르치려고 애쓰다가 부족함을 느끼는 데서 비롯된 학교 현장의 현실임을 고려하여 교사들에게 부족함을 해결할 수 있는 정보를 제공할 필요가 있다. 학교 현장 수업에서 직접적으로 가르칠 수는 없을지라도 수업의 방향성과 학생들의 오개념과 오류에 대하여 피상적인 말을 반복하지 않고 학생의 의견을 수용할 수 있는 안정적인 수업을 하기 위해서는 교사의 지식으로 필요하다. 중등교육에서는 형식적인 접근이 어렵고, 수학적 지식을 어쩔 수 없이 현실 유비로 설명할 수밖에 없는 환경이라 하더라도, 또 어쩔 수 없이 교수학적 변환이 필요할지라도, 교사는 수학적 지식의 원리를 그대로 알고 있어야 한다. 그래야만 수학의 정의와 공리, 기호의 조작 활동, 그리고 수학적 지식의 근본적인 질문에 대해서도 대답할 수 있다. 또한 수학이 '조작 활동에 의한 결론 내기' 또는 '지루하고 딱딱한 과목'이 아니라 자유로운 사고를 추구하는 학문임을 가르칠 수 있고 수학적 영감을 불러일으킬 수 있다.

학교 현장의 현실적 상황을 고려하여 중등수학교육에서 쓰일 수 있는 고급 수학과 수학적 기초를 소개하는 교재의 필요성에 의해 이 책은 집필되었다. 이를 위해 이 책에서는 중등수학의 내면에 있는 고급 수학적 사고와 증명을 학교 교사가 이해할 수 있는 수준으로 변환하여 제공한다. 이 책의 특징을 간략히 소개하면 다음과 같다.

첫째는 중·고등학교 수학 교과서에 있는 소재와 주제를 그대로 다루고, 그 주제에 내재해 있는 수학적 기초 또는 고급 수학적 지식 또는 교사와 학생들이 범하기 쉬운 오개념과 조작 활동에서의 오류 등을 소개한다. 이로부터 학교 수업에서 일어나는 실제적인 오개념과 오류에 대하여 근본적인 원인을 진단하고 교사가 수학의 본질적 구조로부터 파생되는 어려움을 이해하도록 한다.
둘째는 중·고등학교 수학 수업에서 일어날 법한 문제를 질문하는 형식으로 풀고 있다. 학생의 시선에서 할 수 있는 질문에 교사가 할 수 있는 대답의 가능성을 비교하여 액자형 대화로 전개한다. 액자 형식의 대화에서 문제를 제기하고 풀어가는 대화의 상호 작용 속에 수학적 기초나 고급 지식에 대한 의문을 해결하고 오개념과 기호의 오적용 등을 자연스럽게 밝혀낸다. 대화 속에는 교사들이 갖는 궁금증과 연결된 수학적 공리나 정의 또는 기호의 의미에 대하여 생각하게 하여 수학적 질문에 답하며 풀어가도록 한다.
셋째는 학교 수업에서 교사가 생각해 보지 않았거나 고민해본 적이 없는 낯선 수학적 질문을 담고 있다. 풀이를 보고 나면 별것 아닌 것처럼 보이지만, 한 번도 생각해 보지 못했던 점을 고려하면, 단순한 질문들도 수학적 지식과 전개 방식에 대한 생각을 넓혀준다. 한 번 새롭게 생각하고 나면 학생들이 갖는 착각과 오류의 원인을 이해할 수 있게 된다.
넷째는 답을 찾으려면 고급 수학의 지식이나 수학의 기초에 해당하는 근본적인 지식이 필요한 문제도 다수 실려 있다. 그런 문제에 대해서는 보다 긴 시간 깊이 생각해 보기를 권한다. 단순히 답을 얻기보다는 수학적 지식의 기초가 중등교육의 밑바탕에 어떻게 자리 잡고, 어떤 모습으로

숨겨져 있다가 어떤 수업 주제에서 어떤 모습으로 나타날 수 있는지를 생각해 보길 바란다. 또 학교 교실에서 가르치고 있는 수학이 무엇을 기초로 하고, 대학교에서 배운 수학적 지식이 어떻게 작용하고, 어떻게 녹여 융화되어 있는지를 이해할 수 있기를 바란다. 이를 위해 저자는 수학적 지식과 관련된 내용을 부록으로 정리하여 함께 공부할 수 있도록 하였다.
끝으로 이 책의 많은 예는 저자가 교재 연구 수업에서 교사들에게 질문하고 들었던 대답이나 설문으로 얻었던 자료를 바탕으로 각색한 것이다. 그러므로 질문이나 대화에 빈칸으로 제시된 물음의 교실 상황을 이해하고 해석과 풀이를 보기 전에 먼저 스스로 답해보기를 권한다. 실제로 교사들이 바르게 답하지 못한 문제들이 많이 제시되어 있다.

학교 현장을 담은 기존의 수학교육 교재는 방법론에 치중하여 학교 교실에서 일어나는 수업 내용의 근원을 고민하기보다는 수학의 현실성을 앞세운 현실 유비의 설명으로 학생들을 설득하려는 교수법이 많다. 수학을 구체화하고 현실감을 부여하여 실생활의 문제를 해결하는 데는 도움을 줄 수 있다. 하지만 수학은 그것으로 끝나는 것이 아니다. 교사나 학생이 갖는 수학에 대한 근본적인 질문에는 답을 주지 못하고, 수학은 그저 현실 문제를 그럴듯하게 변형하여 계산하고 연산하는 조작 활동으로 결론 내기하는 과목이라는 인식을 주고, 문제를 푸는 기교적 과목으로 전락시키는 우려마저 있다. 수학이 사고의 학문이라는 점을 생각하면 수학의 참 즐거움을 가리고 학생들이 수학으로부터 점점 더 멀어지게 하는 역할을 할 수도 있다.
학교 현장에서 깊이 있는 수학의 본질적 사고방식에 대한 토의나 수업이 이루어질 수 없다고 해서 교사마저 이를 몰라도 된다는 주장은 잘못되었다. 비록 수업에서는 한 번도 소개될 기회가 없을지라도 수학이란 무엇인지, 수학적 지식은 무엇을 알기 위한 것인지, 수학을 공부한다는 것은 어떤 질문에 답하는 과정인지, 그리고 어떻게 접근하고 어떤 방식으로 해결하고 그 결과의 지식이 어떤 의미와 가치를 지니는지에 대하여 교사는 알고 있어야 한다. 그래야만 수학을 교육하는 진짜 목적을 향한 수업의 방향성을 잃지 않고 학생들에게 수학의 한 면을 오롯이 전해줄 수 있다.

이동원

차례

차례

제1장

논리와 집합

명제란?

1 다음 선생과 학생의 대화를 보고 물음에 답하시오.

선생: 명제란 명확하게 참/거짓을 판별할 수 있는 문장이나 식이야. 예를 들어 '2024년 파리는 프랑스의 수도다'와 '2 더하기 2는 6이다'는 명제이고 '하늘은 높다'와 '$x+3=7$'은 명제가 아니지.

학생: 참/거짓을 판별할 수 있다는 뜻은 참/거짓을 증명할 수 있다는 뜻인가요? 그러면 ① 참/거짓이 증명되지 않은 문장은 명제가 아닌가요? 왜냐하면 문장이 참인지 거짓인지를 증명할 수 없으면 그 문장이 참/거짓인지를 명확히 판별할 수 없잖아요.

선생: 명제에서 명확하게 참/거짓을 판별할 수 있다는 뜻은 참이나 거짓이나 둘 중의 하나라는 뜻으로 참/거짓을 증명할 수 없지만 어떤 방식이나 규칙으로 따라가면 참/거짓 둘 중의 하나로 정해져 있음을 의미해. 그러니까 참인지 거짓인지를 증명할 수 없다고 해서 명제가 아닌 것은 아니야. 예를 들어 π의 소수점 아래 1백만 번째 자리의 수는 알지 못해도 0부터 9사이의 어느 수라는 것은 알 수 있어. 그러므로 'π의 소수점 아래 1백만 번째 자리의 수는 7이다'는 참이거나 거짓이거나 둘 중의 하나로 정해져 있지. 그러니까 명제이지. 이때 1백만 번째 자리의 수를 알 필요는 없어.

학생: 둘 중의 하나로 정해져 있는 것이 불투명할 수도 있잖아요. 예를 들어 체르멜로-프랭켈 공리(ZF)에서 증명도 반증도 할 수 없는 선택공리(C)는 명제인가요? 또 ZFC에서 연속체 가설은 명제인가요? 나아가 골드바흐 추측은 명제인가요?

선생: 선택공리나 연속체 가설은 참/거짓을 객관적으로 판별할 수는 없으나 수학 체계의 언어로만 명시적으로 구성되어 참/거짓 중의 하나로 정할 수 있어. 또 골드바흐 추측도 현 수학 체계의 언어로 구성되고 명시적인 의미를 지니므로 증명은 하지 못하였지만 참/거짓 둘 중의 하나라고 믿고 있어.

학생: 그렇다면 '하늘은 높다'도 명제라야 하는 것 아닌가요? 왜냐하면 하늘은 높거나 높지 않기 때문에 '하늘은 높다'가 참이거나 거짓이거나 둘 중의 하나로 정해지죠. 이처럼 하면 명제가 아닌 선언 문장은 하나도 없죠.

선생: 문장의 참/거짓이 정해져 있으려면 문장의 술어가 명확한 기준이 있어야 해. 예를 들어 '하늘은 푸르다'에서 '푸르다'는 상대적이라 '푸르다'고 할 수 있는지 명확한 기준이 없어.

학생: 술어의 기준으로 본다면 '$x+3=7$'는 x의 값에 따라 참/거짓이 명확하므로 명제인가요?

선생: x의 값이 정해지지 않아 참/거짓을 알 수 없지. 그러므로 명제가 아니지.

학생: 하지만 ㉠ 'π의 1 백만 번째 자리의 수가 7 이다'라고 하면 참/거짓인지는 알지 못하지만 참이거나 거짓으로 둘 중의 하나로 정해져 있으므로 명제라고 하셨잖아요. 문장 ㉡ '$x+3=7$'도 x에 따라 참이 아니면 거짓이므로 명제라고 할 수 있는 것 아닌가요?

선생: ㉠ 에서 π의 1백만 번째의 자리의 수는 알 수 없지만 7 인지 아닌지가 정해져 있는 것이고, ㉡ 은 x의 값이 주어지면 명제이지만 x의 값에 따라 참/거짓이 변하므로 문장 자체로부터 참/거짓을 정할 수 없어. 이와 같이 x의 값이 정해지면 명제이지만 x의 값에 따라 참/거짓이 바뀌는 명제를 명제함수라고 해.

학생: 아, 그렇군요. '$x^2-2x=0$ 이다'도 명제함수이겠네요. 그런데 ㉢ 'x가 실수이면 $x^2 \geq 0$이다'는 명제함수인가요? 명제인가요? x가 포함된 문장이지만 모든 x에 대하여 참이므로 x에 따라 참 또는 거짓이 바뀌는 것이 아니잖아요. 또 ② '어떤 실수 x에 대하여 $x^2-2x=0$ 이다'는 명제인가요? 명제함수인가요?

선생: ㉢ 은 명제함수이지. x가 포함된 문장이지만 모든 x에 대하여 참이므로 항진명제라고 해. 그런데 x의 값에 관계없이 참이므로 명제이기도 하지. 또 ② 도 명제이지.

(1) ①에 대하여 대답을 생각해보자.

(2) ②의 대답으로 네모에 들어갈 적당한 답을 말하시오.

해설 및 풀이

명제논리는 문장을 기본 단위로 논리식 p, q와 같은 문자로 나타내고, 이를 결합한 문장으로 표시한다. 그러므로 명제논리에서는 논리식의 결합과 관계로 나타나는 논리식의 참/거짓을 주로 논한다. 나아가 어떤 문장이 기본 명제들로부터 추론규칙에 의하여 참/거짓을 판정할 수 있는 문장인지 아닌지 또는 얻어질 수 있는 결과인지 아닌지를 다루는 분야라고 할 수 있다.

명제논리에서는 명제를 기본단위로 하므로 명제의 내부구조를 분석할 수 없다. 이런 단점을 해결하기 위해 명제를 '주어'와 '술어'의 구조로 분리하여 술어의 대상 즉 주어에 대해 한정기호를 사용하는 술어논리를 적용한다. 술어논리에서 술어 P의 대상을 x라 하면 $P(x)$를 명제함수라 한다.

명제함수에 $x=c$로 특정하게 선택하거나 술어의 대상에 한정기호 $\forall$, $\exists$를 사용하면 명제함수는 명제가 된다. 술어논리는 명제의 내부구조를 분석할 수 있고, 존재성의 논리적 증명을 할 수 있고, 반례에 의한 증명이 가능하도록 하는 장점이 있다. 한편 명제함수가 모든 x에 대하여

$P(x)$가 참일 때 $P(x)$를 항진명제라 하고, 모든 x에 대하여 $P(x)$가 거짓일 때 $P(x)$를 모순명제라 한다. 이때는 x에 관계없이 $P(x)$의 참/거짓을 판별할 수 있으므로 $P(x)$가 명제논리의 명제가 되기도 한다.

■ 문장의 참/거짓에 대한 판정가능성과 명제의 정의에 대한 대화이다.

(1) ① 명제의 정의에서 참/거짓을 명확하게 판별할 수 있다는 뜻은 그 문장이 참 또는 거짓 둘 중의 하나라는 뜻이다. 그러므로 증명할 수 없어도 주어진 체계 내에서 문장이 참/거짓으로 정해져 있으면 명제이다.

(2) 명제함수 $P(x)$는 x의 값에 따라 참 또는 거짓이므로 x에 대한 함수이다. 예를 들어 '$|x| < 1$ 이면 $2x+1=0$ 이다'는 명제함수이고 'x가 실수이면 $x^2 \geq 0$ 이다'도 명제함수이다.

명제함수에 한정기호 '모든'을 의미하는 '$\forall$', 또는 '어떤'을 의미하는 '$\exists$'이 붙으면 명제가 돼. 그러므로 '모든 실수 x에 대하여 $x^2 \geq 0$이다'는 명제이고 '어떤 실수 x에 대하여 $x^2 < 0$이다'도 명제이지. ㉢에서 '모든 실수 x에 대하여 $x^2-2x=0$이다'와 '$x^2-2x=0$인 실수 x가 존재한다'는 모두 명제이지.

명제함수는 $p \rightarrow q$라는 조건으로 쓸 수 있으므로 조건명제라고 부르기도 한다. 조건명제로 나타내면 전자는 '$x \in \mathbb{R} \rightarrow x^2 \geq 0$'이고 후자는 '$x \in \mathbb{R} \rightarrow x^2-2x=0$'이다. 이때 전자는 $\forall x \in \mathbb{R}$에 대하여 $P(x)=1$인 상수인 명제함수로 항진명제이다. 한편 한정기호 $\forall$과 $\exists$를 붙인 '$\forall x(x \in \mathbb{R} \rightarrow x^2 \geq 0)$'와 '$\exists x(x \in \mathbb{R} \rightarrow x^2-2x=0)$'는 명제이다.

1 다음 문장이 명제인지 아닌지를 각각 말하시오. 또 명제함수인지 각각 말하시오.

(1) 너는 내가 싫다고 말했다.

(2) 삼각형의 내각의 합은 $180°$이다.

(3) 평면에서 주어진 세 점을 지나는 원이 존재한다.

(4) $x^2-1=0$ 이면 $|x|>3$ 이다.

(5) x^2이 정수이면 x는 짝수이다.

동등관계

1 다음을 만족시키는 관계 $\sim$을 동등관계라 한다.

(i) 임의의 x에 대하여 $x \sim x$이다.
(ii) $x \sim y$이면 $y \sim x$이다.
(iii) $x \sim y$이고 $y \sim z$이면 $x \sim z$이다.

다음 관계 $\sim$가 동등관계인지 각각 말하시오.
(1) 가위바위보 게임에서 a가 b를 이기거나 비기는 경우 $a \sim b$로 나타낸다.
(2) 정수 n, m을 3으로 나누었을 때 나머지가 같으면 $n \sim m$으로 나타낸다.
(3) 고등학교 3학년에서 a, b가 같은 반에 속해 있으면 $a \sim b$로 나타낸다.
(4) 집합 A, B에 대하여 $f: A \to B$인 전단사함수가 존재하면 $A \sim B$로 나타낸다.
(5) $\mathbb{Z} \times (\mathbb{Z} \setminus \{0\})$에서 $ad = bc$일 때 $(a, b) \sim (c, d)$으로 나타낸다.

해설 및 풀이

수학적 정의에서 동등관계 $\sim$은 등호 '$=$'을 개체의 대상에서 종(種) 또는 유(類)의 대상으로 확장한 개념이다. 동등관계가 성립하는 대상들을 동류 또는 동치류라고 하고, 이를 하나의 같은 대상으로 취급하는 것은 수학에서 매우 자주 쓰인다. 예를 들어 기약분수가 같은 분수는 모두 동등관계에 의한 동류가 된다.
동등관계의 (ii)를 대칭성이라 하고 (iii)을 전이성이라 한다. 대칭성을 갖지 않는 수학적 관계의 대표적인 예는 부등호 $<$ 이다. 또 'A는 B를 사랑한다'를 '$A \sim B$'로 표현하면 $A \sim B$와 $B \sim A$는 같지 않다. 전이성을 갖는 대표적인 수학적 관계는 $<$ 이고, 전이성을 갖지 않는 대표적인 예는 $\neq$ 이다. 한편 A와 B가 친구이고 B와 C가 친구이지만 A와 C는 친구일 필요가 없다. 또 염소는 풀을 먹고 호랑이는 염소를 잡아먹지만 호랑이는 풀을 뜯지 않는다.

1 동등관계의 성질에 대한 질문으로 (2), (3), (4), (5)는 동등관계이고 (1)은 대칭성을 만족시키지 않으므로 동등관계가 아니다.

1 동등관계에서 대칭성과 전이성을 만족시키지 않는 수학적 관계의 예를 각각 드시오.

집합의 정의

1 다음의 밑줄 친 주장에 대하여 어떻게 답할 것인가?

> 집합 $\{x \mid P(x)\}$를 명제 P의 진리집합이라고 한다. 즉 x가 집합 $\{x \mid P(x)\}$의 원소인지 아닌지는 $P(x)$가 참인지 거짓인지를 판단하여 안다. 그런데 $P(x)$가 참인지 거짓인지는 x가 진리집합의 원소인지 아닌지를 알아서 판단한다. 그러면 둘 중의 하나가 먼저 정해져야 하는 것이 아닌가? 또 명제 P에 대하여 $\{x \mid P(x)\}$는 항상 집합이 되는가?

2 다음 주장에 대하여 어떻게 답할 것인가?

> (1) 집합과 원소는 정의되었는가?
> 집합은 어떤 대상의 모임이고 그 모임의 대상을 원소라고 한다. 즉 집합은 원소들의 모임이고 원소는 집합에 속하는 대상을 말한다. 그러므로 집합을 정의하기 위해서는 '원소'가 필요하고 원소를 정의하기 위해서는 '집합'이란 용어가 필요하다. 이는 닭이 먼저냐 달걀이 먼저냐 하는 문제와 같이 서로 의존적으로 정의되어 있으므로 어느 것도 정의되지 않는다. 또한 '속한다'는 용어의 정의도 명확하지 않다. 실제로 집합에 속하면 원소이고 속하지 않으면 원소가 아니라고 한다. 역으로 어떤 집합의 원소이면 그 집합에 속한다고 하고, 원소가 아니면 속하지 않는다고 한다. 이처럼 '집합', '원소', '속하다'란 용어는 서로 맞물려 정의되므로 집합은 명확하게 정의되지 않았다.
>
> (2) $\varnothing$ 은 집합인가?
> 집합은 어떤 대상의 모임으로 원소를 가져야 한다. 공집합 $\varnothing$ 은 대상의 모임이 없다. 즉 원소가 존재하지 않으므로 집합이 될 수 없다. 그런데 공집합 $\varnothing$ 을 집합으로 간주하는 것은 모순이다.

해설 및 풀이

1 진리집합의 원소가 되는 것과 명제함수의 참/거짓이 되는 것은 서로 맞물려 있는 문제이므로 하나가 먼저 정의되어야 한다. 이런 이유로 체르멜로-프랭켈 공리에서는 집합을 내포가 아닌 외연으로 정의한다. 즉 집합은 대상이 속하는지 아닌지에 의해서만 정해지지 속성은 고려하지 않는다. 그러므로 $\{a, b\}$, $\{a, b, a\}$, $\{a, a, b, a\}$, $\{b, a\}$는 모두 같은 집합이다.

집합은 원소나열법과 조건제시법으로 표현할 수 있는데 집합의 정의에 따르면 원소나열법으로 쓰는 것이 좋다. 집합을 어떤 조건을 만족시키는 대상들의 모임으로 표현하는 조건제시법은 대상의 속성을 이용한 편리한 표기법이다. 하지만 한 집합을 무수히 많은 다른 방법으로 나타낼 수 있어 집합의 정의가 지칭하는 대상이 불명확해, 직관주의자들이 속성으로 정의하는 무한집합을 인정하지 않듯이, 집합의 실재성을 의심할 수 있다. 또 러셀의 역설처럼 명제 P에 대하여 $\{x \mid P(x)\}$는 집합이 안 될 수도 있다. 이와 같은 모순은 대상이 너무 큰 집합으로 정의하는 경우에 생기는 점을 고려하여 체르멜로-프랭켈 공리에서는 집합을 한정함으로써 극복한다. 이를 분류공리꼴이라 한다. 즉 집합 U에 대하여 $\{x \in U \mid P(x)\}$로 제한함으로써 집합이 되도록 한다. 그러나 이 공리로 인해 부분집합만 생성할 수 있는 한계가 생긴다. [부록 1: 집합 공리에 대하여]를 참조하기 바란다.

2 집합과 원소 그리고 공집합의 용어와 정의에 대한 질문이다.

(1) 집합과 원소 둘 중의 하나는 먼저 정의되어야 한다. 그러므로 집합 또는 원소 중의 하나는 무정의 용어이다. 이제 집합과 원소가 정의되면 '속하다'란 용어는 원소가 되느냐 되지 않느냐에 따라 정의할 수 있다. 이때 '속하다'는 기호를 $\in$으로 쓰고, 집합으로서 부분집합은 '$\subset$'으로 쓴다.

(2) 집합은 단순히 '어떤 대상의 모임'이 아니라 어떤 공리계를 만족시키는 대상들이다. 실제로 집합론은 체르멜로-프랭켈 공리에 의해 구조화되어 있고, 이에 따라 $\varnothing$은 집합이다. 한편 공집합 $\varnothing$이 집합이 아니면 집합의 연산(합집합과 교집합)에 대하여 닫혀있지 않게 되어 집합의 연산을 정의하기 어렵다. 공집합 $\varnothing$는 집합의 연산에서 항등원과 같은 역할을 한다.

1 **집합 $A = \{\varnothing, \{\varnothing\}\}$에 대하여, 다음 중 옳은 것을 모두 고르시오.**

(1) $\varnothing \in A$

(2) $\varnothing \subset A$

(3) $\{\varnothing\} \in A$

(4) $\{\varnothing\} \subset A$

(5) $\{\{\varnothing\}\} \in A$

(6) $\{\{\varnothing\}\} \subset A$

(7) $\{\varnothing, \{\varnothing\}\} \in A$

(8) $\{\varnothing, \{\varnothing\}\} \subset A$

집합의 이름

1 다음 중에서 실수의 집합과 정수의 집합을 각각 말하시오.

(1) $\{-1, 0, 1\}$

(2) $\mathbb{R}$

(3) $\left\{1, \frac{1}{2}, 2, \frac{3}{2}, 3, \cdots\right\}$

(4) $\mathbb{Z}$

(5) $\{1, \sqrt{2}, 2, \sqrt{3}, 3\}$

(6) $\{1, 0, i\}$

(7) $\left\{0, \frac{1}{2}, 1\right\}$

해설 및 풀이

1 수학적 용어와 일상용어의 차이를 명확히 해야 하는 점을 묻는 질문이다. 명제 P의 진리집합 $\{x \mid P(x)\}$는 통상적으로 'P의 집합'으로 부른다. 그리고 집합의 정의로부터 $P(x)$를 만족시키는 모든 x는 $\{x \mid P(x)\}$의 원소가 되어야 한다. 그러므로 P의 집합에는 조건 $P(x)$가 참인 모든 x가 포함되어 있어야 한다. 예를 들면 '실수의 집합'이라고 하면 $P(x)$는 'x는 실수이다'라는 명제함수이고 이를 만족시키는 모든 x는 '실수의 집합'에 포함되어야 한다. 그러므로 '실수의 집합'은 곧 실수 전체의 집합 $\mathbb{R}$를 의미한다. 하지만 중·고등학교에서 실수의 집합, 유리수의 집합, 정수의 집합 등 집합의 이름이 있는 경우 실제로는 부분집합을 칭하는 경우가 더러 있다.[1] 예를 들어 $\{-1, 0, 1\}$는 실수의 집합이고, 유리수의 집합이고, 정수의 집합이 되는 것이다. 이는 중·고등학교에서 집합을 '어떤 대상들의 모임'으로 정의하고, 모임은 조건을 만족시키는 대상들의 전체가 아니더라도 집합이 된다는 예시를 통해 생기는 오개념이다. 실제로 학교 현장에서는 '안경을 낀 사람들의 모임' 또는 '키가 170cm 이상인 사람들의 모임' 등 어떤 모임을 집합으로 소개하면서, 집합은 그 성질을 만족시키는 모든 대상을 원소로 갖는다는 점을 강조하여 설명하지 않는다. 그러므로 안경 낀 사람 몇 명이 모여 있으면 '안경 낀 사람의 집합'이 된다는 오개념을 형성하게 한다. '모임'이란 용어와 '집합'이란 용어의 차이점을 주목할 필요가 있다.

---

1) 영어로는 관사로써 그 차이를 드러낼 수 있다. 실제로 실수집합 $\mathbb{R}$는 영어로 the set of real number system이라고 쓰고, 실수의 집합으로는 a set of real numbers라고 쓴다.

한편 이런 방식의 설명으로 인해 생긴 학생들의 오해를 줄여주기 위하여 교과서에서부터 집합을 소개할 때 '전체의'란 용어를 추가로 도입하였다. 예를 들어 '실수의 집합'을 소개할 때는 '실수 전체의 집합' 또는 '실수 전 구간'과 같은 용어를 쓴다. 문제는 '전체의'란 용어가 추가됨으로써 '전체의'가 들어있지 않는 집합은 그 일부로만 구성된 집합의 이름으로 사용하기 시작하였다는 점이다. 중·고등학생들은 '실수 전체의 집합'은 $\mathbb{R}$로 인식하지만 '실수의 집합'은 '실수로 이루어진 집합' 또는 '실수로 구성된 집합'이란 뜻으로 실수의 부분집합을 지칭하는 것으로 알고 있다. 실제로 설문 조사에서 교사 70% 이상, 학생들은 90% 이상이 $\{-1, 0, 3\}$은 실수의 집합이라 답하였다. 이로 인해 '부분집합'이란 용어가 불필요해지면서 이제는 거의 사용하지 않게 되었다. 예를 들어 '실수의 집합'이 실수의 부분집합을 의미하게 되면서부터 '실수의 부분집합'이란 용어가 거의 사용하지 않게 되었다. 이런 점에서 집합의 이름 짓는 방식에 대하여 논의할 필요가 있다. 실수의 집합은 (2), 정수의 집합은 (4)이다.

1 $A=\{5\}$, $B=\{3\}$**에 대하여, 차집합** $A-B$**는?**

(1) $\varnothing$

(2) 2

(3) $\{2\}$

(4) $\{3\}$

(5) 5

(6) $\{5\}$

(7) 존재하지 않는다.

무한집합

1 객실이 무한히 많은 호텔이 있다. 연휴로 이 호텔의 모든 객실이 차서 빈방이 없는 날 오후 늦게 한 손님이 찾아왔다. 눈도 많이 오고 날씨도 매우 추워서 점원은 이 불쌍한 손님을 위하여 방을 마련하기로 하였다. 먼저 1번 방의 손님은 2번 방으로, 2번 방의 손님은 3번 방으로 옮기는 식으로 원래 있던 방에서 방의 번호가 1이 더 큰 방으로 옮기도록 한 후, 비어있는 1번 방에 그 손님이 묵도록 하였다. 그런데 조금 뒤에 2명의 여행객이 더 찾아왔다. 점원은 이 2명도 호텔에 묵게 하려고 한다. 어떻게 하였을까?

(1) 그 후에 어떤 관광버스가 손님을 가득 태우고 찾아왔다면 점원은 이들을 모두 호텔에 묵게 할 수 있을까?

(2) 무한히 많은 사람이 찾아온다면 점원은 이들을 위한 방을 마련할 수 있을까?

(3) 무한히 많은 사람을 태운 무한히 많은 버스가 찾아온다면 점원은 이들을 모두 호텔에 묵게 할 수 있을까?

해설 및 풀이

무한집합은 자신과 일대일대응이 되는 진부분집합이 존재하는 집합이고 유한집합은 그렇지 않은 집합으로 정의한다. 즉 집합 X에 대하여 전단사함수 $f: X \to E$인 $E \subsetneq X$가 존재하면 X를 무한집합이라 하고, 그렇지 않은 집합을 유한집합이라고 한다. 그러면 유한집합은 어떤 자연수 n에 대하여 $\{1, 2, \cdots, n\}$과 일대일대응이 존재함을 수학적 귀납법으로 보일 수 있다.
두 집합 X, Y 사이에 전단사함수가 존재하면 대등하다고 한다. 그러므로 무한집합은 자신과 대등한 진부분집합이 존재하는 것이고 유한집합은 그렇지 않은 집합이다. 예를 들어 자연수집합 $\mathbb{N}$은 짝수의 집합 $2\mathbb{N}$과 대등하므로 무한집합이고 집합 $\{1, 2, 3\}$은 유한집합이다.

1 직관과 다르게 보이는 무한에 대한 힐베르트의 비유로 무한집합이 유한집합과 다른 속성을 드러내는 질문이다. 무한집합은 같은 크기를 갖는 진부분집합이 존재하는 집합으로 (1)은 무한집합에서 유한개의 원소를 빼도 원래 집합과 대등함을 의미하고 (2)는 무한집합에서 무한집합의 원소의 개수를 빼도 대등한 집합이 될 수 있음을 의미한다. (3)은 무한집합에서 가산합집합만큼의 원소의 개수를 빼도 대등한 무한집합이 될 수 있음을 의미한다. 이때 자연수집합의 크기와 같은 무한집합으로 기수가 $\aleph_0$인 가산집합을 빼는 경우에 해당한다. 실제로 (3)의 경우에 비가산무한집합의 수만큼 많은 승객이 오면 점원은 그들을 수용할 수 없다. 실수집합 $\mathbb{R}$의 부분집합

$\mathbb{N}$, $\mathbb{Z}$, $\mathbb{Q}$, $\mathbb{Q}^c$의 크기는 [부록 2: 기수와 연속체 가설]을 참조하라.

(1) 관광버스 승객의 수가 m이면 n번째 방의 투숙객을 $(n+m)$번째 방으로 이동하도록 하면 된다.

(2) n번째 방의 투숙객을 $2n$번째 방으로 이동하도록 하면 된다.

(3) 소수를 차례로 p_1, p_2, $\cdots$로 나열하고, 첫 번째 버스의 승객은 차례로 p_1, p_1^2, p_1^3, $\cdots$의 방에 투숙시킨다. 두 번째 버스의 승객은 차례로 p_2, p_2^2, p_2^3, $\cdots$의 방에 투숙시킨다. 이와 같이 k번째 버스의 승객은 차례로 p_k, p_k^2, p_k^3, $\cdots$의 방에 투숙시킨다. 그러면 모든 버스의 승객을 호텔에 묵게 할 수 있다.

1 자연수집합은 무한집합임을 설명하시오.

개체와 전체

1 함수 $f:\mathbb{R}\to\mathbb{R}$ 에 대하여 다음 중에서 같은 의미를 갖는 문장끼리 묶으시오.

① 임의의 $x\in I$에 대하여 $|f(x)|\le M$을 만족시키는 $M>0$이 존재한다.

② 임의의 $x\in I$에 대하여 $|f(x)|\le M$이 모든 $M>0$에 대하여 성립한다.

③ $|f(x)|\le M$을 모든 $x\in I$에 대하여 만족시키는 $M>0$이 존재한다.

④ 모든 $x\in I$에 대하여 $|f(x)|\le M$이 모든 $M>0$에 대하여 성립한다.

⑤ 각 $x\in I$에 대하여 $|f(x)|\le M$을 만족시키는 $M>0$이 존재한다.

⑥ 각 $x\in I$에 대하여 $|f(x)|\le M$이 모든 $M>0$에 대하여 성립한다.

⑦ 어떤 $M>0$에 대하여 $|f(x)|\le M$을 만족시키는 $x\in I$가 존재한다.

⑧ 어떤 $M>0$에 대하여 $|f(x)|\le M$이 모든 $x\in I$에 대하여 성립한다.

⑨ 임의의 $M>0$에 대하여 $|f(x)|\le M$을 만족시키는 $x\in I$가 존재한다.

⑩ 임의의 $M>0$에 대하여 $|f(x)|\le M$이 모든 $x\in I$에 대하여 성립한다.

해설 및 풀이

명제함수 $P(x)$에 적용되는 x가 무한히 많을 때, '모든 x'에 대하여 $P(x)$가 참임을 증명하기 위해서는 모든 x에 대하여 $P(x)$가 참임을 확인해야 하는데 이를 위해서는 '모두를 하나하나씩 선택'하여 $P(x)$를 확인해야 한다. 그런데 '모두를 하나하나씩 선택한' 것은 '선택한 것마다'와 같고, 이는 '선택한 어떤 경우라도'와 같고 '임의로 선택한 x에 대하여'와 같아지고 결국 '임의의'란 용어로 정리된다. 그러므로 '임의로 선택한 x' 또는 '임의의 x'는 모든 대상을 대표하는 하나인 것이다. 이런 x에 대하여 $P(x)$가 참이면 '모든 x에 대하여 $P(x)$가 참이다'를 보인 것이다. '임의의 x'는 선택된 한 원소이므로 영어로는 'For given x', 'For every x', 'For each x', 'Let x be fixed'와 같이 쓰고 단수 취급한다. 참고로 '모든 x'를 나타낼 때 하나하나 선택된 상황이 아니라 일괄적으로 정의역의 모든 원소에 대하여 성립할 때는 '임의의'란 용어를 쓰지 않고 '모든 x'라고 쓴다. 예를 들어 '$|f(x)|<M$가 모든 x에 대하여 성립하는 $M>0$이 존재한다'와 '임의의 x에 대하여 $|f(x)|<M$인 $M>0$이 존재한다'는 다르다. 전자는 'For all x'로 M은 x의 값이 변해도 상관없는 하나의 값이고, 후자는 'For every x'로 M은 x의 값이 변할 때마다 다르게 선택할 수 있는 $M(x)$이다. 예를 들어 함수열의 균등수렴을 정의하는 문장

$$\forall\varepsilon>0\ \exists N\in\mathbb{N}\ (n\ge N\Rightarrow |f_n(x)-f(x)|<\varepsilon,\ \forall x\in I)$$

에서 앞의 $\forall \varepsilon > 0$은 '임의의 ε'을 의미하고, 끝의 $\forall x \in I$는 '모든 x'를 의미한다. 그러므로 N은 ε이 선택될 때마다 변하지만 x에 따라서는 변하지 않는다. 따라서 위의 문장은

$$\forall x \in I \forall \varepsilon > 0 \exists N \in \mathbb{N} \ (n \geq N \Rightarrow |f_n(x) - f(x)| < \varepsilon)$$

와는 다르다.

■ ①, ⑤는 함수의 점별 유계조건이고, ②, ④, ⑥, ⑩은 $f = 0$이기 위한 조건이고, ③, ⑧은 f가 유계함수이기 위한 조건이고, ⑦은 함수 f가 정의되는 x가 존재하기 위한 조건이고, ⑨는 $f(x) = 0$인 x가 존재하기 위한 조건이다.

1 다음 두 문장이 같은지 말하시오.

(a) 임의의 자연수 n에 대하여 $|a_n| < M$을 만족시키는 양수 M이 존재한다.

(b) $|a_n| < M$을 모든 자연수 n에 대하여 만족시키는 양수 M이 존재한다.

개체와 전체의 부정

1 함수 $f: I \to \mathbb{R}$ 의 $x_0 \in I$에서 연속을 정의하는 다음 명제의 부정을 쓰시오.

> "임의의 $\varepsilon > 0$에 대하여 $|x - x_0| < \delta$이면 $|f(x) - f(x_0)| < \varepsilon$을 만족시키는 $\delta > 0$가 존재한다."

해설 및 풀이

논리에서 사용하는 한정기호의 부정을 이해하는 문제이다. '모든'을 나타내는 전칭기호 $\forall$의 부정은 '존재한다'를 나타내는 존재기호 $\exists$이고, $\exists$의 부정은 $\forall$이다. 그러므로 명제함수 $P(x)$에 대하여 다음과 같다.

$$\sim \forall x\, P(x) \equiv \exists x (\sim P(x))$$
$$\sim \exists x\, P(x) \equiv \forall x (\sim P(x))$$

1 함수의 연속에 대한 명제를 P라 할 때 그 부정 $\sim P$를 논리기호와 논리연산을 이용하여 쓰면 다음과 같다.

$$P: \ \forall \varepsilon > 0\ \exists \delta > 0\ (|x - x_0| < \delta \to |f(x) - f(x_0)| < \varepsilon)$$
$$\sim P: \ \sim(\forall \varepsilon > 0\ \exists \delta > 0\ (|x - x_0| < \delta \to |f(x) - f(x_0)| < \varepsilon))$$
$$\equiv \ \exists \varepsilon > 0\ (\sim(\exists \delta > 0\ (|x - x_0| < \delta \to |f(x) - f(x_0)| < \varepsilon)))$$
$$\equiv \ \exists \varepsilon > 0\ \forall \delta > 0\ (\sim(|x - x_0| < \delta \to |f(x) - f(x_0)| < \varepsilon))$$
$$\equiv \ \exists \varepsilon > 0\ \forall \delta > 0\ (\sim(\forall x(|x - x_0| < \delta \to |f(x) - f(x_0)| < \varepsilon)))$$
$$\equiv \ \exists \varepsilon > 0\ \forall \delta > 0\ (\sim(\forall x(\ \sim |x - x_0| < \delta \vee |f(x) - f(x_0)| < \varepsilon)))$$
$$\equiv \ \exists \varepsilon > 0\ \forall \delta > 0\ \exists x\ (|x - x_0| < \delta \wedge \sim |f(x) - f(x_0)| < \varepsilon)$$
$$\equiv \ \exists \varepsilon > 0\ \forall \delta > 0\ \exists x\ (|x - x_0| < \delta \wedge |f(x) - f(x_0)| \geq \varepsilon)$$

한편 이를 문장으로 표현하면 다음과 같이 쓸 수 있다.

$\sim$"임의의 $\varepsilon > 0$에 대하여 $|x - x_0| < \delta \Rightarrow |f(x) - f(x_0)| < \varepsilon$인 $\delta > 0$이 존재한다."

$\Leftrightarrow$ "어떤 $\varepsilon > 0$에 대하여 $\sim(|x - x_0| < \delta$이면 $|f(x) - f(x_0)| < \varepsilon$ 인 $\delta > 0$이 존재한다.)"

$\Leftrightarrow$ "어떤 $\varepsilon > 0$에 대해서 $|x - x_0| < \delta \Rightarrow |f(x) - f(x_0)| < \varepsilon$인 $\delta > 0$이 존재하지 않는다."

$\Leftrightarrow$ "어떤 $\varepsilon > 0$에 대해서는 임의의 $\delta > 0$에 대하여 $(|x - x_0| < \delta \Rightarrow |f(x) - f(x_0)| < \varepsilon)$을 만족시키지 않는다."

$\Leftrightarrow$ "어떤 $\varepsilon > 0$에 대해서는 임의의 $\delta > 0$에 대하여 $(|x - x_0| < \delta \Rightarrow |f(x) - f(x_0)| < \varepsilon)$이 성립하지 않는 x가 존재한다."

$\Leftrightarrow$ "어떤 $\varepsilon > 0$에 대해서는 임의의 $\delta > 0$에 대하여 $|x - x_0| < \delta$이지만 $|f(x) - f(x_0)| < \varepsilon$이 성립하지 않는 x가 존재한다."

$\Leftrightarrow$ "어떤 $\varepsilon > 0$에 대해서는 임의의 $\delta > 0$에 대하여 $|x - x_0| < \delta$이지만 $|f(x) - f(x_0)| \geq \varepsilon$인 x가 존재한다."

1 수열 $\{a_n\}$의 극한에 대한 명제 P의 부정 $\sim P$를 쓰시오.

P : 임의의 $\varepsilon > 0$에 대하여 $n \geq N$이면 $\lvert a_n \rvert < \varepsilon$을 만족시키는 $N \in \mathbb{N}$이 존재한다.

명제의 부정

1 진술 P : '2의 배수는 3의 배수이다'는 명제가 아님을 다음과 같이 주장하였다.

> 명제 p, q를 각각
>
> p : 자연수 n은 2의 배수이다.
>
> q : 자연수 n은 3의 배수이다.
>
> 라고 하면 P는 $p \to q$이다. $p \to q \equiv \sim p \vee q$이므로 그 부정 $\sim P$는 $p \wedge \sim q$이다. 따라서 $\sim P$는 '자연수 n은 2의 배수이고 3의 배수는 아니다'이다.
>
> 한편 P는 거짓이고 $\sim P$도 거짓이다. 그런데 명제 P가 참/거짓이면 그 부정 $\sim P$는 거짓/참이라야 하므로 모순이다. 따라서 P는 명제가 아니다.

이 주장에 대하여 어떻게 답할 것인가?

해설 및 풀이

1 진술 P는 '2의 배수인 모든 자연수 n은 3의 배수이다'이다. 그러므로 위의 과정에 따라 부정을 구하면 $\sim P$는 '2의 배수인 n이 모두 3의 배수는 아니다'이므로 '2의 배수인 어떤 n은 3의 배수가 아니다' 즉 '2의 배수이고 3의 배수가 아닌 자연수 n이 존재한다'이다. 이때 P는 거짓이고 $\sim P$는 참이다.

1 다음 문제에 대한 풀이가 옳은지 옳지 않은지를 말하시오.

문제 명제 '세 집합 A, B, C에 대하여 $A \subset B$이고 $B \subset C$이면 $A \subset C$이다'의 대우를 구하시오.

풀이 명제는

$p : A \subset B$이고 $B \subset C$이다.

$q : A \subset C$

에 대하여 '$p \to q$'이다. 대우 명제는 '$\sim q \to \sim p$'이므로 다음과 같다.

'세 집합 A, B, C에 대하여 $A \supset C$이면 $A \supset B$ 또는 $B \supset C$이다'

수학적 정의에 대하여

1 다음 중에서 0^0의 정의로서 적절한 것을 모두 고르시오.

① $0^0 = 0$

② $0^0 = 1$

③ 0^0은 어떤 수로 정의해도 무방하다.

④ 0^0은 정의되지 않는다.

⑤ 0^0은 수가 아니다.

해설 및 풀이

1 중학교에서 자연수 n에 대하여 지수 a^n을 소개할 때, 밑 a는 0이 아니라고 제한하고 지수의 성질과 지수법칙을 소개한다. 또 지수의 성질을 이용하여 n이 정수인 경우로 확장하면서

$$a^0 = 1$$

로 정의한다. 이때 밑이 0이 아닌 이유를 특별히 설명하지는 않는다. 그리하여 지수법칙이나 귀납적 사고의 연장선상에서 $a=0$인 경우도 정의하려는 사람들이 있다. 그러나 0^0의 값에 대한 정의의 일관성이 담보되지 않아 각자의 방식으로 주장을 하고 있다. 0^0의 정의에 대한 주장은 다음과 같이 세 가지의 경우로 나누어 볼 수 있다.

(1) $0^0 = 0$

(2) $0^0 = 1$

(3) 0^0은 정의되지 않는다.

첫 번째의 경우로 정의하려는 사람은 지수가 자연수이면

$$\cdots, \quad 0^3 = 0\times0\times0 = 0, \quad 0^2 = 0\times0 = 0, \quad 0^1 = 0, \quad 0^0 = ?$$

이므로 형식불역의 원리로 연장하면 $0^0 = 0$이 자연스럽다고 주장한다. 하지만 지수를 정수로 확장하면

$$0^{-1} = \frac{1}{0^1} = \frac{1}{0} \text{ 이고 } \ 0^{-1} = 0^{0-1} = \frac{0^0}{0^1} = \frac{0}{0}$$

이므로 정의가 일관성이 없고 지수법칙이 성립하지 않는다. 두 번째의 경우로 정의하려는 사람은

$$\cdots, \quad 3^0 = 1, \quad 2^0 = 1, \quad 1^0 = 1, \quad 0^0 = ?$$

이므로 연속적으로 연장하면 $0^0 = 1$ 이 자연스럽다고 주장한다. 또 $\lim_{x \to 0} x^x = 1$ 인 극한의 성질과도 잘 맞고 상수함수

$$f(x) = 3 = 3 \times x^0$$

이 연속이기 위해서도 $f(0) = 3 \times 0^0 = 3$ 이어야 하므로 $0^0 = 1$ 이 적절하다고 주장한다. 더구나 조합론과 이항정리의 설명에서 잘 부합한다는 것이다. 예를 들어 중복조합에서 '0개에서 0개를 뽑는 것(안 뽑는 것)'은 한가지이므로 $0^0 = 1$ 이고, 이항전개에서

$$(x+y)^n = \sum_{k=0}^{n} \binom{n}{k} x^k y^{n-k}$$

로부터 $y = 0$ 을 대입하면

$$x^n = (x+0)^n = x^0 \cdot 0^n + \binom{n}{1} x^1 \cdot 0^{n-1} + \cdots + \binom{n}{n-1} x^{n-1} \cdot 0^1 + x^n \cdot 0^0 = x^n \cdot 0^0$$

이므로 $0^0 = 1$ 이고, 이는 관례적으로 정의하는 $0! = 1$ 과도 비슷한 점이 있음을 강조한다. 하지만 $\lim_{x \to 0} x^x = 1$ 은 밑과 지수가 0으로 수렴하는 속도가 같아서 성립하는 특별한 경우이다. 예를 들어 $f(x) = \left(\frac{1}{2}\right)^{\frac{1}{x}}$, $g(x) = x$ 이면 $\lim_{x \to 0+} f(x) = 0$, $\lim_{x \to 0} g(x) = 0$ 이지만 $\lim_{x \to 0+} \{f(x)\}^{g(x)} = \frac{1}{2}$ 인 것처럼 밑과 지수의 수렴속도가 다른 경우는 성립하지 않는다. 그러므로 수열의 극한으로는 일관성이 없다. 또 상수함수 $f(x) = 3$ 에서도 상수항을 굳이 x^0 의 항으로 고집할 이유도 없다. 또 이항정리나 조합론에서는 방법 또는 경우를 세는 수에 해당하므로, 지수를 자연수로 한정하는 경우에 해당하고, 개념적 정의라기보다는 유용성이 있어 한정적으로 사용하는 기호적인 표기이다. 즉 큰 의미를 부여하지 않고 사용하는 형식적인 표기법에 지나지 않는다.

일반적으로 좋은 정의는 일관성이 있어야 하고, 유용하여야 하고, 명확해야 한다. 특히 일관성이 있어야 하며 모순을 내포하지 않아야만 정의로서 가능하다. 그러므로 $0^0 = 0$ 또는 $0^0 = 1$ 로 정의하는 데에는 다음과 같은 점을 참고할 필요가 있다.

(1) 극한이 존재하지 않는데 극한의 연장선상으로 정의하면 어떤 모순에 봉착할지 모른다. 실제로 극한이 존재하지 않는데 존재한다고 가정하고 연산하여 모순에 다다른 예는 얼마든지 있다. 예를 들어 $\sum_{n=1}^{\infty}(-1)^n = \frac{1}{2}$ 과 같은 역사적인 예를 생각해보라. 그러므로 $\lim_{x\to 0} x^x = 1$ 로부터 $0^0 = 1$ 로 정의하는 것은 위험하다.

(2) 0^0 을 정의하려는 시도는 0^0 이 어떤 수라는 관념이 있기 때문이다. 실제로 0^0 이 수인지 아닌지도 모른다. 이는 1 을 0 으로 나누면 어떻게 되냐고 묻는 중학생의 질문과 비슷하다. 0 으로 나누었을 때 어떤 결과가 되는지 아는 사람이 아무도 없으며 심지어는 0 으로 나누었을 때 수가 되는지도 알 수 없다. 이로 인해 1 을 0 으로 나누는 것은 불가능하다고 한다. 그러므로 $\frac{1}{0}$ 을 다루어야 하는 상황이 나타나면 그 상황에 맞는 해결책을 찾지만 $\frac{1}{0}$ 자체를 정의하지는 않는다. 극한의 개념을 사용하여 $\frac{1}{0} = \infty$ 로 정의하면 자연스럽지 않느냐고 주장할 수도 있지만 ∞ 는 표준실수체계의 실수는 아니다. ∞ 를 수로 인정하면 $\frac{\infty}{\infty}$, $\frac{0}{0}$ 이 수의 연산이 될 테지만 이들은 유일하게 값을 갖는 수가 아니다. 실제로 연산법칙이나 다른 어떤 규칙에서 모순을 내포하고 있을 수 있기 때문에 극한을 다룰 때 외에는 거의 사용하지 않는다. 그러므로 $\frac{1}{0}$ 을 수로 포함하기 위해서는 현재와 다른 수체계의 개발이 필요할지도 모른다. 비슷한 맥락에서 0^0 을 수로 정하면 어떤 모순된 상황이 연출될지 알 수 없으므로 정의하지 않는다. 0^0 을 수로 정의하려면 이에 맞는 모순 없는 새로운 수체계가 필요할 것이고, 그런 수체계를 개발할 수 있으려면 혁신적인 접근법이나 기존의 관점을 벗어난 발상의 전환이 필요할 것이다. 실제로 ∞ 를 실수로 인정하는 초실수체(hyperreal number system)가 존재하기는 한다. 새롭게 구성된 수체계가 모순 없이 수학이나 자연과학의 문제를 해결할 수 있는 관점이나 이론을 제공한다면 큰 진전을 이룬 이론으로 발전해 갈 수도 있다. 역사적으로도 기존의 모순을 해결하기 위한 발상의 전환이 변혁을 이끌어 왔던 경우가 많았다. 천동설에 대한 지동설, 뉴턴역학에 대한 상대성 이론, 플로지스톤 이론에서 산소의 발견 등을 생각해보라.

요약하면 0^0 이 어떤 수냐고 묻는 것은 1 을 0 으로 나누면 어떻게 되냐고 묻는 질문과 비슷하다. 현재의 수체계로는 설명할 수 없는 일이 생길 수 있으므로 $\frac{1}{0}$ 을 정의하지 않고 넘어가듯이 0^0 은 정의하지 않고 넘어간다. 그러므로 수학을 공부하다가 0^0, $\frac{1}{0}$, $\frac{0}{0}$, $\frac{\infty}{\infty}$ 를 만나면 일단 피하는 게 상책이다. 수인지 아닌지도 모르는 대상을 알고 있는 수에 비유하여 다루고 싶어 하는 심리는 신이 존재하는지 존재하지 않는지도 모르는데 '신은 선하다'라고 가정하며 얻는 안도감과 비슷하다. 그런 심리적 유혹에 현혹되지 않아야 한다. 수학에서는 신을 다루지 않기 때문이다. 자연현상을 모델링하거나 수학적 문제를 풀다 보면 어쩔 수 없이 마주치는 경우가 있는데, 그럴 땐 우회하여 해결책을 찾는 것이 일반적이다. 역시 신의 존재 여부는 인간에게 피할 수 없는 중요하고도 괴로운 문제이기도 하다. 따라서 ④, ⑤가 적절해 보인다.

1 다음을 어떤 수로 정의할 수 있는지에 대하여 논하시오.

(1) $0 \cdot \infty$

(2) $\frac{0}{0}$

수학적 정의

1 자연수 n, m에 대하여 $n+m$을 다음과 같이 정의하였다. 잘 정의되었는가?

> 임의의 자연수 n에 대하여 원소의 개수가 n인 집합 A가 존재한다. 즉 $\#(A)=n$인 집합 A가 존재한다. 두 자연수 n, m에 대하여 $\#(A)=n$, $\#(B)=m$인 집합 A, B가 존재하므로 자연수의 합 $n+m$을 $A \cup B$의 원소의 개수로 정의한다. 즉 $n+m=\#(A \cup B)$이다.

해설 및 풀이

기호의 정의는 다른 지식과 모순이 없어야 하는데 이를 일관성이라 한다. 그러므로 정의는 일관성이 있어야 하고, 다른 정의와 순환적인 논법으로 정의되지 않아야 하고, 명확해야 하고 일상용어와도 잘 부합하여야 한다.

1 $n=2$, $m=3$인 경우 $A=\{1, 2\}$, $B=\{2, 3, 4\}$이라 하면 $A \cup B=\{1, 2, 3, 4\}$이므로 $2+3=4$가 된다. 이는 일반적으로 알고 있는 자연수의 덧셈과 상충하고 $+$의 성질에도 모순이 생긴다. 예를 들어 $n+1>n$과 같은 성질을 만족시키지 않는다. 그러므로 자연수의 덧셈이 잘 정의되었다고 할 수 없다.
참고로 $\#(A)=n$, $\#(B)=m$이고 $A \cap B=\varnothing$인 두 집합 A, B에 대하여 $n+m=\#(A \cup B)$로 정의하면 잘 정의된다. 칸토어는 이를 확장하여 기수를 정의한다.

1 다음 정의를 보고 물음을 생각해 봅시다.

> "집을 지을 수 있는 토지를 대지라 하고, 농사를 지을 수 있는 땅을 토지라 한다."

(1) 대지는 땅인가?

(2) 대지는 농사를 지을 수 있는가?

수학적 용어

1 제곱해서 2가 되는 수를 루트 2라고 한다. 루트 2를 제곱하면 어떻게 될까?

해설 및 풀이

1 중학교 2학년 수학 영재반 학생들에게 우연히 물었던 질문이다. 이 질문에 의외로 많은 학생들이 답을 못하였다. 질문을 바꾸어 "제곱해서 2가 되는 수를 k라고 합니다. k를 제곱하면 어떻게 될까요?"라고 $\sqrt{2}$의 존재를 환기시켜 다시 물으니 몇 명은 대답하였지만 다수는 여전히 이해하지 못하였다. 학생들이 수학적 정의에 익숙하지 않음을 보여주는 한 예이다.

수학적 대상의 성질은 정의로부터 도출되므로 정의를 주의 깊게 분석해 볼 필요가 있다. 이는 정의로부터 파생되는 성질이나 개념을 파악하는 데에도 도움을 준다. 중등교육에서는 정의와 속성을 구분하지 않으므로 정의로부터 성질을 파악하는 행위 즉 개념을 이해하는 과정이 상대적으로 소홀하게 다루어지는 경향이 있다. 예를 들어 $\sqrt{2}$를 소개할 때, '제곱해서 2가 되는 수'보다는 '한 변의 길이가 1인 정사각형의 대각선의 길이를 나타낸 수'로 $\sqrt{2}=1.4142\cdots$정도임을 시각적으로 가르친다. 학생들은 '제곱해서 2가 되는 수를 $\sqrt{2}$'로 정의하면 그 의미가 $(\sqrt{2})^2=2$임을 이해하고 $(\sqrt{2})^4=(\sqrt{2})^2(\sqrt{2})^2=2\cdot 2=4$이고 나아가 자연수 n에 대하여 $(\sqrt{2})^{2n}=2^n$, $(\sqrt{2})^{2n+1}=2^n\sqrt{2}$를 관찰할 수 있어야 한다.

중·고등학교에서는 정의를 소개하지 않으므로 정의로부터 자명한 성질이더라도 법칙으로 강조하여 따로 설명하는 경향이 있다. 예를 들면 양수 a, b의 제곱근에 대하여 다음은 정의로부터 자명하지만 성질로 분류하여 가르친다. (단, a, b는 양수이고 n은 자연수이다.)

$$\{\sqrt{a}\}^{2n}=a^n,\quad \{\sqrt{a}\}^{2n+1}=a^n\sqrt{a},\quad \sqrt{ab}=\sqrt{a}\sqrt{b}$$

또한 $\log_a b$는 지수방정식 $a^x=b$의 해로 정의하는데, 이로부터

$$a^{\log_a b}=b$$

은 자명한데 고등학교에서는 이를 지수로그의 성질로서 설명한다. 또 원주율 π가 원의 지름에 대한 원둘레 길이의 비라는 정의로부터 반지름의 길이가 r인 원의 둘레의 길이 l은 $l=2\pi r$가 자명한데, 이를 원둘레의 공식으로 가르친다.

정의를 소개할 수 없어 이런 설명을 하지만 정의로부터 얻어지는 자명한 성질을 굳이 법칙이란 이름으로 따로 소개하여 외우도록 강요할 필요가 있는지는 생각해볼 문제이다.

1 실수 a를 입력하면 a의 제곱수가 나오는 장치를 f라고 한다. f에 b를 입력하면 어떻게 될까?

수학적 기호

1 다음 기호를 설명하시오.

(1) $\sqrt{2}$

(2) π

(3) $+$

(4) $\in$

(5) f

(6) $\sin$

(7) $\angle$

(8) $\lim_{n\to\infty} a_n$

(9) $\lim_{x\to 0} f(x)$

해설 및 풀이

먼저 $\sqrt{2}$ 라는 기호의 기원을 생각해보자. 루트 기호를 도입하기 전에 사용가능한 기호를 나열해보면 대략 다음과 같이 생각할 수 있다.

제곱해서 2 되는 수를 k 라고 하자.
제곱해서 3 되는 수를 ℓ 라고 하자.
⋮
제곱해서 a 되는 수를 α 라고 하자.
⋮

이와 같이 정의하면 임의의 수 a 에 대하여 '제곱해서 a 가 되는 수'를 정의하기 위해서는 무수히 많은 기호가 필요하게 될 것이다. 많은 기호를 사용하면 생기는 불편을 피하고 a 의 값에 따라 변함을 표시하기 위하여, 기호를 a 에 따라 변하는 문자 기호 $k(a)$ 또는 k_a 꼴로 나타냈을 것이다. 그리고 제곱의 역관계가 있는 기호의 도입이 좋아 보인다. 즉 $(k(a))^2 = a$ 가 되는 k 의 기호가 있으면 좋을 것이다. 매번 k 라는 기호를 쓰기도 불편할 것이기 때문이다. 나아가 '제곱해서'가 아니라 '세제곱해서 2 가 되는 수', '네제곱해서 2 가 되는 수' 등 많은 제곱을 분리 구분할 수 있는 기호면 더 좋다. 또한 지수법칙에 의하여 $(k(a))^2 = a$, $(k(a))^3 = a$, $\cdots$ 와 같은 성질을 가지고 있어야 하므로 $a^{\frac{1}{2}}$, $a^{\frac{1}{3}}$, … 로 표현하면 자연스럽다. 이와 같은 규칙은 지수가 정의된 이후에 지수법칙을 고려하면 자연스러운데, 그 이전에는 $\sqrt{\ }$, $\sqrt[3]{\ }$, … 와 같이 나타내어 표기한 것이다. 이처럼 기호는 정의를 잘 드러내고 쓰기 편리하도록 사용하는 것이 좋다. 예를 들어 미분을 기호 $\frac{dy}{dx}$ 로 나타내면 $\frac{dz}{dx}=\frac{dz}{dy}\frac{dy}{dx}$ 와 같이 연쇄율을 표현하기가 편리하다.

1 수학적 기호의 의미에 대한 질문이다.

(1) 제곱해서 2가 되는 양수

(2) 원의 지름에 대한 원둘레 길이의 비

(3) 이항연산

(4) 집합에서 '속한다' 또는 '원소이다'를 나타내는 기호

(5) 함수기호

(6) 삼각함수의 사인함수

(7) 각

(8) 수열의 극한

(9) 함수의 극한

1 기호 '0'의 사용이 수학에서 얼마나 큰 영향을 미쳤는지 조사하여 보자.

쉬어가는 코너

1. 나현이는 병원에서 모양과 색깔이 똑같은 알약 A와 알약 B를 7일분 처방받았다. 알약 A는 하루에 한 개, 알약 B는 하루에 두 개씩 먹으면 된다. 그런데 약을 복용하기 시작한 후 6일째 되는 날 약을 꺼내던 중 실수로 남아 있던 6개의 알약을 모두 섞고 말았다. 두 종류를 구분할 수 없었던 나현이는 어떻게 분량을 맞추어 먹었을까?

2. 어느 나라에 게임을 좋아하는 왕이 있었다. 왕은 죄수들에게 어떤 직업을 연기하게 하고 그 직업을 맞추는 게임을 하였다. 죄수가 연기한 직업을 맞추면 왕은 너무 쉬운 문제를 내었다고 죄수의 형기를 두 배로 늘리고, 직업을 맞추지 못하면 연기를 잘 못했다고 형기를 두 배로 늘렸다. 대신 연기를 잘했는데도 왕이 직업을 맞추지 못하면 그 죄수를 석방해주었다고 한다.
어느 날 똑똑한 죄수가 한참을 고민한 후 망치질, 대패질 등 왕이 아주 쉽게 내용을 알아볼 수 있도록 목수 연기를 했다. 그러자 왕은 직업이 목수라고 자신있게 말하였으나 죄수가 말한 답을 듣고 나서는 그 죄수를 풀어줄 수밖에 없었다고 한다. 죄수는 무슨 직업을 연기하였을까?

3. 어떤 사건에 대하여 네 명의 용의자 A, B, C, D를 심문하였더니 다음과 같이 대답하였다.

> A: "내가 범인이다. B는 범인이 아니다."
> B: "나는 범인이 아니다. D가 범인이다."
> C: "나는 범인이다. 범인은 나를 포함하여 세 명이다."
> D: "C는 범인이다. 범인은 두 명이다."

각각 두 문장으로 구성된 진술에서 한 문장은 참이고 한 문장은 거짓이라고 한다. 범인은 누구인가?

4. 3을 네 개 사용하여 0부터 10까지의 수를 만드시오.

5. 3을 세 개 사용하여 0부터 9까지의 수를 만드시오.

연습문제

1. 다음 문장이 명제인지 아닌지를 각각 말하시오. 또 명제함수인지 각각 말하시오.

(1) "삼각형의 두 변의 길이의 차는 다른 한 변의 길이와 같다."

(2) "두 변의 길이의 합이 다른 한 변의 길이보다 긴 삼각형이 존재한다."

(3) "삼각형의 한 꼭짓점에서의 각은 $90°$이다."

(4) "'까마귀는 검다'와 '검지 않은 것은 까마귀가 아니다'는 같은 명제이다."

(5) "x가 실수이면 $x^2+1>0$이다."

(6) "$|x|<3$이면 $x^2-1=0$이다."

(7) "x, y가 실수이면 방정식 $x^2+y^2=-1$의 해가 존재한다."

2. 다음 중 공집합 $\varnothing$에 대하여 옳은 것을 모두 고르시오.

(1) $\varnothing=\{\ \}$

(2) $\varnothing\in\varnothing$

(3) $\varnothing\subset\varnothing$

(4) $\varnothing$ 은 유한집합이다.

3. 집합 $A=\{\varnothing, \{\varnothing, \{\varnothing\}\}\}$에 대하여, 다음 중 옳은 것을 모두 고르시오.

(1) $\varnothing\in A$

(2) $\varnothing\subset A$

(3) $\{\varnothing\}\in A$

(4) $\{\varnothing\}\subset A$

(5) $\{\{\varnothing\}\}\subset A$

(6) $\{\varnothing, \{\varnothing\}\}\subset A$

4. 집합 X에 대하여 멱집합 $\wp(X)$는 합집합과 교집합에 대하여 닫혀있는가?

5. $\wp(A)$를 집합 A의 멱집합이라 할 때, 다음을 구하시오.

(1) $\wp(\varnothing)$

(2) $\bigcup\wp(\varnothing)$

(3) $\bigcup\wp(\wp(\varnothing))$

6. 자연수집합 $\mathbb{N}$에서 홀수의 개수와 짝수의 개수는 같은가? 자연수의 개수는 홀수의 개수의 2배인가?

7. 다음 집합이 유한집합인지 무한집합인지 각각 말하시오.

(1) 열린구간 $(0, 1)$

(2) $\{n\in\mathbb{N} \mid n$ 은 128의 약수$\}$

(3) 임의의 $\varepsilon > 0$에 대하여 $\left\{\dfrac{1}{n} \mid n\in\mathbb{N}\right\}\cap(\varepsilon, 1)$

(4) 100보다 작은 양의 유리수의 집합

8. 다음의 전단사함수가 있는지 말하고 있으면 찾으시오.

(1) $f : \mathbb{N}\to\mathbb{Q}$

(2) $f : \mathbb{Q}\to\mathbb{R}$

(3) $f : \mathbb{R}\to(0, 1)$

(4) $f : (0, 1]\to(0, 1)$

9. 다음 집합에서 정의된 전단사함수 f를 구체적으로 보이시오. 이를 이용하여 임의의 자연수 n, m에 대하여 $\mathbb{R}^n$과 $\mathbb{R}^m$은 대등함을 설명하시오.

(1) $f : \mathbb{N}\times\mathbb{N}\to\mathbb{N}$

(2) $f : [0, 1]\times[0, 1]\to[0, 1]$

(3) $f : \mathbb{C}\to\mathbb{R}$

10. 다음 명제의 부정과 대우를 각각 말하시오.

(1) 세 실수 a, b, c에 대하여 $a < b$이고 $b < c$이면 $a < c$이다.

(2) $x < 0$ 일 때 $f(x) \geq 0$이면 $x \leq g(x) < 0$이다.

(3) 꼭짓점이 세 개 이하인 도형은 삼각형이거나 원이다.

11. 다음 명제 (a), (b)가 같은지 말하고 각각의 부정을 쓰시오.

(a) 임의의 자연수 N에 대하여 $n \geq N$이면 $|a_n| < \varepsilon$인 $\varepsilon > 0$이 존재한다.

(b) 임의의 $\varepsilon > 0$에 대하여 $n \geq N$이면 $|a_n| < \varepsilon$인 자연수 N이 존재한다.

12. 다음 명제가 서로 같은지 말하고 부정을 각각 쓰시오.

(1) 임의의 $x \in I$와 임의의 $\varepsilon > 0$에 대하여 $n \geq N$이면 $|f_n(x) - f(x)| < \varepsilon$을 만족시키는 $N \in \mathbb{N}$이 존재한다.

(2) 임의의 $x \in I$와 임의의 $\varepsilon > 0$에 대하여 $|f_n(x) - f(x)| < \varepsilon$이 모든 $n \in \mathbb{N}$에 대하여 성립한다.

(3) 임의의 $\varepsilon > 0$에 대하여 $n \geq N$이면 $|f_n(x) - f(x)| < \varepsilon$을 모든 $x \in I$에 대하여 만족시키는 $N \in \mathbb{N}$이 존재한다.

13. 좌표평면에서 연산 규칙이 다음과 같을 때 물음에 답하시오.

(가) $(x, y) = (a, b)$일 때, $x = a, y = b$이다.
(나) $(a, b) + (c, d) = (a + c, b + d)$, $k(a, b) = (ka, kb)$
(다) $(a, b) \times (c, d) = (ac - bd, ad + bc)$

방정식

$$(x, y) \times (x, y) - (1, 3) \times (x, y) = (2, -1)$$

의 해를 구하시오.

14. 다음 용어를 수학적으로 어떻게 정의할 수 있는지 생각해봅시다.

(1) a가 b에 '다가간다' (2) A는 '닫혀있다'

(3) 집합 A의 원소들을 '나열한다'

제2장

수체계

자연수 - $1+1=2$에 대하여

■ 다음을 설명하시오.

(1) $1+1=2$

(2) $2+3=3+2$

해설 및 풀이

수체계는 역사발생적 순서에 따라 자연수집합을 정의하고 이를 대수적으로 확장하여 정수집합, 유리수집합을 만들고, 유리수집합을 해석적으로 확장하여 실수집합을 만들면 완성할 수 있다. 자연수집합 $\mathbb{N}$은 페아노 공리를 이용하여 수학적 귀납법으로 정의하고 1은 자연수의 씨앗수로서 최소원소로 정의한다. 그리고 수학적 귀납법을 정의하는 계승함수 $S:\mathbb{N}\to\mathbb{N}$에 대하여

$$n+1=S(n),\quad n+S(k)=S(n+k)$$
$$n\times 1=n,\quad n\times S(k)=n\times k+n$$

과 같이 $+$ 와 $\times$ 를 정의하고, 수체계를 확장하면서 연산 $+$ 와 $\times$ 도 자연스럽게 실수집합으로 확장한다.

초등학교에서 덧셈을 '사과 1개에 사과 1개를 더하면 사과 2개가 되고' 또는 '연필 1개에 연필 1개를 더하면 연필 2개가 된다'는 현실적 예를 통하여 '$1+1=2$'를 설명하지만 이런 설명이 곧 '왜 $1+1=2$인가?'라는 질문에 답을 주는 것은 아니다. 현실적인 예를 통한 설명에는 '물 1방울에 물 1방울을 더하면 물 2방울인가?'와 같은 또 다른 현실적 유비의 질문을 받게 될 것이다.

공리적으로는 실수집합을 완비순서체로 정의하고 자연수집합 $\mathbb{N}$을 실수집합의 가장 작은 계승집합으로 정의할 수도 있다. 이때 $+$ 와 $\times$ 는 완비순서체를 만드는 이항연산이고, 0은 덧셈에 대한 항등원, 1은 곱셈에 대한 항등원으로 정의한다. 나아가 음수와 분수도 덧셈에 대한 역원과 곱셈에 대한 역원으로 정의한다. 공리적으로 실수를 정의하면 현실과 유리되는 추상성에 갇히는 단점이 있다.

■ 자연수집합 $\mathbb{N}$은 수학적 귀납법이 정의된 가장 작은 계승집합으로

$$\mathbb{N}=\{1,\ 1+1,\ 1+1+1,\ \cdots\}$$

이다. 이때 $1+1=2$, $1+1+1=3$, $\cdots$ 와 같이 정의한다. [부록 3: 페아노 공리와 자연수집합]을 참조하라.

(1) 페아노 공리에 의하여 2 는 1 의 계승자로서 $1+1$이다. 그러므로 $1+1=2$ 이다.

(2) $2+3=2+S(2)=S(2+2)=S(2+1+1)=S(3+1)=3+S(1)=3+2$

1 다음을 설명하시오.

(1) $1<2$

(2) $2\cdot 3=3\cdot 2$

자연수 - 수학적 귀납법

1 수학적 귀납법의 정의를 쓰고 다음 물음에 답하시오.

(1) 수학적 귀납법은 귀납적 증명인가? 연역적 증명인가?

(2) 수학적 귀납법의 장점과 단점을 말하시오.

해설 및 풀이

수학적 귀납법은 자연수집합 $\mathbb{N}$ 을 정의하는 하나의 공리이다. 수학적 귀납법에 대한 태도는 직관주의자들과 논리주의자들 사이에 뚜렷한 차이가 있다. 수학적 귀납법은 구성적인 방법이 아니므로 무한집합의 존재에 대하여 부정적인 입장을 취하는 직관주의자들은 수학적 귀납법에 의한 자연수집합의 존재성을 인정하지 않는다. 그러나 브라우어르(Luitzen Egbertus Jan Brouwer; 1881-1966)를 비롯한 많은 직관주의자들은 무한 반복의 가능성을 열어둔 채로 수학적 귀납법을 하나의 도식으로 인정한다. 한편 논리주의자들은 수학적 귀납법이 명제논리나 1차 술어논리로 쓸 수 없어 논리적 공리인가에 대한 논란에 직면해 있었다.

1 수학적 귀납법은 명제 $P(1), P(2), \cdots$ 에 대하여

(i) $P(1)$ 이 참이다.

(ii) $P(n)$ 이 참이면 $P(n+1)$ 이 참이다.

를 만족시키면 모든 $n \in \mathbb{N}$ 에 대하여 $P(n)$ 이 참임을 증명하는 방법이다.

(1) 수학적 귀납법은 여러 명제를 한꺼번에 증명 처리하는 방법으로 공리계와 추론규칙에 따른 연역적 증명이다.

(2) 수학적 귀납법은 $P(n)$ 을 다시 가정으로 넣어 조건으로 활용함으로써 증명이 상대적으로 쉬운 편이다. 하지만 결과를 알고 있어야 적용할 수 있는 단점이 있다. 수학적 귀납법을 적용하기 위해 결과를 추론하는 방법으로 귀납적 유추를 시도하기도 한다. 예를 들어

$$1^2 + 2^2 + \cdots + n^2$$

의 결과를 알기 위하여

$$\frac{1^2}{1} = 1,\quad \frac{1^2+2^2}{1+2} = \frac{5}{3},\quad \frac{1^2+2^2+3^2}{1+2+3} = \frac{7}{3},\quad \cdots,\quad \frac{1^2+2^2+\cdots+n^2}{1+2+\cdots+n} = \frac{2n+1}{3}$$

을 귀납적으로 추론한다. 이제 수학적 귀납법을 이용하여

$$1^2+2^2+\cdots+n^2=\frac{2n+1}{3}(1+2+\cdots+n)=\frac{n(n+1)(2n+1)}{6}$$

을 증명할 수 있다.

1 다음의 값을 추론하고 수학적 귀납법을 이용하여 증명하시오.

$$\cos\theta+\cos 3\theta+\cdots+\cos(2n-1)\theta$$

자연수 - 수학적 귀납법의 적용

1 다음은 '모든 당구공의 색은 같다'를 수학적 귀납법으로 증명하였다는 주장이다.

정리 모든 당구공의 색은 같다.

증명 자연수 n에 대하여 $P(n)$을 '당구공이 n개이면 모두 같은 색이다'라고 하자.
$n=1$이면 한 개의 당구공은 같은 색이므로 $P(1)$은 참이다.
$n=k$일 때 참이라고 가정하자. 즉 k개의 당구공은 모두 같은 색이라고 하자.
$n=k+1$일 때, $(k+1)$개의 당구공을 일렬로 나열하여 왼쪽부터 k개를 선택하면 수학적 귀납법의 가정에 의하여 같은 색의 공이고, 오른쪽부터 k개를 선택해도 같은 색의 공이다. 그러므로 $(k+1)$개의 당구공은 모두 같은 색이다.

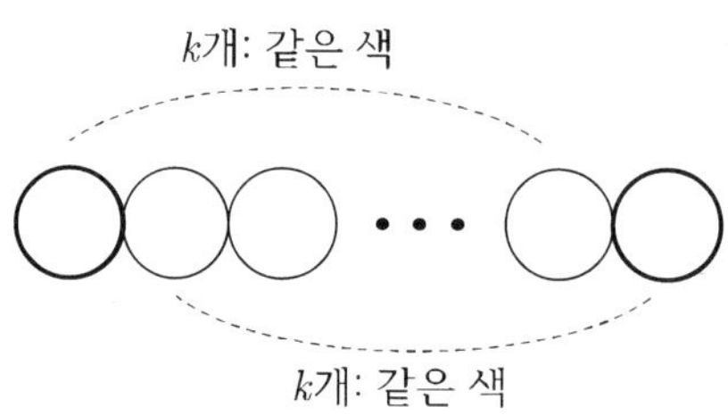

수학적 귀납법에 의하여 임의의 n개가 모여 있는 당구공의 색은 같다. 따라서 모든 당구공의 색은 같다.

주장에서 오류가 있는지 말하고 수학적 귀납법의 의미를 설명하시오.

해설 및 풀이

1 수학적 귀납법은 (i) $P(1)$이 참이고 (ii) $P(k) \Rightarrow P(k+1)$을 보임으로써 모든 자연수 n에 대하여 $P(n)$이 참임을 증명하는 것이다. 위의 증명은 $k=1$인 경우 즉 $P(1) \Rightarrow P(2)$이 성립하지 않는다.

1 '모든 자연수는 같다'를 주장하는 다음의 증명에서 오류를 찾으시오.

> $P(n)$을 '자연수 n_1, n_2에 대하여 $\max\{n_1, n_2\}=n$이면 $n_1=n_2$이다'라고 하자.
>
> (i) $n=1$이면 $\max\{n_1, n_2\}=1$이므로 $n_1=1$, $n_2=1$로부터 $n_1=n_2$이다.
>
> (ii) $n=k$일 때 $P(k)$가 참이라 하자. 즉 $\max\{n_1, n_2\}=k$이면 $n_1=n_2$이다. 이제 $n=k+1$이라 하자. 즉 $\max\{n_1, n_2\}=k+1$이라 하자. 그러면 $\max\{n_1-1, n_2-1\}=k$이므로 수학적 귀납법의 가정에 의하여 $n_1-1=n_2-1$이다. 따라서 $n_1=n_2$이므로 $P(k+1)$도 참이다.
>
> 수학적 귀납법에 의하여 모든 자연수 n에 대하여 $P(n)$은 참이다.
> 임의의 두 자연수 p, q에 대하여 $\max\{p, q\}=n$인 자연수 $n\in\mathbb{N}$이 존재하므로 $p=q$이다. 따라서 모든 자연수는 같다.

자연수 - 수학적 귀납법의 활용

1 광장에 여러 사람이 모여 있고 그중에는 몇 명의 얼굴에 검정이 묻어 있다. 이들은 거울이 없어 자신의 얼굴을 볼 수 없고, 자신의 얼굴에 검정이 묻었는지 안 묻었는지 알 수 없다. 광장에 모인 사람들은 서로 대화할 수 없고 어떤 사람의 얼굴에 검정이 묻었는지 안 묻었는지를 가르쳐 줄 수 없다. 이들은 서로 협력하여 얼굴에 검정이 묻은 사람이 자신의 얼굴에 검정이 묻었는지 안 묻었는지 판단하여 지울 수 있도록 다음과 같이 하기로 하였다.

> 광장에 모여 서로의 얼굴을 확인한 후, 각자의 집으로 돌아가 자신의 얼굴에 검정이 묻어 있다고 확신하면 얼굴을 씻는다. 그리고 다시 광장으로 나가 서로의 얼굴을 확인하고 집으로 돌아가 자신의 얼굴에 검정이 묻어 있다고 확신하면 얼굴을 씻는다. 이와 같은 과정을 모든 사람의 얼굴에서 검정이 지워질 때까지 반복한다.

첫 번째로 광장에 모여 서로의 얼굴을 확인한 후, 각자 집으로 갔다가 돌아왔으나 아무도 얼굴을 씻지 않고 나타났다. 두 번째로 광장에 모여 얼굴을 확인한 후, 각자 집으로 갔다가 돌아왔으나 아무도 얼굴을 씻지 않고 나타났다. 세 번째도 마찬가지고, 네 번째도 마찬가지였다. 이와 같은 과정을 반복하여 열다섯 번째 모임에서 얼굴에 검정이 묻은 모든 사람이 얼굴을 씻고 나타났다. 이제 더 이상 얼굴에 검정이 묻은 사람이 없다.

얼굴에 검정이 묻었던 사람 즉 얼굴을 씻은 사람은 몇 명일까? (단, 얼굴에 검정이 묻지 않은 사람이 얼굴을 씻은 경우는 없다.)

해설 및 풀이

1 수학적 귀납법을 적용하여 추론하는 문제이다. 얼굴에 검정이 묻은 사람의 수를 n이라 하고 수학적 귀납법을 적용해보자.

(1) $n=1$인 경우: 첫 번째 모임에서 얼굴에 검정이 묻은 사람은 모든 타인의 얼굴에 검정이 없음을 알게 된다. 그러므로 자신의 얼굴에 검정이 묻어 있음을 인지하고 집에 가서 얼굴을 씻는다. 그러면 두 번째 모임에서 한 명이 얼굴을 씻고 나오고, 더 이상 검정이 묻은 사람이 없으므로 모임은 끝난다.

(2) $n=2$인 경우: 얼굴에 검정이 묻은 사람을 A, B라 하자. 첫 번째 모임에서 A, B는 타인 중 1명만 얼굴에 검정이 묻었음을 보고, 다른 사람은 A, B의 2명이 얼굴에 검정이 묻었음을 보

게 된다. 모든 사람이 다른 사람의 얼굴에 검정이 묻었음을 인지하므로 자신의 얼굴에 검정이 묻었는지 안 묻었는지 판단할 수 없다. 그래서 첫날은 아무도 얼굴을 씻지 않는다. 아무도 씻지 않은 채 두 번째 모임에 나타나면 A는 B가 얼굴을 씻지 않고 왔으므로(검정이 한 명이면 첫 번째 모임에서 씻어야 한다) 또 다른 누군가의 얼굴에 검정이 묻어 있어야 함을 알아차린다. 그런데 A는 B 이외의 얼굴에서 검정을 보지 못하므로 자신의 얼굴에 검정이 묻었음을 인지하게 된다. 대칭적으로 B도 자신의 얼굴에 검정이 묻었음을 인지하게 된다. 나머지 다른 사람들은 아직 자신의 얼굴에 검정이 묻었는지 안 묻었는지 판단할 수 없다. 그래서 A와 B는 집으로 돌아가 얼굴을 씻고, 그다음 모임에 나가게 되고 모임은 끝난다.

(3) $n=3$ 인 경우: 얼굴에 검정이 묻은 사람을 A, B, C라 하자. 첫 번째 모임에서 A, B, C는 타인 중 2명만 얼굴에 검정이 묻었음을 보고, 다른 사람들은 A, B, C의 3명이 얼굴에 검정이 묻었음을 보게 된다. 모든 사람이 다른 사람의 얼굴에 검정이 묻었음을 인지하므로 자신의 얼굴에 검정이 묻었는지 안 묻었는지 판단할 수 없다. 그래서 첫날은 아무도 얼굴을 씻지 않는다. 아무도 씻지 않은 채 두 번째 모임에 나오면 모든 사람은 얼굴에 검정이 묻은 사람이 2명 이상임을 인지하게 된다. 그런데 A, B, C는 얼굴에 검정이 묻은 사람을 2명씩 보고 있으므로, 자신의 얼굴에 검정이 묻었는지 안 묻었는지 판단할 수 없다. 그래서 아무도 얼굴을 씻지 않는다. 아무도 씻지 않은 채 세 번째 모임에 나타나면 모든 사람은 얼굴에 검정이 묻은 사람이 3명 이상임을 인지하게 되는데(얼굴에 검정이 묻은 사람이 2명이면 세 번째 모임에서 그 둘은 씻고 나와야 한다) A, B, C는 얼굴에 검정이 묻은 사람을 2명씩 보고 있으므로 자신의 얼굴에 검정이 묻었음을 알아차리게 된다. 다른 사람들은 아직 판단할 수 없다. 그래서 A, B, C는 모두 얼굴을 씻고, 다음 네 번째 모임에 나가게 되고 모임은 끝난다.

이와 같은 과정을 계속하면 얼굴에 검정이 묻은 사람이 k 명이면 k 번째 모임에서 자신의 얼굴에 검정이 묻었는지 안 묻었는지를 알게 되고 $(k+1)$번째 모임에 나올 때 검정이 묻은 사람은 모두 씻고 나온다. 그러므로 열다섯 번째 모임에서 모두 씻고 나타났으므로 얼굴에 검정이 묻은 사람은 14명이다.

1 해적 다섯 명이 약탈한 금화 100개를 다음 규칙에 따라 나누려고 한다.

> 가장 나이가 많은 해적이 금화를 어떻게 나눌 것인지 계획을 제시하고 그 계획에 해적들 모두 찬반 투표를 한다. 투표 결과 계획에 찬성하는 해적이 절반 이상이면 그 방식대로 금화를 나누고, 찬성하지 않는 사람이 절반 초과이면 금화 분배 계획을 제시한 해적을 배 밖으로 던져버린다. 그런 다음 남은 해적 가운데 가장 나이가 많은 해적이 다시 금화를 분배할 계획을 제시하고 그 계획에 찬반 투표를 한다. 마찬가지로 절반 이상이 찬성하면 그 계획대로 금화를 나누고 그렇지 않으면 계획을 제시한 해적을 배 밖으로 던져버린다. 제시한 계획이 투표에 통과될 때까지 이 과정을 계속한다.

만약 당신이 가장 나이 많은 해적이라면 가장 많은 금화를 차지하기 위하여 어떤 계획을 제시하여야 할까? (단, 해적들은 모든 상황을 이해할 수준으로 완전히 논리적이고 철저하게 자신의 이익이 최대가 되는 상황으로 투표한다.)

실수 - 정수와 분수

1 다음 수의 정의를 설명하시오.

(1) 0

(2) 1

(3) -1

(4) 2

(5) $\frac{1}{2}$

해설 및 풀이

1 역사발생적인 과정에서 없음을 상징하는 '0'과 자연수 '1, 2, …'가 나타내는 대상이 무엇인지는 정확히 알 수 없다. 일반화와 추상화로 구성된 수는 어떤 의미에서 실재하지 않는다. 현재의 공리적 수체계에서는 실수를 완비순서체의 원소로 정의한다. 즉 실수집합을 형식적으로 완비순서체 $(\mathbb{R}, +, \cdot, <)$라고 하면 자연수집합 $\mathbb{N}$은 가장 작은 계승집합으로 정의하고, 정수집합 $\mathbb{Z}$는 양의 정수, 0, 음의 정수로 구성하고, 유리수집합 $\mathbb{Q}$는 $\mathbb{Z}\times(\mathbb{Z}\setminus\{0\})/\sim$ (여기서 $\sim$은 $p_1q_2=p_2q_1$이면 $(p_1, q_1)\sim(p_2, q_2)$으로 분수의 상등을 정의하는 동등관계이다.)으로 정의하고, 무리수집합은 $\mathbb{Q}^c=\mathbb{R}\setminus\mathbb{Q}$으로 정의할 수 있다.

자연수집합	$\mathbb{N}=\bigcap\{A \mid A \text{ 는 계승집합}\}$
정수집합	$\mathbb{Z}=(-\mathbb{N})\cup\{0\}\cup\mathbb{N}$
유리수집합	$\mathbb{Q}=\mathbb{Z}\times(\mathbb{Z}\setminus\{0\})/\sim$
무리수집합	$\mathbb{Q}^c=\mathbb{R}\setminus\mathbb{Q}$

한편 페아노 공리에 의해 정의된 자연수집합은 1, 2, 3, …을, 자연수집합을 환이 되도록 확장한 정수집합은 항등원 0과 역원 -1, -2, …을, 정수집합을 체가 되도록 확장한 유리수집합은 곱셈에 대한 역원인 분수를 포함하고 있다. 또 유리수집합을 해석적으로 확장하여 무리수를 정의하면 실수집합은 유리수집합과 무리수집합의 합집합으로 정의할 수 있다. 이때 자연수집합에서는 계승자를 이용하여 $1<2<3<\cdots$로 정의하고, 정수와 유리수도 이 크기 순서를 유지하도록 크기를 확장한다. 또 무리수에 대해서도 극한의 성질을 이용하여 순서를 부여한다. 이와 같

이 정의한 실수집합은 완비순서체로 정의된 실수집합과 동일하다.

(1) 0은 실수집합의 완비순서체에서 덧셈에 대한 항등원이다.
(2) 1은 실수집합의 완비순서체에서 곱셈에 대한 항등원이다.
(3) -1은 실수집합의 완비순서체에서 1의 덧셈에 대한 역원이다.
(4) 2는 자연수집합에서 1의 계승자이다. 그러므로 $1+1=2$이다.
(5) $\frac{1}{2}$은 실수집합의 완비순서체에서 2의 곱셈에 대한 역원이다.

1 다음을 설명하시오.

(1) -3
(2) 3^{-1}
(3) $-(-3)=3$
(4) $\left(\frac{1}{3}\right)^{-1}=3$
(5) $1+0=1$
(6) $1+(-1)=0$
(7) $1 \cdot 2=2$
(8) $2\times\frac{1}{2}=1$

실수 - 교환법칙과 분배법칙

1 다음 대화를 보고 학생의 질문에 대한 네모 안에 들어갈 선생의 대답을 말하시오.

학생: 선생님, 실수 a, b, c에 대하여 다음 분배법칙이 왜 성립하죠?

$$a(b+c)=ab+ac$$

선생: 다음 그림에서 넓이를 비교해보면 알 수 있지.

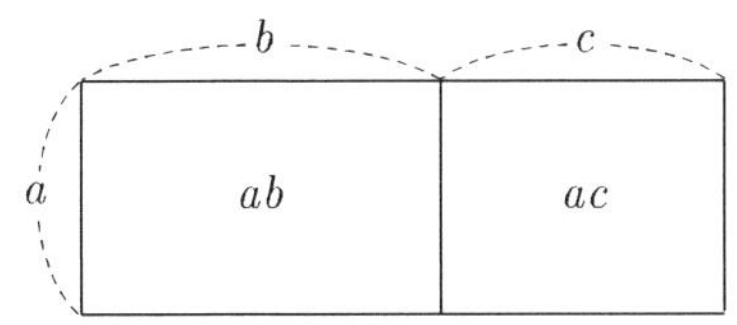

학생: 그건 두 도형의 넓이를 더한 것으로 분배법칙을 설명하기 위한 모형이잖아요. 실제로 $-$와 $\div$ 에 대해서는 다음과 같은 분배법칙이 성립하지 않잖아요.

$$a-(b+c)=(a-b)+(a-c)$$
$$a\div(b+c)=a\div b+a\div c$$

그런데 <u>왜 곱셈에 대해서는 성립해요?</u>

선생: 빼기와 나누기의 경우 분배법칙을 설명할 수 있는 모형이 있을까?

학생: 뺄셈의 경우 다음과 같이 분수의 덧셈 계산 모형과 비슷하게 길이로 생각하면 분배법칙 모형이 돼요.

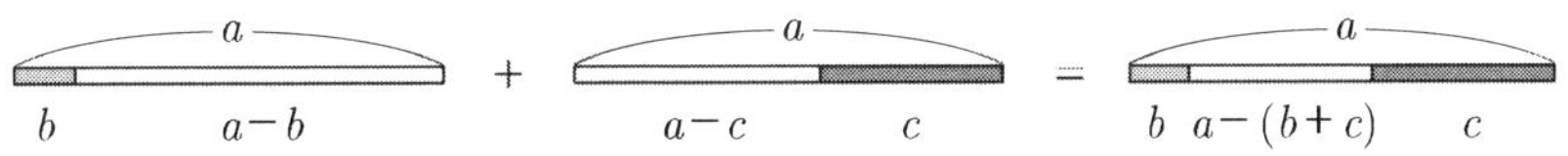

선생: 글쎄, 넓이를 보면 자명하지 않아?

학생: 넓이라서 그런 것 같은데요? 교환법칙도 그런가요? 즉 임의의 실수 a, b에 대하여 $ab=ba$인데 빼기와 나누기는 성립하지 않아요. 예를 들면 $a-b=b-a$, $a\div b=b\div a$는 성립하지 않는데 <u>왜 더하기와 곱하기는 교환법칙이 성립해요?</u>

선생: [ ]

해설 및 풀이

1 실수집합 $\mathbb{R}$ 의 정의에서 + 와 · 이 정의되고, $(\mathbb{R}, +)$와 $(\mathbb{R}, \cdot)$는 가환군이 되어야 하므로 + 와 · 에 대해서는 교환법칙이 성립해야 한다. 또한 $(\mathbb{R}, +, \cdot)$가 체가 되기 위해서는 분배법칙이 성립해야 한다. 즉 교환법칙과 분배법칙은 실수집합을 완비순서체로 정의하면서 생기는 당연한 성질이다. 그러므로 선생의 대답은 대략 다음과 같다.

> 그건, 실수의 성질로서 실수집합을 완비순서체로 정의할 때 곱하기와 더하기는 교환법칙이 성립하도록 정의해. 즉 실수집합의 체공리에서 연산 +, · 은 교환법칙이 성립하도록 하고, $(\mathbb{R}, +, \cdot)$이 체가 되도록 분배법칙이 성립하도록 정의하였어. 그런데 − 는 덧셈의 역원을 더하는 것으로 $a-b=a+(-b)$로 정의되고, ÷ 는 곱셈의 역원을 곱하는 것으로 $a \div b = ab^{-1}$로 정의돼. 그러므로 − 와 ÷ 는 교환법칙과 분배법칙이 성립할 필요가 없지. 즉 $(\mathbb{R}, -, \div)$는 체일 필요가 없어. 한편 행렬은 곱도 교환법칙이 성립하지 않아. 즉 $AB=BA$가 성립하지는 않지.

1 분배법칙을 이용하여 다음을 계산하시오.

(1) $19 \times 19 = (20-1)(20-1) = 400-20-20+1$

(2) $73 \times 49 = (70+3)(50-1) = 3500-70+150-3$

실수 - 나눗셈의 분배법칙

1 다음 대화를 보고 네모 안에 들어갈 선생의 대답을 말하시오.

학생: 선생님, $\frac{2+3}{5}=\frac{2}{5}+\frac{3}{5}$ 는 성립하지만 $\frac{5}{2+3}=\frac{5}{2}+\frac{5}{3}$ 는 성립하지 않아요. 일반적으로

$$\frac{b+c}{a}=\frac{b}{a}+\frac{c}{a}$$

는 성립하는데

$$\frac{a}{b+c}=\frac{a}{b}+\frac{a}{c}$$

가 성립하지 않아요. 왜 그런가요?

선생: 분수는 나눗셈을 한 것이니 나누기로 생각해보면 어떨까?

학생: 그러면 첫 번째 식은

$$(b+c)\div a=b\div a+c\div a$$

로서 분배법칙이 성립하고 두 번째 식은

$$a\div(b+c)=a\div b+a\div c$$

이 성립하지 않으니 분배법칙이 성립하지 않네요.

선생: 그렇지, 나눗셈에서는 분배법칙이 성립하지 않아.

학생: 그런데 a로 나누는 경우는 분배법칙이 성립하고, $(b+c)$로 나누는 경우는 성립하지 않아요. 나누는 위치에 따라 달라요.

선생: 그러니까 나눗셈은 교환법칙이 성립하지 않겠지? 교환법칙이 성립하면

$$a\div(b+c)=(b+c)\div a=b\div a+c\div a=a\div b+a\div c$$

가 성립해야 할 테니까. 그러니까 $a\div b=b\div a$가 성립하지 않지.

학생: 나누기는 역수의 곱이잖아요. 곱은 교환법칙과 분배법칙이 모두 성립하니까 나누기를 곱으로 바꾸어 생각하면 분배법칙이 성립해야 하는 것 아닌가요? 즉

$$(b+c)\div a=(b+c)a^{-1},\quad a\div(b+c)=a(b+c)^{-1}$$

로 계산하면 두 식 모두 분배법칙이 성립해야 하는 것 아닌가요?

선생: [ ]

학생: 아, 한쪽은 성립하고 한쪽은 성립하지 않으니 헷갈려요.

해설 및 풀이

1 실수집합 $\mathbb{R}$의 정의에서 $+$ 와 $\cdot$ 이 정의되고, $-$ 와 $\div$ 는 각각 덧셈에 대한 역원을 더하고 곱셈에 대한 역원을 곱하는 것으로 정의한다. 즉

$$a-b=a+(-b), \quad a\div b=ab^{-1}$$

로 정의하므로 뺄셈과 나눗셈은 각각 덧셈과 곱셈으로 바꾸어 계산할 수 있다. 실수집합 $\mathbb{R}$가 체이므로 $+$ 와 $\cdot$ 에서 교환법칙과 분배법칙이 성립하므로, 뺄셈과 나눗셈에서도 교환법칙과 분배법칙이 성립할 것 같지만 그렇지 않음에 대한 대화이다.

> 첫 번째의 식이 분배법칙이 성립하는 것은 곱의 분배법칙으로 설명할 수 있어. 즉
>
> $$(b+c)\div a=(b+c)a^{-1}=ba^{-1}+ca^{-1}=b\div a+c\div a$$
>
> 가 성립하지. 그런데 두 번째 식을 분배법칙이 성립한다고 가정하면
>
> $$a\div(b+c)=a(b+c)^{-1}$$
> $$a\div b+a\div c=ab^{-1}+ac^{-1}$$
>
> 이 같아야 하므로 $(b+c)^{-1}=b^{-1}+c^{-1}$이 성립해야 해. 그런데 곱셈에 대한 두 수의 역원의 합은 두 수의 합의 역원과 같지 않다는 뜻이지. 그러니까 일반적으로
>
> $$(b+c)^{-1}=b^{-1}+c^{-1}$$
>
> 이 성립하지 않으니까 분배법칙이 성립하지 않는 것이지.

분수 또는 분수식의 계산에서 학생들은 곱을 하거나 약분을 할 때 많은 오류를 범한다. 제3장의 '학생들이 자주 범하는 오류'를 참조하라. 그런 오류의 대부분이 위와 같은 교환법칙이나 분배법칙이나 괄호의 역할에 대한 오류라는 점에서 위의 대화는 유심히 관찰할 필요가 있다.

1 다음을 만족시키는 실수 a, b, c의 조건을 구하시오.

(1) $a\div b=b\div a$

(2) $(a\div b)\div c=a\div(b\div c)$

(3) $(b+c)^{-1}=b^{-1}+c^{-1}$

실수 - $a \cdot 0 = 0$과 $(-1)\times(-1)=1$과 $-1-1=-2$

1 다음 대화에서 (1), (2), (3), (4), (5)의 네모 안에 들어갈 선생의 대답을 말하시오.

학생: 선생님, 모든 수에 0을 곱하면 왜 0이 돼요?

선생: 글쎄, 0은 곱하는 것이 없으니까 그렇겠지. 수식으로는 임의의 실수 a에 대하여 $a \cdot 0 = 0$으로 다음과 같이 보일 수 있어.

(1)

학생: 같은 방법으로 $(-1)\times(-1)=1$도 증명할 수 있어요?

선생: 그건 이렇게 보일 수 있어.

(2)

학생: 그러면 $-(-1)=1$도 성립하겠네요?

선생: $-(-1)$과 1은 모두 -1의 역원이므로 $1=-(-1)$임을 알 수 있어. 조금 더 구체적으로 쓰면 이렇게 증명할 수 있지.

(3)

이와 같은 성질은 모두 체공리에 의해 증명돼.

학생: 그러면 체가 아니면 위의 관계가 성립하지 않는다는 말인가요?

선생: $\mathbb{Z}_6$이나 행렬의 집합은 체가 아니므로 위의 성질을 만족시키지 않아.

학생: 혹시 $2-3=-1$이나 $2-(-3)=5$를 설명하는 것도 체공리인가요?

선생: 그 결과도 다음과 같이 체공리를 이용하여 계산할 수 있어.

(4)

학생: 그럼 $-2-3=-5$도 같은 방식인가요?

선생: 물론이지.

(5)

해설 및 풀이

중학교에서 음수를 도입하면서 형식불역의 원리를 포함하여 다양한 방법으로 음수의 연산을 설명하고 있다. 다양한 방법의 설명에도 불구하고 학생들에게 음수의 연산을 이해시키기는 쉽지 않다. 그 이유는 음수 연산의 수학적 본질을 소개하는 것이 아니라 현실에 유비하여 설명함으로써 이해시키려 하기 때문이다. 이로 인해 음수의 개념에 대한 현실적인 돈 계산이나 온도 계산은 잘하면서도 수식의 계산에서 어려움을 겪는 학생들이 다수 있다. 이처럼 실수의 사칙연산의 성질은 근본적으로 체공리에 기초하고 있음을 인식해야 한다.

1 체공리를 이용한 실수의 사칙연산에 적용되는 규칙을 설명하는 대화이다.

(1) 0 은 덧셈에 대한 항등원이고, 분배법칙에 의하여 임의의 실수 a 에 대하여 $a \cdot 0 = a(0+0) = a \cdot 0 + a \cdot 0$ 이므로 다음과 같다.

$$\begin{aligned} a \cdot 0 &= a \cdot 0 + 0 = a \cdot 0 + \{a \cdot 0 + (-(a \cdot 0))\} \\ &= \{a \cdot 0 + a \cdot 0\} + (-(a \cdot 0)) = a \cdot 0 + (-(a \cdot 0)) = 0 \end{aligned}$$

참고로 1 은 곱셈에 대한 항등원이므로 임의의 실수 a 에 대하여 $1 \cdot a = a$ 이므로 $1 \cdot 0 = 0$ 이다.

(2) -1 은 1 의 덧셈에 대한 역원이므로 $1 + (-1) = 0$ 이다. 분배법칙에 의하여 다음과 같다.

$$\begin{aligned} (-1) \times (-1) &= (-1) \times (-1) + 0 = (-1) \times (-1) + (-1) + 1 \\ &= (-1)\{(-1) + 1\} + 1 = (-1) \times 0 + 1 = 0 + 1 = 1 \end{aligned}$$

(3) $-(-1)$ 은 -1 의 덧셈에 대한 역원이므로 $-(-1) + (-1) = 0$ 이다. 그러므로 다음과 같다.

$$1 = 0 + 1 = -(-1) + (-1) + 1 = -(-1) + 0 = -(-1)$$

(4) $2-3$ 은 2 에 3 의 덧셈에 대한 역원 (-3)을 더하라는 뜻이므로 다음과 같다.

$$2 - 3 = 2 + (-3) = (-1) + 1 + 2 + (-3) = (-1) + 3 + (-3) = (-1) + 0 = -1$$

또 $2-(-3)$은 2 에 (-3)의 덧셈에 대한 역원을 더하라는 뜻이다. 그런데 -3 의 역원은 3 이므로 $2-(-3) = 2+3 = 5$ 이다.

(5) $5 + (-2-3) = (5-2) - 3 = 3 - 3 = 0$ 이므로 $-2-3$ 은 5 의 덧셈에 대한 역원이다. 즉 -5 이다. 그러므로 $-2-3 = -5$ 이다.

1 다음을 설명하시오.

(1) $-2 = (-1) \times 2$

(2) $5 - (2-3) = 6$

(3) $-2 - (-3) = 1$

(4) $(-2) \times (-4) = 8$

(5) $2^{-1} \times 3^{-1} = 6^{-1}$

(6) $2 \div 3 = \dfrac{2}{3}$

실수 - 순서공리와 $1 > 0$

1 다음 대화를 읽고 학생의 물음에 답하시오.

학생: 선생님, 왜 $1 > 0$ 이고 $-1 < 0$ 인가요?

선생: 1 은 양수니까 0 보다 크고 -1 은 음수니까 0 보다 작지.

학생: 그러면 왜 1 은 양수이고 -1 은 음수입니까?

선생: 자연수는 양수이고 자연수에 $-$ 부호를 붙이면 음수가 돼지.

학생: 그러니까, 왜 자연수는 0 보다 크고 자연수에 부호 $-$ 를 붙이면 0 보다 작아지나요?

선생: 수직선에 나타내보면 1 은 0 보다 오른쪽에 있고 -1 은 0 보다 왼쪽에 있기 때문이지.

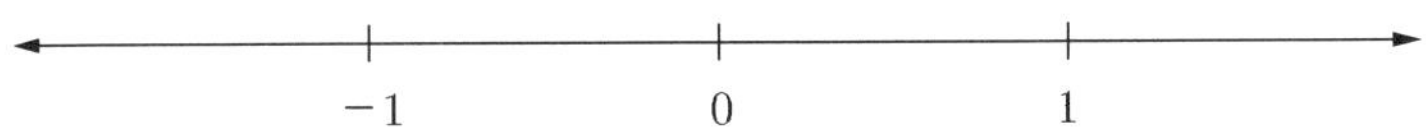

학생: 그것은 그냥 1 을 0 보다 오른쪽에 표시하고 -1 을 0 보다 왼쪽에 표시한 것 아닌가요? 다음과 같이 반대로 하면 왜 안 돼요?

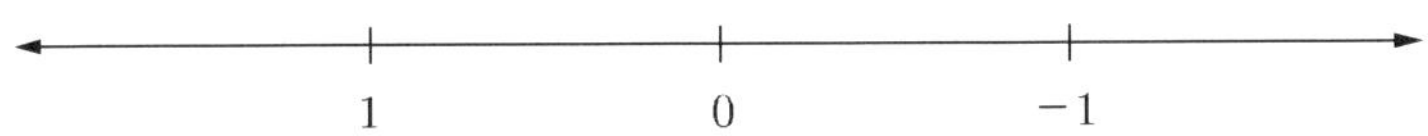

해설 및 풀이

1 중학교에서 음수를 소개할 때 자연수에 $+$ 부호가 붙으면 양수, 양수에 $-$ 의 부호가 붙으면 음수라고 소개하고, 크기의 순서를 양수, 0, 음수로 설명한다. 이때 $1 > 0$인 이유는 1이 양수이기 때문이고, 1이 양수인 이유는 $1 > 0$이기 때문이라는 순환적인 설명을 한다.

또 수의 크기를 설명할 때 대부분 수직선을 이용하여 시각적으로 보여준다. 이는 잠재적으로 수의 크기를 알고 있어 수직선에 표시하여 설명하는 것과 같다. 즉 수직선에서 1은 양수이므로 0보다 오른쪽에 표시하고, -1은 0보다 왼쪽에 표시한다. 그러면서 1이 양수인 이유는 수직선에서 1이 0보다 오른쪽에 있기 때문이라는 설명을 하기도 한다.

자연수집합을 확장하는 과정에서 자연수의 대소 관계를 보전하여 실수집합의 크기를 정의할 수도 있고, 완비순서체의 공리에 기초한 실수집합에서의 순서공리를 이용하여 크기를 정의할 수도 있다. 그러므로 $1 > 0$은 순서공리에 의한 것이다. [부록 4: 실수집합]을 참조하기 바란다.

실제로 다음과 같이 답할 수 있다. 만약 $1<0$ 이면 순서공리에 의하여 $-1>0$ 이므로

$$1=(-1)\times(-1)>0$$

이 되어 모순이다. $1\neq 0$ 이므로 $1>0$ 이다.

1 다음을 설명하시오.

(1) $1<2$

(2) $\frac{1}{2}<1$

(3) $-2<-1$

(4) $\frac{1}{3}<\frac{1}{2}$

(5) $(-1)\times(-2)>0$

(6) $-\frac{1}{2}<-\frac{1}{3}$

유리수 - 분수와 유리수

■ 다음 중에서 분수와 유리수를 각각 모두 고르시오.

① 0.42 ② 2^{-3} ③ $\frac{3}{4}$ ④ $\sqrt[3]{2}$ ⑤ $\frac{4}{2}$

⑥ $\frac{4}{1}$ ⑦ $\frac{1}{\sqrt{3}}$ ⑧ $\frac{1}{1+\frac{1}{2}}$ ⑨ $\frac{\binom{2}{1}}{\sqrt{2}}$

해설 및 풀이

분수의 정의에 대한 질문으로 분수(quotient number)와 유리수(rational number)를 구분하는 문제이다.

■ 유리수는 $\mathbb{Q}=\mathbb{Z}\times(\mathbb{Z}\setminus\{0\})/\sim$의 원소로 순서쌍으로 표현된다. $(p, q)\in\mathbb{Q}$를 분수 표현으로 $\frac{p}{q}$로 나타낸다. 한편 유리수의 개념을 넓혀서 분수는 정역 D에 대하여 $F=D\times(D\setminus\{0\})/\sim$를 분수라고 하고 $(p, q)\in F$에 대하여 $\frac{p}{q}$로 나타낸다. 그러므로 분수는 분모와 분자가 모두 정수로 고정될 필요는 없다. 따라서 분수는 하나의 표현 양식이고 유리수는 실수집합에서 특정한 성질을 만족시키는 수의 집합의 원소라고 할 수 있다. 분수는 ③, ⑤, ⑥, ⑦, ⑧, ⑨이고 유리수는 ①, ②, ③, ⑤, ⑥, ⑧이다. ⑥은 분수 표현이면서 정수이다.

참고로 ①, ②, ④는 $\frac{0.42}{1}$, $\frac{2^{-3}}{1}$, $\frac{\sqrt[3]{2}}{1}$로 표현하면 실수집합 $\mathbb{R}$에 대하여 $\mathbb{R}\times(\mathbb{R}\setminus\{0\})/\sim$의 원소이므로 분수가 된다.

1 다음을 설명하시오.

$$(-2)\div 1=\frac{-2}{1}=\frac{2}{-1}=-\frac{2}{1}$$

유리수 - 분수의 연산

1 선생과 학생의 다음 대화에서 물음에 답하시오.

학생: 선생님, 다음 그림에서 첫 번째 막대의 음영 부분은 $\frac{1}{3}$ 이고, 두 번째 막대의 음영 부분은 $\frac{1}{2}$ 이므로 두 막대를 더하면 음영 부분은 5개에서 2개가 돼요. 그러니까 $\frac{1}{3}+\frac{1}{2}=\frac{2}{5}$ 이죠?

$$\frac{1}{3} \quad + \quad \frac{1}{2} \quad = \quad \frac{2}{5}$$

선생: 분수는 전체집합에서 크기가 동일한 등분의 개수를 나타내어야 하니까 $\frac{1}{3}$ 의 한 부분과 $\frac{1}{2}$ 의 한 부분이 같도록 해주어야 해. 이를 통분이라고 하지.

학생: 그러면요, 크기가 같도록 $\frac{1}{3}$ 은 $\frac{2}{6}$ 로 바꾸고 $\frac{1}{2}$ 는 $\frac{3}{6}$ 으로 고쳐서 더하면 다음 그림과 같이 $\frac{5}{12}$ 가 돼요. 그러니까 $\frac{1}{3}+\frac{1}{2}=\frac{5}{12}$ 인가요?

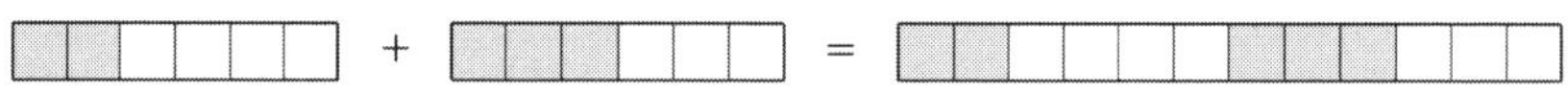

$$\frac{1}{3} \quad + \quad \frac{1}{2} \quad = \quad \frac{5}{12}$$

선생: 분수는 통분을 하고 통분한 수를 전체집합이라고 하면 그중에 분자에 해당하는 개수를 더해야지. 그러니까 $\frac{1}{3}$ 은 여섯 개 중에 2개이니까 $\frac{2}{6}$, $\frac{1}{2}$ 은 여섯 개 중에 3개이니까 $\frac{3}{6}$ 이므로 합하면 여섯 개 중에 다섯 개이니까 $\frac{5}{6}$ 이지.

즉 $\frac{1}{3}+\frac{1}{2}=\frac{2}{6}+\frac{3}{6}=\frac{2+3}{6}=\frac{5}{6}$ 이지.

학생: 왜 그렇게 더해요? 선생님의 설명을 그림으로 나타내면 다음과 같잖아요.

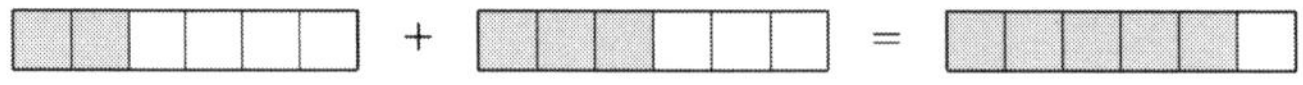

$$\frac{1}{3} \quad + \quad \frac{1}{2} \quad = \quad \frac{5}{6}$$

선생님은 분수를 통분했다가 그림에 그림을 더하는 방법에서 흰 배경은 더하지 않고 음영 부분만 더하는 것이잖아요? 그러면요, $\frac{1}{2}+\frac{2}{3}=\frac{7}{6}$ 을 그림으로 표현할 수 없어요. 왜냐하면 다음 그림과 같이 더하면 막대 하나의 흰 배경은 6칸뿐인데 7칸을 음영으로 나타내야 하니 불가능해요.

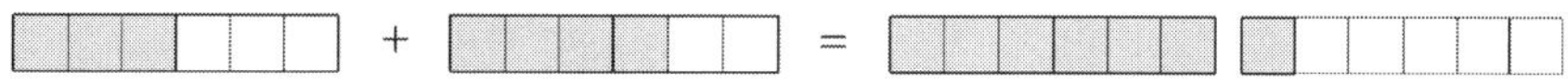

$$\frac{1}{2} \quad + \quad \frac{2}{3} \quad = \quad \frac{?}{?}$$

그림에 그림을 더하는 방법은 전체를 붙이는 방식으로 더하는 게 당연한 것 아닌가요? 그러면 $\frac{1}{3}+\frac{1}{2}=\frac{5}{12}$가 더 자연스러워 보여요. 또 맨 처음 그림처럼 분모는 분모끼리 더하고 분자는 분자끼리 더하는 것도 편리하죠. 통분할 필요도 없이 쉽게 계산할 수 있으니까요. 즉

$$\frac{a}{b}+\frac{c}{d}=\frac{a+c}{b+d}$$

와 같이 계산하면 왜 안 돼요?

해설 및 풀이

■1 분수의 개념과 연산의 규칙에 대한 질문으로 분수의 연산은 실수의 덧셈과 곱셈의 정의에 따라 약속된 계산 방법이다. 실수의 연산 또는 유리수의 연산 정의에 의하여 임의의 유리수 $\frac{p_1}{q_1}$, $\frac{p_2}{q_2}$에 대하여 다음과 같다.

$$\frac{p_1}{q_1} \cdot \frac{p_2}{q_2} = (p_1 q_1^{-1})(p_2 q_2^{-1}) = p_1 p_2 q_2^{-1} q_1^{-1} = p_1 p_2 (q_1 q_2)^{-1} = \frac{p_1 p_2}{q_1 q_2}$$

$$\begin{aligned}\frac{p_1}{q_1}+\frac{p_2}{q_2} &= p_1 q_1^{-1} + p_2 q_2^{-1} = p_1 q_2 q_2^{-1} q_1^{-1} + p_2 q_1 q_1^{-1} q_2^{-1} \\ &= (p_1 q_2 + p_2 q_1)(q_1 q_2)^{-1} = \frac{p_1 q_2 + p_2 q_1}{q_1 q_2}\end{aligned}$$

그러므로 분모를 통분하고 더하는 방법은 연산의 정의에 의한 결과로 다음과 같다.

$$\frac{1}{2}+\frac{1}{3}=\frac{1 \cdot 3+2 \cdot 1}{2 \cdot 3}=\frac{5}{6}, \quad \frac{2}{3}\times\frac{3}{4}=\frac{1}{2}$$

수학의 추상적인 정의인 분수의 덧셈을 시각적인 그림의 더하기로 설명하면서 생기는 오개념이다. 그림은 실수의 연산 또는 분수의 연산 규칙을 설명하기 위한 보조적 도구이지 그림을 더하는 결과가 곧 분수의 합을 의미하는 것은 아니다. 실제로 그림의 덧셈은 정의되지 않으며 이를 이용

하여 분수의 덧셈을 설명하면 덧셈에 대한 오해가 생길 수 있다. 분수는 비의 개념으로 전체가 동일한 대상으로 계산해야 한다는 보충 설명을 하더라도 그림의 덧셈으로 분수의 덧셈을 설명하면 오해의 여지가 남아있다. 선생의 대답으로는 분모가 전체의 개수가 아니라 '등분의 개수' 정도로 다음을 덧붙일 수는 있겠다.

> $\frac{1}{2}$은 $\frac{3}{6}$으로 6등분한 것 3개 즉 ▒▒▒이고, $\frac{2}{3}$는 6등분한 것 4개 즉 ▒▒▒▒이니까 둘을 더하면 ▒▒▒▒▒▒▒으로 6등분한 것 7개이지. 6등분한 것 7개는 $\frac{7}{6}$이지. 그러니까 $\frac{1}{2}+\frac{2}{3}=\frac{3}{6}+\frac{4}{6}=\frac{7}{6}$이지.

설문 조사에 의하면 위와 같은 학생의 오개념은 막대 그림의 설명 모델이 잘못되었기 때문에 생기는 현상이라고 생각하고, 해결 방법으로 원판의 그림 모형으로 설명하면 된다고 답하는 선생들이 매우 많았다. 하지만 이는 더하기 + 에 대한 공리적인 정의를 시각적 자료인 그림의 더하기로 설명하는 부조화에서 생기는 현상으로 근본적인 해결책이 될 수 없다. 문제의 피자 나누기 대화를 생각해보라.

참고로 분모는 분모끼리 더하고 분자는 분자끼리 더하는 계산 방식도 유용한 경우가 있다. 예를 들어 분수 계산

$$\frac{a}{b}+\frac{c}{d}=\frac{a+c}{b+d}$$

은 야구에서 타율을 계산할 때 사용하는 방법이기도 하다. 또 '수학교육과 2학년의 남학생은 20명 중의 10명이 안경을 끼고 여학생은 15명 중의 7명이 안경을 끼고 있다. 그러면 수학교육과 2학년 학생 중에 안경을 낀 학생은 몇 명인가?'라는 질문에는 $\frac{17}{35}$이 답인데 이 경우도 위와 같은 방식으로 덧셈을 한다. 이런 경우는 분수가 비를 표현하지만 유리수의 덧셈은 아니다.

1 다음 학생의 주장에 대하여 어떻게 답할 것인가?

선생: $\frac{1}{3}+\frac{1}{2}$을 피자로 설명해볼게. 피자 한 판의 $\frac{1}{3}$은 3조각 중의 1조각이므로 6조각 중의 2조각이고, 피자 한 판의 $\frac{1}{2}$은 2조각 중의 1조각이므로 6조각 중의 3조각이지. 그러므로 합한 조각 수는 6조각 중의 5조각으로 $\frac{1}{3}+\frac{1}{2}=\frac{5}{6}$이다.

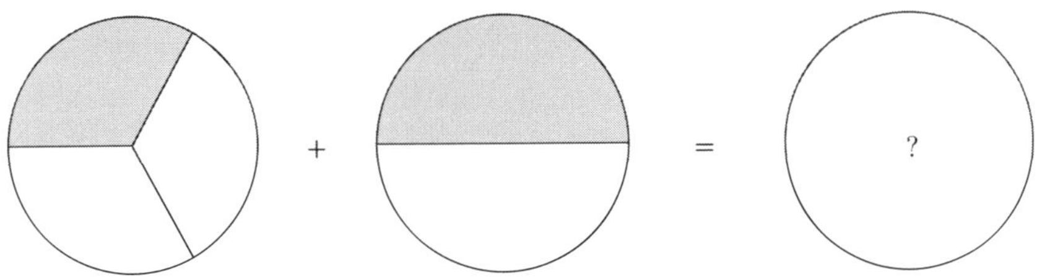

학생: 그런데요, $\frac{1}{3}+\frac{1}{2}$를 피자로 설명하면 피자 한 판의 $\frac{1}{3}$은 6조각 중의 2조각이고, 피자 한 판의 $\frac{1}{2}$은 6조각 중의 3조각이니까 합한 조각 수는 피자 두 판에서 5조각이잖아요. 그러니까 12조각 중의 5조각이니까 $\frac{1}{3}+\frac{1}{2}=\frac{5}{12}$ 아닌가요?

선생님의 계산 방식으로는 $\frac{2}{3}+\frac{1}{2}$을 할 수 없어요. 피자 한 판의 $\frac{2}{3}$는 6조각 중의 4조각이고, $\frac{1}{2}$은 6조각 중의 3조각이므로 합한 조각 수는 6조각 중의 7조각이 되어 말이 안 되잖아요. 실제로는 두 판의 피자에서 7조각을 선택하는 것이니까 $\frac{2}{3}+\frac{1}{2}=\frac{7}{12}$이죠.

선생:

유리수 - 분수와 소수

1 유리수를 분수로 표현할 때와 소수로 표현할 때의 장단점을 각각 나열하시오.

	분수	소수
장점		
단점		

해설 및 풀이

수의 특성을 이해하고 자연을 설명하는 관점에 따라 수는 다양한 방식으로 분류되어 왔다. 예를 들어 수학적 지식의 주 관심사에 따라 실수를 유리수와 무리수, 대수와 초월수, 분수와 소수, 유한연분수와 무한연분수 등으로 분류하기도 하였고, 정수는 소수와 합성수, 완전수와 친화수 등으로 분류하기도 하였다. 현재는 주로 자연수, 정수, 유리수, 무리수, 실수, 복소수와 같이 수의 확장에 따라 형성된 수체계로 분류한다.

1 유리수를 표현하는 두 가지 방법인 분수 표현과 소수 표현의 장단점을 비교하는 문제이다. 분수 표현은 두 수의 상대적인 비를 쉽게 계산할 수 있고, 소수 표현은 두 수의 크기를 비교하기가 쉽다. 예를 들어 $\frac{2}{3}$와 $\frac{3}{5}$의 상대적인 비는 $\frac{10}{9}$이지만 소수 표현은 이를 구하기가 쉽지 않고, 분수 $\frac{2}{3}$와 $\frac{3}{5}$의 크기를 비교하기 위해서는 분모를 통분하여 $\frac{10}{15}$, $\frac{9}{15}$를 비교하여 알 수 있지만 소수 표현은 $0.66\cdots$, $0.600\cdots$으로 자릿수를 비교하면 더 쉽게 알 수 있다.
분수 표현은 유리수인지 아닌지를 쉽게 판단할 수 있고, 소수 표현은 근사하기가 쉽고 극한의 개념을 이해하기 쉬운 장점이 있다. 유리수를 분수로 표현하면 그 자체가 유리수임을 의미하고, 소수로 표현하면 순환소수인지 아닌지를 판단해야 하는데 순환주기가 길어지면 순환하는지 하지 않는지를 판단하는 데 상대적인 어려움이 있을 수 있다. 또 분수를 근사하는 방법은 분모가 통일

되지 않는 점에서 쉽지 않고 무한소수의 표현은 자릿수가 점점 내려가면 그 수가 점점 작아지므로 오차 범위 내에서 유한소수로 쉽게 근사할 수 있다. 한편 분수 표현의 가장 큰 장점은 사칙연산이 쉽다는 점이다. 예를 들면 $\frac{5}{9}+\frac{2}{3}=\frac{11}{9}$, $\frac{5}{9}\times\frac{2}{3}=\frac{10}{27}$과 같이 분수 계산은 쉽게 할 수 있지만

$$0.555\cdots+0.66\cdots=1.222\cdots$$

$$0.555\cdots\times0.66\cdots=0.370370\cdots$$

을 알아내기는 어렵다. 실제로 무한소수의 사칙연산은 정의되어 있지 않아 분수로 고쳐서 계산해야 한다.

끝으로 분수 표현은 $\frac{2}{3}=\frac{4}{6}=\cdots$와 같이 유일하지 않다. 분수 표현과 소수 표현의 장단점을 정리해보면 다음과 같다.

	분수	소수
장점	• 수가 유리수인지 쉽게 알 수 있다. • 수의 상대적인 비를 알기 쉽다. • 사칙연산이 정의되어 있다.	• 크기 비교가 쉽다. • 오차 범위 내에서 근사하기가 쉽다.
단점	• 표현이 유일하지 않다. • 크기 비교가 소수에 비해 상대적으로 쉽지 않다.	• 주어진 수가 유리수인지 아닌지를 판단하기가 분수에 비해 상대적으로 어렵다. • 사칙연산이 쉽지 않고 무한소수는 정의조차 되지 않는다.

참고로 정수는 유한소수로 나타낼 수 있다. 예를 들어 $2=2.00\cdots$이고 소수점 아래에는 모두 0이다. 그렇다고 소수점 아래의 0이 의미가 없는 것은 아니다. 예를 들어 $0.000\cdots500\cdots$에서 앞의 0은 자릿수의 의미를 지닌다.

1 **다음 계산의 결과를 얻는 적절한 방법이 존재하는지 말하고 소수의 사칙연산에 대하여 논의하시오.**

$$1.41421356\cdots\times1.41421356\cdots=2$$

유리수 - 유리수의 조밀성

1 유리수의 조밀성에 대한 다음의 대화를 보고 학생의 물음에 답하시오.

선생: 임의의 두 실수 사이에는 유리수가 존재함을 증명할 수 있어. 예를 들어 $\sqrt{2}$ 와 $\sqrt{3}$ 사이에 있는 유리수는 다음과 같이 구할 수 있어. 먼저 $\sqrt{2}$ 와 $\sqrt{3}$ 을 각각 제곱하면 2 와 3 이므로 $2 < \frac{p^2}{q^2} < 3$ 인 $p,\ q$ 를 찾으면 돼. 예를 들어

$$\frac{9}{4},\ \frac{25}{9},\ \frac{36}{16},\ \frac{64}{25},\ \frac{81}{36},\ \frac{100}{36},\ \cdots$$

은 모두 2 와 3 사이에 있으므로 제곱근을 취하면

$$\frac{3}{2},\ \frac{5}{3},\ \frac{6}{4},\ \frac{8}{5},\ \frac{9}{6},\ \frac{10}{6},\ \cdots$$

은 모두 $\sqrt{2} < \frac{p}{q} < \sqrt{3}$ 을 만족시키지.

학생: 하지만 제곱하더라도 $\sqrt{2}$ 와 $\sqrt{3}$ 과 같이 정수가 되지 않는 경우도 있잖아요. 예를 들어 <u>$2^{\sqrt{3}}$ 와 $3^{\sqrt{2}}$ 사이에 있는 유리수는 어떻게 구해요? 유리수가 있기는 하나요?</u>

해설 및 풀이

1 지수가 유리수인 두 수 $a^{\frac{n}{m}}$, $b^{\frac{p}{q}}$ 의 대소를 비교하는 방법은 비교적 간단하다. 두 유리수 $\frac{n}{m}$, $\frac{p}{q}$ 의 공배수인 mq제곱을 하면 $a^{mq} = a^{nq}$, $b^{mq} = b^{mp}$ 으로 지수가 정수가 되므로 a^{nq}, b^{mp}를 비교하여 그 크기를 비교할 수 있다. 그리고 r^{mq} 이 a^{nq} 와 b^{mp} 사이에 있는 유리수 r 를 찾으면 된다. 예를 들어 $x = 2^{\frac{2}{3}}$ 와 $y = 3^{\frac{1}{2}}$ 은 여섯 제곱하면 $x^6 = 2^4 = 16$, $y^6 = 3^3 = 27$ 이므로 $x < y$ 이다. 그러므로 $16 < r^6 < 27$ 인 $r \in \mathbb{Q}$를 찾으면 된다. 실제로 $r = \frac{5}{3},\ \frac{8}{5}$ 이면 된다. 하지만 $2^{\sqrt{3}}$, $3^{\sqrt{2}}$, 2^{π}, π^{e}, e^{π} 와 같이 지수가 무리수인 경우에는 이와 같은 방법을 사용할 수 없다. 일반적으로 $a < b$ 인 두 실수 a, b에 대하여 $a < r < b$인 유리수 r는 아르키메데스 공리를 이용하여 찾는다. 먼저 $a > 0$ 이라 하자. 그러면 $\frac{1}{n} < b - a$ 인 자연수 n이 존재한다. 그리고 $k > na$을 만족시키는 최소 자연수 k에 대하여 $r = \frac{k}{n}$ 라 하면

$$a < \frac{k}{n} = \frac{k-1}{n} + \frac{1}{n} \leq a + \frac{1}{n} < b$$

이다. $a \leq 0$이 경우는 $a+n_0 > 0$인 자연수 n_0에 대하여 $a+n_0 < r_0 < b+n_0$인 유리수 r_0가 존재한다. $r = r_0 - n_0$라 하면 $r \in \mathbb{Q}$이고 $a < r < b$이다. 이와 같은 방법은 유리수의 조밀성을 증명하는 구성적인 방법이다. 예를 들어 $\sqrt{2}$와 $\sqrt{3}$ 사이의 유리수를 찾아보자. 먼저 $\frac{1}{n} < \sqrt{3} - \sqrt{2} \approx 0.3$인 n은 $n = 4$이면 충분하다. 또 $k > n\sqrt{2} = 4\sqrt{2} = 5.6\cdots$인 최소의 자연수는 $k = 6$이다. $r = \frac{6}{4}$라 하면

$$\sqrt{2} < \frac{6}{4} < \frac{5}{4} + \frac{1}{4} < \sqrt{2} + (\sqrt{3} - \sqrt{2}) = \sqrt{3}$$

이다. 이때 n은 4보다 큰 임의의 수를 잡아도 되므로 $\sqrt{2} < r < \sqrt{3}$인 r는 무수히 많음을 알 수 있다.

참고로 실수와 소수가 동일함을 증명하였다면 소수를 이용하여 쉽게 보일 수 있다. $a < b$인 두 실수 $a = a_0.a_1a_2\cdots$, $b = b_0.b_1b_2\cdots$(단, a_i, b_i는 $0 \leq a_i,\ b_i \leq 9$인 정수이고, 소수점 아래에서 0이 무한히 반복되는 유한소수이면 자리 내림하여 9가 무한히 계속되는 무한소수로 표현한다.)라 하자. $a_0 < b_0$이면 $r = b_0$이면 충분하다. 그러므로 $a_0 = b_0$라고 하자. $a < b$이므로 $a_k < b_k$인 최소의 자연수 k가 존재한다. 그러면 $r = a_0.a_1a_2\cdots(a_k+1)$이면 $a < r < b$이다.

한편 유리수의 조밀성을 이용하여 무리수의 조밀성을 증명할 수 있다. $a < b$인 두 실수 a, b에 대하여 $a - \sqrt{2} < r < b - \sqrt{2}$인 유리수 r가 존재하므로 $s = r + \sqrt{2}$라 하면 $a < s < b$이다. 유리수와 무리수의 합은 무리수이므로 s는 무리수이다.

유리수집합과 무리수집합은 모두 실수집합에 조밀한데 유리수의 조밀성에 관심을 더 갖는 이유는 유리수집합이 가산집합이기 때문이다. 가산집합 $\mathbb{Q}$가 비가산집합 $\mathbb{R}$에 조밀하므로 실수의 성질을 유리수의 극한으로 이해할 수 있는 도구가 되기 때문이다. 그러므로 실수의 많은 성질은 유리수열의 극한으로 이해할 수도 있다.

1 $\sqrt{2}$와 $\sqrt[3]{3}$ 사이에 있는 무리수를 찾으시오.

무리수 - 무리수의 존재

1 다음 대화에서 네모 안에 들어갈 선생의 대답을 말하시오.

학생: $\sqrt{2}$가 무리수임은 어떻게 증명해요?

선생: $\sqrt{2}$가 유리수라고 가정하면 $\sqrt{2}=\frac{p}{q}$ (p, q는 서로소)로 쓸 수 있는데, 양변을 제곱하면 $p^2=2q^2$으로부터 p가 짝수라야 하지. 그러면 q도 짝수가 되어 모순이 돼.

학생: 그건 $\sqrt{2}$가 유리수가 아니란 것이지 무리수임을 증명한 것은 아니잖아요. 같은 방식으로 i가 유리수라고 가정하고 $i=\frac{p}{q}$ (p, q는 서로소)를 쓴 후 양변을 제곱하면 $p^2=-q^2$으로 모순이 생기므로 'i는 무리수이다'라고 하면 안 되잖아요.

선생: [ ]

해설 및 풀이

중·고등학교에서는 실수집합을 유리수집합과 무리수집합의 합집합으로 정의하고 무리수는 유리수가 아닌 수로 정의한다. 즉 무리수란 '유리수가 아닌 실수'이고 실수는 '유리수이거나 무리수인 수'를 말하므로 실수를 알려면 무리수를 알아야 하고, 무리수를 알려면 실수를 알아야 하는 순환논법에 갇히게 된다. 그래서 실수에 대한 엄밀한 정의가 필요한데, 대학에서는 실수집합을 공리적으로 정의함으로써 중·고등학교에서의 순환적 정의로부터 벗어난다.

1 어떤 집합을 전체집합의 여집합으로 정의하는 경우에는 그 집합이 공집합인지 아닌지를 기본적으로 확인해야 한다. 보통 $\sqrt{2}$가 무리수임을 보여 $\mathbb{R}\setminus\mathbb{Q}\neq\varnothing$임을 보인다. 그런데 $\sqrt{2}$가 무리수임을 보이려면 '$\sqrt{2}$는 유리수가 아니다'와 '$\sqrt{2}$는 실수이다'를 모두 보여야 함을 묻는 학생과의 대화이다. 피타고라스 학파는 $\sqrt{2}$가 두 정수의 비로 표현할 수 없음을 보이고, $\sqrt{2}$를 (유리)수가 아니라고 하였다. 현재는 실수의 완비공리에 의해 $\sqrt{2}$는 실수임을 보이고 유리수가 아님을 보임으로써 무리수임을 보인다. $\sqrt{2}\notin\mathbb{Q}$임을 보이는 다양한 방법은 [부록 8: $\sqrt{2}$에 대하여]를 참조하기 바란다.

$\sqrt{2}$가 실수인 것은 실수의 완비공리를 이용하여 증명할 수 있어. 집합 $E=\{x\in\mathbb{R} \mid x^2<2,\ x>0\}$라 하면 $s=\sup E\in\mathbb{R}$이고 $s^2=2$이다.[1] 최소상계의 유일성에 의해 $s^2=2$인 양수 s는 유일하다. 이때 s를 기호로 $\sqrt{2}$로 나타낸다. 따라서 $\sqrt{2}\in\mathbb{R}$이고 실수집합에서는 유일한다.

1 임의의 무리수 s에 대하여 $s+\mathbb{Q}$는 $\mathbb{R}$에 조밀함을 설명하시오.

---

1) $E\neq\varnothing$이고 E는 유계이므로 실수의 완비공리에 의하여 $s=\sup E\in\mathbb{R}$가 존재한다. 또 순서공리에 의하여 $s^2<2$ 또는 $s^2=2$ 또는 $s^2>2$이다. 만약 $s^2<2$이면 $\dfrac{2s+1}{n}<2-s^2$인 자연수 n에 대하여 $s+\dfrac{1}{n}\in E$가 되어 모순이고, $s^2>2$이면 $\dfrac{2s+1}{n}<s^2-2$인 자연수 n에 대하여 $s-\dfrac{1}{n}$이 E의 상계가 되어 모순이다. 그러므로 $s^2=2$이다.

무리수 - 분모의 유리화

1 다음 중 $\frac{3}{\sqrt{3}}$의 분모를 유리화하는 과정으로 옳은 것은?

① $\frac{3}{\sqrt{3}}=\frac{3\cdot\sqrt{3}}{\sqrt{3}\cdot\sqrt{3}}=\frac{3\sqrt{3}}{3}=\sqrt{3}$ (분모와 분자에 분모의 근호를 각각 곱한 수)

② $\frac{3}{\sqrt{3}}=\frac{3}{\sqrt{3}\cdot\sqrt{3}}=\frac{3}{3}=1$ (분모에 분모의 근호를 곱한 수)

③ $\frac{3}{\sqrt{3}}=\left(\frac{3}{\sqrt{3}}\right)^2=3$ (분모와 분자를 각각 제곱한 수)

④ $\frac{3}{\sqrt{3}}=\frac{3}{(\sqrt{3})^2}=1$ (분모의 무리수를 제곱한 수)

⑤ $\frac{3}{\sqrt{3}}=\frac{\sqrt{3}\sqrt{3}}{\sqrt{3}}=\sqrt{3}$ (분모와 분자를 분모의 근호로 각각 약분한 수)

해설 및 풀이

분모를 유리수로 바꾸는 연산은 다양하지만 분모의 유리화는 같은 값을 갖는 분수라야 한다. 모두 분모를 유리수로 바꾸었지만 $\frac{3}{\sqrt{3}}$과 같은 수는 $\sqrt{3}$으로 ①, ⑤이다.

1 다음 중 $\frac{1+i}{1-i}$의 분모를 실수화하는 과정으로 옳은 것은?

① $\frac{1+i}{1-i}=\frac{1+i}{(1-i)\overline{(1-i)}}=\frac{1+i}{2}$

② $\frac{1+i}{1-i}=\frac{(1+i)\overline{(1-i)}}{(1-i)\overline{(1-i)}}=\frac{2i}{2}=i$

③ $\frac{1+i}{1-i}=\left(\frac{1+i}{1-i}\right)^2=-1$

④ $\frac{1+i}{1-i}=\frac{(1+i)(1-i)}{(1-i)(1-i)}=\frac{2}{-2i}$

무리수 - 무리수의 연산

1 다음 연산의 결과가 항상 무리수가 되는지를 말하시오. (단, 유리수는 0이 아니다.)

(1) (양의 무리수)+(양의 무리수)

(2) (유리수)+(무리수)

(3) (양의 무리수)×(양의 무리수)

(4) (유리수)×(무리수)

해설 및 풀이

1 자연수집합 $\mathbb{N}$, 정수집합 $\mathbb{Z}$, 유리수집합 $\mathbb{Q}$, 무리수집합 $\mathbb{Q}^c$, 실수집합 $\mathbb{R}$, 복소수집합 $\mathbb{C}$의 사칙연산에 대하여 닫혀있는 성질은 다음과 같다.

연산 \ 집합	$\mathbb{N}$	$\mathbb{Z}$	$\mathbb{Q}$	$\mathbb{Q}^c$	$\mathbb{R}$	$\mathbb{C}$
+	○	○	○	×	○	○
−	×	○	○	×	○	○
×	○	○	○	×	○	○
÷	×	×	○	×	○	○
극한	○	○	×	×	○	○

무리수집합은 모든 사칙연산에 대하여 닫혀있지 않으므로 (무리수)+(무리수), (무리수)×(무리수)는 유리수가 될 수도 있고 무리수가 될 수도 있다. 수열의 극한에 대하여 닫혀있는 집합은 위상적으로 닫힌집합에 해당하는 자연수집합, 정수집합, 실수집합, 복소수집합이다. 한편 복소수에서 허수의 집합은 사칙연산에 닫혀있지 않으므로 허수의 연산 결과가 허수인지 아닌지를 판단하는 일반적인 방법은 없다. 다만 복소수가 서로 켤레수인 두 수의 합이나 곱은 실수가 된다.

(1) 무리수 $\sqrt{2}$, $\sqrt{3}$ 의 합은 무리수이고, 무리수 $2-\sqrt{2}$, $2+\sqrt{2}$의 합은 유리수이다.

(2) $a \in \mathbb{Q}$, $b \in \mathbb{Q}^c$에 대하여 $x=a+b \in \mathbb{Q}$ 이면 $b=x-a \in \mathbb{Q}$ 가 되어 모순이다. 그러므로 (유리수)+(무리수)는 무리수이다.

(3) 무리수 $\sqrt{2}$, $\sqrt{3}$ 의 곱은 무리수이고, 무리수 $2-\sqrt{2}$, $2+\sqrt{2}$의 곱은 유리수이다.

(4) $a \in \mathbb{Q}$, $b \in \mathbb{Q}^c$에 대하여 $x = ab \in \mathbb{Q}$이면 $b = \dfrac{x}{a} \in \mathbb{Q}$가 되어 모순이다. 그러므로 (유리수)×(무리수)는 무리수이다.

1 $e + \pi$가 유리수이면 $e - \pi$는 무리수임을 증명하시오.

실수 - 실수란?

1 다음 중 실수를 모두 고르시오.

(1) $\frac{1}{0}$　　(2) 0^0

(3) $\sqrt{i}$　　(4) i^i

(5) 각　　(6) 각도

(7) 원의 지름　　(8) 원의 반지름

(9) 한 변의 길이가 1 인 정사각형의 대각선　　(10) $E=\{x \mid x^2<3,\ x>0\}$의 최소상계

(11) $0.12345678910111213\cdots$　　(12) $\lim_{n\to\infty}\left[0,\ \frac{1}{n}\right]$

해설 및 풀이

1 실수의 정의에 대한 질문이다. 정의에 의하여 0 은 덧셈에 대한 항등원이고 1 은 곱셈에 대한 항등원이다. 0 에 대한 역원은 존재하지 않으므로 (1) $\frac{1}{0}$ 은 실수가 아니고 0 에 대한 지수도 정의되지 않으므로 (2) 0^0 도 실수가 아니다. 또 (3) $\sqrt{i}$ 는 복소수이고 (4) i^i는 복소수에서 지수의 정의에 따라 계산하면 그 결과는 실수이다. (5)의 각은 기하적 도형이고 (6)의 각도는 도형의 크기를 나타내는 단위가 있는 실수이다. 또한 (7)의 원의 지름은 기하적 도형과 길이를 모두 의미하므로 실수이고 (8)의 원의 반지름은 기하적 도형으로 실수가 아니다. (9)의 대각선은 기하적 도형으로 실수가 아니다. 다만 정사각형의 대각선의 길이는 실수이다. (10)은 실수의 완비공리에 의하여 실수이고 (11)은 소수도 실수집합의 완비성에 의하여 실수이다. (12)는 집합 또는 구간의 극한으로 $\{0\}$ 또는 $[0,\ 0]$으로 실수가 아니다.

1 다음 중 실수를 모두 고르시오. 또 실수이면 유리수인지 말하시오.

$e^{\pi i}$,　$\log(-1)$,　$(0,1)$,　$\sqrt{2^{\sqrt{2}}}$,　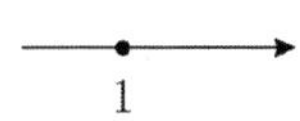

$0.101001000010000000100\cdots$,　$\lim_{n\to\infty} n$,　$\lim_{n\to\infty}\left(1+\frac{1}{n}\right)^n$

실수 - 실수의 예

1 다음의 정의를 설명하고 실수인지 말하시오.

(1) π

(2) $\sqrt{2}$

(3) $\log 2$

(4) e

(5) 1라디안

해설 및 풀이

1 수학에서 자주 사용하는 수 또는 어떤 양을 나타내는 용어의 정의를 묻는 문제이다.

(1) 모든 원은 지름과 원둘레의 길이의 비는 일정하다. 즉 $\frac{(\text{원 둘레의 길이})}{(\text{원의 지름})}$ 는 원의 크기에 상관없이 일정한 상수가 되는데, 그 상수를 원주율이라 하고 π 로 나타낸다. 원주율은 대략 3.14 정도 된다. 따라서 반지름의 길이가 r 인 원의 둘레의 길이는 $l = 2\pi r$ 이다.

(5) 원둘레에서 호의 길이가 반지름의 길이와 같은 원호의 중심각을 1라디안이라고 한다. 원주율이 π 이므로 2π 라디안이 $360°$ 이다. 즉 π 라디안 $= 180°$ 이다. 그러므로 1라디안은 $\frac{180°}{\pi} \sim 57.2958°$ 이다.

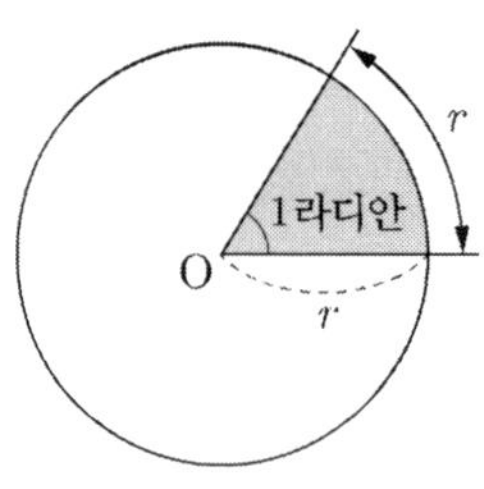

반지름의 길이에 해당하는 호의 길이를 기본 단위로 각도를 나타낸다고 해서 호도법(弧度法)이라 한다. 각의 크기를 $0° \sim 360°$ 로 나타내는 육십분법보다 호도법을 더 쓰는 이유는 몇 가지의 장점이 있기 때문이다. 예를 들어 삼각함수의 정의를 위해 각의 크기 $0 \sim 360$에서 $\mathbb{R}$ 전체로 확장하기 쉽고, 미분과 적분에서 상수의 계산에 의한 복잡성을 피할 수 있게 해준다. 예를 들어 호도법을 사용하지 않는 경우 $f(x) = \sin x$의 미분은 $f'(x) = \frac{\pi}{180}\cos x$ 가 된다.

(2) 제곱해서 2가 되는 양수를 $\sqrt{2}$라고 한다. $\sqrt{2}$는 유리수가 아닌 대상이 존재함을 보여준 최초의 무리수로 알려져 있다. 완비공리에 의해 $\sqrt{2}$가 실수임을 증명할 수 있으며 크기는 대략 1.4142 정도이다.

(3) $\log 2$는 지수의 역으로 정의하므로 $a = \log 2$라 하면 $10^a = 2$이다. 그러므로 10을 a제곱해서 2가 되도록 하는 a가 $\log 2$이다. $\sqrt{10} > 2 = 10^a$이므로 $0 < a = \log 2 < \frac{1}{2}$이다.

(4) $e = \lim_{n\to\infty}\left(1+\frac{1}{n}\right)^n$으로 정의된 수이고 우변의 극한이 존재함은 단조수렴정리를 이용하여 증명할 수 있다. 또한 이항전개를 확장하여

$$e = 1 + \frac{1}{1!} + \frac{1}{2!} + \frac{1}{3!} + \cdots = 2.71828\cdots$$

임을 보일 수 있다.

1 다음을 설명하고 실수인지 말하시오.

(1) 오일러 수 γ

(2) 힐베르트 수 $2^{\sqrt{2}}$

(3) 자연수집합의 기수 $\aleph_0$

(4) 자연수집합의 서수 ω

실수 - $0.\dot{9}=1$ 에 대하여

1 다음은 $0.\dot{9}<1$ 임을 주장하는 증명이다.

증명 자연수 n 에 대하여 $P(n)$ 을 '$1-0.\overbrace{99\cdots9}^{n\text{개}}=\dfrac{1}{10^n}>0$ 이다' 라 하자. 그러면
(i) $P(1)$ 은 참이다. (ii) $P(k)$ 가 참이라고 하면

$$\begin{aligned}1-0.\overbrace{99\cdots9}^{(k+1)\text{개}}&=1-0.\overbrace{99\cdots9}^{k\text{개}}-0.\overbrace{00\cdots0}^{k\text{개}}9\\&=\frac{1}{10^k}-\frac{9}{10^{k+1}}=\frac{1}{10^{k+1}}>0\end{aligned}$$

이므로 $P(k+1)$ 도 참이다.
수학적 귀납법에 의하여 모든 $n\in\mathbb{N}$ 대하여 $P(n)$ 이 참이므로 $0.\dot{9}<1$ 이다.

2 다음은 $0.\dot{9}=1$ 임을 주장하는 증명들이다.

증명 1 $x=0.999\cdots$ 라 하면

$$10x=9.999\cdots$$
$$x=0.999\cdots$$

이므로 위 식에서 아래 식을 빼면 $9x=9$ 이다. 그러므로 $x=1$ 즉 $0.\dot{9}=1$ 이다.

증명 2 등비급수의 합공식에 의하여 다음과 같이 증명된다.

$$\begin{aligned}0.999\cdots&=0.9+0.09+0.009+\cdots\\&=\frac{9}{10}+\frac{9}{100}+\frac{9}{1000}+\cdots=\frac{9/10}{1-1/10}=1\end{aligned}$$

증명 3 $\dfrac{1}{3}=0.333\cdots$ 이므로 양변에 3 을 곱하면 $1=0.\dot{9}$ 이다.

3 다음은 $0.\dot{9}$ 는 실수가 아님을 주장하는 증명이다.

증명 **1**의 증명과 **2**의 증명은 모두 성립하므로 $0.\dot{9}=1$ 도 아니고 $0.\dot{9}<1$ 도 아니다. $0.\dot{9}$ 가 실수이면 순서공리에 의하여 $0.\dot{9}>1$ 이다. 그런데 $0.\dot{9}>1$ 은 아니므로 $0.\dot{9}$ 는 실수가 아니다.

주장 **1**, **2**, **3**의 각 증명에서 논리적 오류가 있는지 말하고 설명하시오.

해설 및 풀이

$0.\dot{9}=1$을 설명하는 방법은 다양함에도 불구하고 여전히 설득되지 않는 학생들이 있다. 이는 $0.\dot{9}=1$이 아르키메데스 원리에 의해 설명될 수 있는 공리라는 점에서 근본적인 이유가 있다. 아르키메데스 원리가 적용되는 표준실수계에서는 $0.\dot{9}=1$이지만 무한소를 인정하는 비아르키메데스 공리계에서는 $0.\dot{9}<1$이다. 공리계는 수학의 기초를 이루는 하나의 믿음으로 어느 공리계를 받아들이느냐에 따라 $0.\dot{9}=1$이기도 하고 $0.\dot{9}<1$이기도 하다. 그러므로 공리계를 설명하지 않은 상황에서 학생들에게 $0.\dot{9}=1$을 설명하는 다양한 방법은 효과적이지 못할 수도 있다. [부록 5: 무한소와 아르키메데스 공리]를 참조하라.

1 수학적 귀납법에 의해 '모든 자연수 n에 대하여 $P(n)$이 참이다'라는 문장은 성립한다. 그러므로 수학적 귀납법에 의하여 모든 자연수 n에 대하여 $0.99\cdots9$는 1보다 작은 수라는 주장은 옳다. 하지만 $0.\dot{9}$는 어떤 n에 대한 $0.99\cdots9$가 아니라 이런 수로 구성된 수열의 극한이다. 수학적 귀납법의 과정은 옳지만 그 결과에 극한을 적용한 비약이 있다. 즉 모든 자연수 n에 대하여 $0.\overbrace{99\cdots9}^{n}<1$이지만 그 극한이 1보다 작다고는 할 수 없다. 예를 들어 $a_n=1-\dfrac{1}{n}$일 때, 모든 자연수 n에 대하여 $a_n<1$이지만 $\lim\limits_{n\to\infty}a_n=1$이다. 그러므로 수열의 극한에 대하여 수학적 귀납법을 적용하기는 어렵다.

참고로 $x=1-0.\dot{9}$라 하면 모든 자연수 n에 대하여 $0\le x<a_n=\dfrac{1}{10^n}$이므로 $|nx|<1$이다. 그러므로 표준실수계와 같은 아르키메데스 체에서는 $x=0$이지만 비아르키메데스 체에서는 $x=0$일 필요가 없다. 즉 비아르키메데스 공리계, 예를 들어 초실수체에서는 $0.\dot{9}<1$이 성립할 수 있다.

2 첫 번째의 증명은 무한소수의 사칙연산인 곱셈과 덧셈이 정의되어 있지 않으므로 10배를 하면 소수점이 한자리 올라가고, 또 뺄셈을 할 수 있다는 것은 유추에 불과하다. 예를 들어

$$0.555\cdots + 0.777\cdots =$$
$$0.555\cdots \times 0.777\cdots =$$

의 값을 계산할 수 있을까? 또 $\sqrt{2}\pi$ 또는 $e\pi$ 또는

$$3 \times 1.41421\cdots =$$
$$1.41421\cdots \times 1.41421\cdots =$$

와 같은 곱을 할 수 있을까? 후자는 비순환소수를 곱하여 정수가 되는 기적적인 일이 일어나는데 소수의 연산으로 설명할 수 있을까?

두 번째의 증명은

$$S_n = \frac{9}{10} + \frac{9}{100} + \cdots + \frac{9}{10^n}$$

인 수열 $\{S_n\}$이 수렴하고 $\lim_{n\to\infty} S_n = 1$임을 의미한다. 무한등비급수의 합은 수열의 극한이 존재함을 보장해야 하는데, 이는 단조수렴정리의 극한이 실수임을 보장하는 실수의 완비공리에 기인한다. 또 극한의 정의는 n이 커지면 S_n이 1에 한없이 가까이 간다는 의미로 '임의의 $\varepsilon > 0$에 대하여 $n \geq N$이면 $|S_n - 1| < \varepsilon$이다'를 의미한다. 이는 1과의 차이를 임의의 $\varepsilon > 0$보다 작게 만들 수 있는 수는 결국 1뿐이라는 하나의 공리이다. 그러므로 실수의 표준 공리계를 받아들이면 아르키메데스 원리가 성립하므로 $0.\dot{9} = 1$이다.

세 번째의 증명이 성립하기 위해서는 실수는 소수로 표현 가능하다는 것과 무한소수의 곱이 정의되어 있어야 한다. 실제로 $\frac{1}{3} = 0.333\cdots$은 나눗셈의 과정으로 이해할 수 있지만 $0.33\cdots$이 실수인 것은 실수의 완비공리에 의한 것이다. 즉 실수의 소수 표현 가능성은 공리에 의한 것이다. 또 $3 \times 0.333\cdots = 0.999\cdots$가 성립하려면 무한소수의 곱이 정의되어 있어야 한다.

참고로 $\frac{1}{3} = 0.33\cdots$는 받아들이지만 $1 = 0.99\cdots$는 받아들이기 어려워하는 경향이 있는데, 이는 $\frac{1}{3}$은 나눗셈을 통하여 확인할 수 있지만 1은 그런 과정을 할 수 없기 때문으로 보인다.

3 실수계의 공리를 고려하지 않은 주장으로 옳지 않다.

1 $\frac{1}{2}+\frac{1}{4}+\frac{1}{8}+\cdots$의 값을 구하는 다음의 증명 방법에서 오류가 있는지 말하시오.

증명 1 급수의 합을 S라 하고 양변에 $\frac{1}{2}$을 곱하면

$$S=\frac{1}{2}+\frac{1}{4}+\frac{1}{8}+\cdots$$

$$\frac{1}{2}S=\frac{1}{4}+\frac{1}{8}+\frac{1}{16}+\cdots$$

이다. 좌변끼리 빼고 우변끼리 빼면 $S-\frac{1}{2}S=\frac{1}{2}$ 즉 $S=1$이다.

증명 2 다음 그림과 같이 한 변의 길이가 1인 정사각형을 분할해서 더해가면

$$\frac{1}{2}+\frac{1}{4}+\frac{1}{8}+\cdots=1$$

이다.

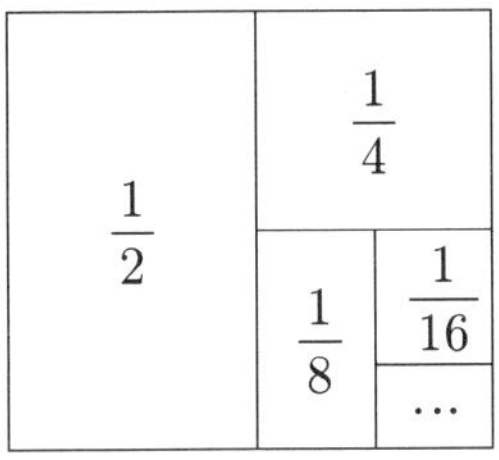

증명 3 증명 2의 과정에서 자연수 n에 대하여 $P(n)$을 'n번째까지 분할한 정사각형의 넓이의 합은 전체 정사각형의 넓이보다 $\frac{1}{2^n}$만큼 작다'라고 하자. (i) $n=1$일 때 $P(1)$은 참이다. (ii) $P(k)$가 참이라 하자. $n=k+1$번째 분할해서 더해지는 정사각형의 넓이는 $\frac{1}{2^{k+1}}$이므로, $n=k+1$번째까지 분할한 정사각형의 넓이의 합은 전체 정사각형의 넓이보다 $\frac{1}{2^k}-\frac{1}{2^{k+1}}$ 즉 $\frac{1}{2^{k+1}}$만큼 작다. 그러므로 $P(k+1)$도 참이다.
수학적 귀납법에 의하여 모든 자연수 n에 대하여 n번째까지 분할한 정사각형의 넓이의 합은 큰 정사각형의 넓이보다 작다. 따라서 $\frac{1}{2}+\frac{1}{4}+\frac{1}{8}+\cdots<1$이다.

증명 4 두 번째 증명과 세 번째 증명이 모두 성립하므로 $\frac{1}{2}+\frac{1}{4}+\frac{1}{8}+\cdots$는 실수가 아니다.

실수 - 소수와 수직선

1 실수에 대하여 다음은 동치임을 설명하시오.

(a) a는 실수이다.

(b) a는 무한소수로 나타낼 수 있다.

(c) a는 수직선의 한 점으로 대응된다.

또 $\sqrt{2}$를 무한소수로 나타내는 방법을 설명하고 무한소수

$$1.41421356\cdots$$

는 실수임을 설명하시오.

해설 및 풀이

실수의 완비공리는 '실수의 연속성' 또는 '실수집합은 수직선과 일대일대응이다'라는 공리이다. 이로부터 실수는 소수 표현이 가능하고 수직선 위의 점으로 나타낼 수 있다. 즉 소수 표현과 수직선 위의 점은 실수라는 대상을 다른 양식으로 표현한 것이다. 그런데 '수직선 위의 점과 실수가 일대일대응이다'는 성질이 직관적으로 당연해 보일지라도 증명할 수 없는 공리임을 이해해야 한다.

1 완비공리에 의하여 실수열의 극한은 실수이다. 즉 $0 \le d_i \le 9$ 인 정수 d_i에 대하여 무한소수 $x = 0.d_1d_2d_3\cdots$ 은 단조수렴정리에 의하여 수렴하므로 실수이다. 역으로 실수를 소수로 표현할 수 있는 것은 십분법의 극한으로 나타내면 된다. 즉 x가 실수일 때,

$$\begin{aligned} d_1 &= [10x], & x_1 &= 10x - d_1 \\ d_2 &= [10x_1], & x_2 &= 10x_1 - d_2 \\ d_3 &= [10x_2], & x_3 &= 10x_2 - d_3 \\ &\vdots & &\vdots \end{aligned}$$

라 하면 $|x - 0.d_1d_2\cdots d_n| < \dfrac{1}{10^n}$ 이므로 극한의 성질에 의해 $x = 0.d_1d_2\cdots$이다. 이처럼 실수를 무한소수로 나타내는 방법은 축소닫힌구간정리로부터 얻을 수 있고, 유한소수의 극한으로 표현된 무한소수는 단조수렴정리를 이용하여 실수임을 증명할 수 있다. 그런데 축소닫힌구간정

리와 단조수렴정리는 모두 실수집합의 완비공리에 기초한 것이다.

$\sqrt{2}$ 라는 수를 수직선에 표시하는 과정을 보자. 중학교에서 피타고라스의 정리를 배우면서 한 변의 길이가 1인 정사각형의 대각선의 길이는 $\sqrt{2}$ 이므로 수직선에 $\sqrt{2}$ 를 다음과 같이 표시한다. 이와 같이 하면 수직선의 연속성에 의하여 임의의 실수는 수직선에 대응시킬 수 있다.

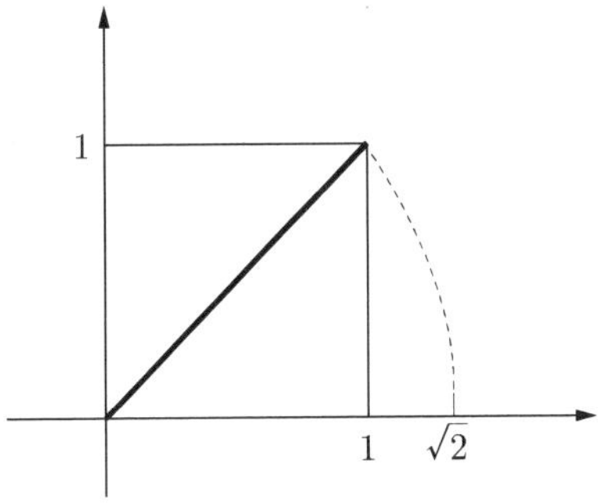

역으로 축소닫힌구간정리를 이용하여 수직선의 점을 소수로 나타낼 수 있다. 예를 들어 한 변의 길이가 1 인 정사각형의 대각선의 길이에 해당하는 점을 P 라 하면 점 P 는 1과 2 사이에 있다. 구간 $[1,\ 2]$를 10등분하여 점 P 의 위치를 찾으면 $1.4^2 < 2 < 1.5^2$이므로 구간 $[1.4,\ 1.5]$에 있다. 구간 $[1.4,\ 1.5]$를 10등분하여 점 P 의 위치를 찾으면 $1.41^2 < 2 < 1.42^2$이므로 $[1.41,\ 1.42]$에 있다. 이와 같은 과정을 반복하면 임의의 자연수 n에 대하여 점 P 는 구간 $[a_n,\ b_n]$에 있고 $0 < b_n - a_n < \dfrac{1}{10^n}$ 이므로 $\lim_{n\to\infty} a_n = \lim_{n\to\infty} b_n = \alpha$인 α가 유일하게 존재하는데, 이때 α를 점 P 에 대응시킬 수 있다. 그런데 α는 $\{a_n\}$의 극한이므로 $\alpha = 1.4142\cdots$ 으로 실수이다. 축소닫힌구간정리에 의하여 점 P 에 대응되는 소수는 유일하다. 따라서 실수와 수직선의 점은 일대일대응이 된다.

1 아르키메데스의 실진법을 이용하여 얻은 원주율 π가 실수인 이유를 설명하시오.

실수 - 실수의 연속성

1 다음 대화에서 실수의 연속성에 대한 선생의 답변이 적절한지 설명하시오.

학생: 0보다 크면서 가장 작은 수는 뭔가요?
선생: 실수의 연속성에 의하여 0보다 크면서 가장 작은 수는 실수이지.
학생: 그러면 0보다 크면서 가장 작은 수는 유리수인가요?
선생: 유리수는 아니지. 왜냐하면 $r>0$인 유리수 r가 존재하면 무리수의 조밀성에 의하여 $0<s<r$인 무리수 s가 존재하니까.
학생: 그러면 무리수인가요?
선생: 무리수도 아니지. 왜냐하면 유리수의 조밀성에 의하여 임의의 무리수 $s>0$에 대하여 $0<r<s$인 유리수 r가 존재하기 때문에.
학생: 그러면 이상해요. 0보다 크면서 가장 작은 수는 유리수도 아니고 무리수도 아닌데 실수라는 게 말이 돼요? 진짜로 0보다 크면서 가장 작은 수는 실수인가요?
선생: 실수의 연속성에 의해서 0보다 크면서 가장 작은 수는 실수라야 하지.
학생: 수직선에 표시해보면 0보다 크면서 가장 작은 점은 유리수도 아니고 무리수도 아니니까 비어있는 것 아닌가요? 수직선에서 실수에 해당하는 한 점이 비어있으니 실수의 연속성과 배치되는 것 아닌가요? 유리수인 경우도 '0보다 크면서 가장 작은 수는 유리수인가?'라는 질문에 유리수가 아닐 수 있어서 유리수는 연속적이라 하지 않고 조밀하다고 하잖아요. 같은 상황인데 왜 실수는 연속성이라 하나요? 즉 0보다 크면서 가장 작은 수는 유리수도 아니고 무리수도 아닌데 실수라는 결론을 주장하나요?
선생: 그게 실수의 연속성이라는 공리야.

해설 및 풀이

1 실수의 연속성에 대한 질문으로 학생의 질문은 자연스러운 것이다. 실수의 연속성에 대한 질문에서 학생의 의문처럼 실제로 0보다 크면서 가장 작은 수는 존재하지 않는다. 이 점이 오히려 실수의 연속성을 보여준다고 할 수 있다. 왜냐하면 연속적인 대상은 불가분이라서 0보다 크면서 가장 작은 수는 존재할 수 없기 때문이다. 그러므로 선생의 대답은 적절하지 않다. 실제로 선생은 최소상계 원리(최대하계의 원리) 즉 실수의 연속성을 오해한 것이다.
위의 대화를 수학적으로 써보면 '집합 $E=\{x\,|\,x>0\}$의 최소원소는 존재하는가?'라는 질문에 관한 대화이다. 당연히 집합 E의 최소원소는 존재하지 않는다. 그러므로 유리수이냐? 무리수이

냐? 하는 질문도 의미가 없다.

실수의 연속성과 동치인 집합 E에 대한 최대하계의 원리를 생각하면 E의 원소보다 작으면서 가장 큰 수, 즉 하계의 집합 $\{x \mid x \le 0\}$의 최댓값(이를 최대하계 $\inf E$라 한다.)이 실수임을 의미한다. 이때 실수의 연속성은 최대하계 $\inf E$와 E는 분리되지 않음을 의미한다. 실제로 $\inf E = 0$이고 E와 분리되지 않는다.

유리수의 경우는 최대하계가 존재하지 않는 경우도 있기 때문에 연속성을 갖지 않는다. 예를 들어 '$\sqrt{2}$ 보다 크면서 가장 작은 유리수' 즉 $E = \{x \in \mathbb{Q} \mid x^2 > 2\}$의 최솟값은 존재하지 않으며 E의 하계들의 집합 즉 $\{x \in \mathbb{Q} \mid x^2 \le 2,\ x > 0\}$의 최댓값도 존재하지 않는다. 하지만 실수집합에서는 하계들의 최댓값이 항상 존재한다는 것이 공리이다. 이로부터 E와 E^c을 분리하는 분리집합이 존재하지 않는데 이를 실수의 연속성이라 한다.

1 **유계집합 E에 대하여 최소상계 $\sup E$가 $\mathbb{Q}$에 존재하는 집합을 유리수라 하고 존재하지 않는 집합을 무리수라 할 때, 다음은 유리수인지 무리수인지 말하시오.**

(1) $E = \{1.4,\ 1.41,\ 1.414,\ 1.4142,\ 1.41421,\ \cdots\}$

(2) $E = (0,\ 1) \cap \mathbb{Q}$

(3) $E = \{x \in \mathbb{Q} \mid x^2 < 4,\ x > 0\}$

지수 - 지수란?

■1 다음 질문에 답하시오.

(1) 제곱해서 2가 되는 수를 k라고 한다. 그러면 k는 실수인가?

(2) 제곱해서 -1이 되는 수를 i라고 한다. i는 실수인가?

(3) $\sqrt{2}^{\sqrt{2}}$는 실수인가?

해설 및 풀이

■1 지수의 정의를 위해 연산이 닫혀있는지를 확인하는 질문이다.

(1) 제곱해서 2인 수를 $\sqrt{2}$라고 하므로 $k=2^{\frac{1}{2}}$ 즉 $k=\sqrt{2}$이다. 그러므로 k는 실수이다.

(2) i는 $(-1)^{\frac{1}{2}}$로 실수가 아니다.

(3) $\sqrt{2}^{\sqrt{2}}$는 양수의 실수 제곱이므로 실수이다.[2)]

1 다음 수가 실수인지 아닌지를 말하시오.

(1) i^{-2}

(2) 2^{i}

(3) $(-1)^{\frac{1}{3}}$

(4) e^{π}

(5) $i^{\sqrt{2}}$

---

2) 두 실수 a, b (단, $a \neq 0, 1$)가 대수이고 b가 무리수이면 a^b는 초월수이다. 그러므로 $(\sqrt{2})^{\sqrt{2}}$는 무리수(초월수)이다.

지수 - 유리지수의 정의

1 지수 $a^{\frac{1}{n}}$ $(a>0,\ n\in\mathbb{N})$을 정의하는 다음의 대화를 읽고 학생의 질문 ①, ②에 답하시오.

선생: 양수 a에 대하여 지수 $a^{1/n}$은 방정식 $x^n=a$의 양수 해로 정의해.

학생: 방정식의 해가 존재하는 것은 어떻게 알아요?

선생: 다음 그림과 같이 함수 $y=x^n$의 그래프와 직선 $y=a$가 만나는 점의 x좌표가 방정식 $x^n=a$의 해이니까 존재하지.

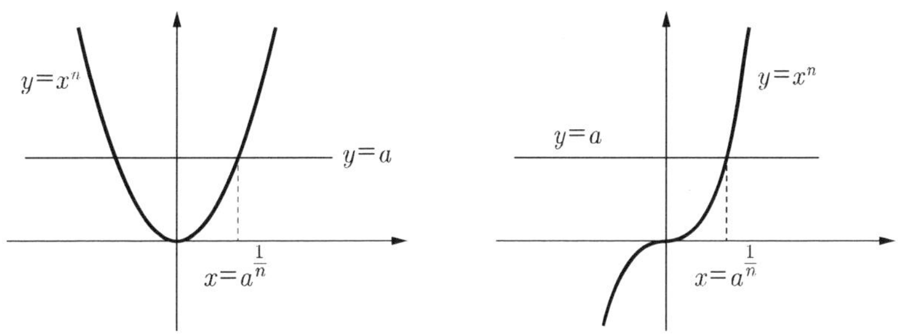

n이 짝수일 때 　　　　 n이 홀수일 때

학생: 그런데, 선생님. 함수 $y=x^n$의 그래프는 실수의 모든 점에 대하여 값을 구한 것이 아니라 몇 개의 점을 찍고 그래프의 성질을 이용하여 부드럽게 연결한 것이잖아요. 실제로는 그래프가 연결되어 있지 않아 서로 만나지 않을 수도 있잖아요. 예를 들어 유리수에서 정의된 함수 $f:\mathbb{Q}\to\mathbb{R}$가 $f(x)=x^n$일 때, $y=f(x)$의 그래프와 직선 $y=2$의 그래프가 만나는 점은 존재하지 않잖아요. 이처럼 $y=x^n$의 그래프와 직선 $y=a$가 만나는 부분에서 그래프의 점이 비어있을 수도 있는데 만나는 점이 존재한다는 것을 어떻게 알죠? 실제로 <u>① 만나는 점이 존재한다는 것과 방정식 $x^n=a$의 해가 존재한다는 것은 같은 말 아닌가요?</u> 또 <u>② $y=x^n$의 그래프와 $y=a$가 만나는 점의 x좌표가 실수인 것은 어떻게 아나요?</u>

선생: 함수 $y=x^n$은 연속함수이므로 구간 $[0,\ a+1]$에서 중간값 정리를 적용하면 $y=a$인 $x\in(0,\ a+1)$이 존재하지.

학생: 함수 $y=x^n$가 구간 $[0,\ a+1]$에서 연속이라는 말이 $y=a$가 되는 점 $x_0=a^{1/n}$에서의 연속임을 포함하는 것인데, x_0의 값이 있는지도 없는지도 모르는 상황에서 이 점에서 연속이라고 할 수 있나요?

해설 및 풀이

1 고등학교에서 지수 $a^{\frac{1}{n}}$ 을 소개할 때 함수의 그래프를 이용하여 시각적으로 설명하는데 그 밑바탕에는 실수의 완비공리가 들어있음을 보여주는 대화이다. 함수 $y=x^n$ 의 그래프는 연속함수의 그래프이고, 구간 $[0,\ a+1]$에서 중간값 정리를 적용하면 $y=a$ 인 $x\in(0,\ a+1)$이 존재함을 보장받는다. 그런데 중간값 정리는 실수의 완비공리로부터 도출된다. 즉 연속함수의 그래프가 끊어지지 않고 연결되어 있음을 보장하는 것이 실수의 완비공리이다. 또 x 축도 수직선으로 연결되어 끊어지지 않고 그 각각의 점이 실수와 대응됨을 보장받는데 이를 실수의 연속성이라 한다. 즉 $y=x^n$의 그래프와 $y=a$ 의 그래프가 만나는 점이 존재하고 그 점의 x 좌표가 실수가 된다는 것도 실수의 연속성에 의한 것이다. [부록 6: 지수의 정의와 연산]을 참조하라.

1 양수 a와 두 자연수 $n,\ m$에 대하여 다음을 증명하시오.

$$(a^n)^{\frac{1}{m}}=\left(a^{\frac{1}{m}}\right)^n$$

지수 - 지수의 정의

1 $2^{\sqrt{2}}$ 을 정의하는 다음 대화를 읽고 학생의 질문에 답하시오.

학생: 선생님, 지수 $2^{\sqrt{2}}$는 지수가 유리수인 경우처럼 방정식 $x^n = 2$의 해로 나타내고 싶은데 잘 안돼요. $2^{\sqrt{2}}$은 방정식 $x^{\frac{1}{\sqrt{2}}} = 2$의 해라고 할 수 있지만 좌변의 지수가 다시 무리수라서 방정식을 풀려면 무리지수를 알아야 하는 상황이 돼요. 그러면 $2^{\sqrt{2}}$는 어떤 수인가요? 실수가 맞나요?

선생: 그렇지. $2^{\sqrt{2}}$와 같이 지수가 무리수인 경우는 수열의 극한으로 정의해. 그러니까 $\lim_{n\to\infty} r_n = \sqrt{2}$인 유리수열 $\{r_n\}$에 대하여 $2^{\sqrt{2}} = \lim_{n\to\infty} 2^{r_n}$으로 정의해. 예를 들면

$$r_n : 1,\ 1.4,\ 1.414,\ 1.4142,\ \cdots$$

에 대하여 지수가 유리수인 수열

$$2^1,\ 2^{1.4},\ 2^{1.41},\ 2^{1.414},\ 2^{1.4142},\ \cdots$$

의 극한으로 정의한 수이지.

학생: <u>$\{2^{r_n}\}$은 수렴하나요?</u> 또 <u>$\lim_{n\to\infty} r_n = \sqrt{2}$인 유리수열 $\{r_n\}$은 무수히 많은데 그 모든 수열에 대하여 $\{2^{r_n}\}$의 극한을 모두 계산할 수 있나요?</u> 또 그 값은 모두 같나요?

선생: 실수의 완비공리에 의해 $\{2^{r_n}\}$은 수렴해. 또 $s_n \to \sqrt{2}$ 인 유리수열 $\{s_n\}$에 대해서도

$$\lim_{n\to\infty}\left(2^{s_n} - 2^{r_n}\right) = \lim_{n\to\infty} 2^{r_n}\left(2^{s_n - r_n} - 1\right) = 0$$

이므로 $\lim_{n\to\infty} 2^{r_n} = \lim_{n\to\infty} 2^{s_n}$이지.

학생: 위 설명은 $\lim_{n\to\infty} a_n = 0$인 유리수열 $\{a_n\}$에 대하여 $\lim_{n\to\infty} 2^{a_n} = 1$을 이용하잖아요. <u>이것은 어떻게 증명해요?</u>

선생: $\varepsilon-\delta$ 논법으로 다음과 같이 증명할 수 있어.

해설 및 풀이

임의의 $a>0$, $x\in\mathbb{R}$에 대하여

$$a^x=\sup\{a^r \mid r<x,\ r\in\mathbb{Q}\}$$

으로 정의한다. 유리수집합의 조밀성에 의하여 $r<x$인 a^r가 존재하고 실수의 완비공리에 의하여 최소상계가 유일하게 존재하므로 a^x는 유일하게 정의된다. 또 x가 유리수일 때 함수의 그래프를 이용하여 정의한 지수와 위의 정의에 의한 지수가 같으므로 지수를 유리수에서 실수로 확장한 것이다. 이와 같은 정의는 중·고등학교에서 소개할 수 없으므로 중·고등학교에서는 수열의 극한으로 지수를 정의한다. 실제로 $r_n\to x$인 단조증가하는 유리수열 $\{r_n\}$에 대하여 $a^x=\lim\limits_{n\to\infty}a^{r_n}$임을 알 수 있는데 이를 고등학교에서 소개한다.

최소상계는 수열의 극한점이므로 수열의 극한으로 지수를 정의할 수도 있다. 실제로 $r_n\to x$인 단조증가하는 유리수열 $\{r_n\}$에 대하여 $\{a^{r_n}\}$은 단조수렴정리에 의하여 수렴한다. 또 $r_n\to 0$인 유리수열 $\{r_n\}$에 대하여 $\lim\limits_{n\to\infty}a^{r_n}=1$을 증명할 수 있다. 그러면 $r_n\to x$, $s_n\to x$인 유리수열 $\{r_n\}$, $\{s_n\}$에 대하여

$$\lim_{n\to\infty}\left(a^{s_n}-a^{r_n}\right)=\lim_{n\to\infty}a^{r_n}\left(a^{r_n-s_n}-1\right)=0$$

이므로 $\lim\limits_{n\to\infty}a^{r_n}=\lim\limits_{n\to\infty}a^{s_n}$이다. 그러므로 $a^x=\lim\limits_{n\to\infty}a^{r_n}$로 지수를 정의해도 된다. [부록 6: 지수의 정의와 연산]을 참조하라.

끝으로 유리수의 조밀성에 의해 $h_n\to 0$인 임의의 수열 $\{h_n\}$에 대하여

$$\lim_{n\to\infty}f(h_n)=\lim_{n\to\infty}a^{h_n}=a^0=f(0)$$

을 증명할 수 있다. 따라서 지수함수 $f(x)=a^x$는 $x_0=0$에서 연속임을 알 수 있다.

1 r_n : 1, 1.4, 1.41, 1.4142, 1.41421, ⋯은 단조증가하므로 $\{2^{r_n}\}$은 단조증가수열이고 유계이므로 단조수렴정리에 의하여 수렴한다. 이때 유리수의 조밀성과 최소상계의 성질에 의하여 $2^{\sqrt{2}}=\lim\limits_{n\to\infty}2^{r_n}$이다. 즉

$$2^1,\ 2^{1.4},\ 2^{1.41},\ 2^{1.4142},\ 2^{1.41421},\ \cdots$$

인 수열의 극한이 $2^{\sqrt{2}}$ 이다. 한편 $\varepsilon-\delta$논법으로 $r_n \to 0$ 인 유리수열 $\{r_n\}$ 에 대하여 $\lim_{n\to\infty} 2^{r_n} = 1$을 보일 수 있다. 또 유리수의 조밀성을 이용하면 $a_n \to 0$ 인 임의의 수열 $\{a_n\}$ 에 대하여 $\lim_{n\to\infty} 2^{a_n} = 1$ 을 보일 수 있다. 실제로 다음과 같다.

> 단조수렴정리를 이용하면 $\lim_{n\to\infty} 2^{\frac{1}{n}} = 1$ 임을 보일 수 있다. 그러면 임의의 $\varepsilon > 0$ 에 대하여 $n \ge n_0$ 이면 $|2^{\frac{1}{n}} - 1| < \varepsilon$인 $n_0 \in \mathbb{N}$이 존재한다. 만약 $\lim_{n\to\infty} a_n = 0$이면 $n \ge N$이면 $|a_n| < \dfrac{1}{n_0}$인 $N \in \mathbb{N}$이 존재한다. 따라서 $n \ge N$이면 $|2^{a_n} - 1| < \varepsilon$ 즉 $\lim_{n\to\infty} 2^{a_n} = 1$ 이다. 이로부터 $s_n \to \sqrt{2}$ 인 임의의 수열 $\{s_n\}$에 대하여 $2^{\sqrt{2}} = \lim_{n\to\infty} 2^{s_n}$이 성립한다.

1 다음 수의 정의를 각각 쓰시오.

$$e^2,\quad 2^e,\quad \pi^2,\quad 2^{\pi}$$

지수 - 지수법칙

1 다음 대화에서 네모 안에 들어갈 적절한 설명은 무엇인가?

학생: 선생님, 지수 a^x와 a^y의 곱에 대하여 $a^x a^y = a^{x+y}$가 성립하잖아요. 그런데 지수가 유리수인 경우는 지수를 분수 계산하듯이 하면 되는데 유리수가 아니면 분수 계산을 하는 것처럼 통분하거나 뭔가 할 수 있는 게 없잖아요. 그런데도 이 사실을 어떻게 알죠?

선생: 지수가 실수인 경우에는 지수가 유리수인 수의 극한으로 정의를 하니까 다음과 같이 수열의 극한을 이용하여 증명하지.

이처럼 하면 지수가 실수인 경우의 지수법칙을 모두 증명할 수 있어.

해설 및 풀이

지수의 성질에 대한 질문이다. $a>0$, $b>0$이고 x, $y\in\mathbb{R}$에 대하여 다음을 만족시킨다.

(1) $a^{x+y} = a^x a^y$　　(2) $(ab)^x = a^x b^x$

(3) $(a^x)^y = a^{xy}$　　(4) $a^{-x} = \dfrac{1}{a^x}$

(5) $a>1,\ x<y \Rightarrow a^x < a^y$

(6) $x>0,\ a<b \Rightarrow a^x < b^x$

1 $r_n \to x$, $s_n \to y$인 유리수열 $\{r_n\}$, $\{s_n\}$에 대하여 $(r_n+s_n) \to x+y$이므로 다음과 같다.

$$a^x a^y = \lim_{n\to\infty} a^{r_n} \lim_{n\to\infty} a^{s_n} = \lim_{n\to\infty} a^{r_n} a^{s_n} = \lim_{n\to\infty} a^{r_n+s_n} = a^{x+y}$$

참고로 지수가 실수인 수를 정의한 최소상계의 성질을 이용하여도 증명할 수 있다. [부록 6: 지수의 정의와 연산]을 참조하라.

1 다음을 증명하시오.

(1) $e^{-\pi} = \dfrac{1}{e^{\pi}}$　　(2) $(\sqrt{\pi\sqrt{e}})^4 = \pi^2 e$

지수 - 로그의 성질

1 다음 대화에서 네모 안에 들어갈 선생의 대답을 말하시오.

학생: 다음을 어떻게 증명해요?

$$2^{\frac{1}{\ln 2}} = e$$

선생: 로그는 지수의 역으로 정의하잖아. 즉 방정식 $a^x = b$의 해를 $x = \log_a b$로 정의하니까 로그를 취해보면 보일 수 있지 않을까? 실제로 로그를 취해보면

$$\ln 2^{\frac{1}{\ln 2}} = \frac{1}{\ln 2} \cdot \ln 2 = 1$$

이니까 $2^{\frac{1}{\ln 2}} = e$이지. 또는 로그의 정의로부터

$$\ln 2^{\frac{1}{\ln 2}} = 2^{\log_2 e} = e$$

와 같이 구할 수도 있네.

학생: 첫 번째 계산에서는 $\ln 2^x = x \ln 2$을 사용하고 두 번째 계산에서는 $\frac{1}{\ln 2} = \log_2 e$와 $2^{\log_2 e} = e$을 사용하잖아요. 이 관계식들은 어떻게 증명해요?

선생: 로그의 성질은 지수의 성질로부터 얻을 수 있어. 예를 들어 위의 결과도 지수법칙을 이용하여 다음과 같이 보일 수 있어.

학생: 로그의 다른 성질도 모두 지수의 성질로부터 얻을 수 있나요? 예를 들어 $\log ab = \log a + \log b$도 지수의 성질로부터 얻는가요?

선생: $x = \log a$, $y = \log b$라 하면 로그의 정의에 의하여 $10^x = a$, $10^y = b$이므로

$$10^{x+y} = 10^x \cdot 10^y = ab$$

이지. 다시 로그의 정의에 의해 $x + y = \log ab$이지.

해설 및 풀이

로그는 지수의 역으로 정의하므로 그 성질도 모두 지수의 성질로 환원하여 보일 수 있다. 예를 들어 로그는 다음의 성질을 만족시킨다. (단, 밑은 0, 1 이 아닌 양수이고 진수는 양수이다.)

(1) $a^{\log_a b} = b$

(2) $\log_a b = \dfrac{\log b}{\log a}$

(3) $\log_a b = \dfrac{1}{\log_b a}$

(4) $\log a^x = x \log a$

(5) $\log ab = \log a + \log b$, $\log \dfrac{a}{b} = \log a - \log b$

■ 로그의 정의와 성질에 관한 대화이다.

> 첫 번째 계산에서는 로그의 정의에 의해 $e^{\ln 2} = 2$이니까 지수법칙에 의하여 $e = 2^{\frac{1}{\ln 2}}$이지.
> 두 번째 계산에서는 $x = \dfrac{1}{\ln 2}$라 하면 $\ln 2 = \dfrac{1}{x}$ 이므로 $e^{\frac{1}{x}} = 2^{\ln 2} = 2$이니까 $2^x = e$ 임을 알 수 있지. 그러므로 $x = \log_2 e$ 이지. 또한 로그의 정의로부터
>
> $$2^{\log_2 e} = 2^x = e$$
>
> 가 성립해.

1 다음을 각각 설명하시오.

(1) $a^{\log_a b} = b$

(2) $3^{\ln \sqrt{3}} = \sqrt{3}^{\ln 3}$

(3) $\log_{\sqrt{2}} \sqrt{3} = \log_2 3$

지수 - 근호 계산

1 다음 학생의 질문에 어떻게 답할 것인가?

학생: 제곱근의 곱은 근호 안의 숫자끼리 곱할 수 있는데 왜 덧셈은 근호 안의 숫자끼리 더하면 안 되나요? 예를 들어

$$\sqrt{3}\times\sqrt{5}=\sqrt{3\times5}=\sqrt{15}$$

은 성립하는데

$$\sqrt{3}+\sqrt{5}=\sqrt{3+5}=\sqrt{8}$$

은 성립하지 않잖아요. 왜 그런가요?

해설 및 풀이

수학에서 개념이나 기호가 정의되면 사칙연산과 같은 대수적 조작을 한다. 예를 들면 + 와 · 가 정의되면

$$\begin{array}{cc} 1+0=1 & 1\cdot 0=0 \\ 1+1=2 & 1\cdot 1=1 \\ \vdots & \vdots \end{array}$$

을 연산할 수 있다. 또 분배법칙과 정의를 이용하여

$$\begin{array}{cc} \sqrt{2}+\sqrt{2}=2\sqrt{2} & \sqrt{2}\cdot\sqrt{2}=2 \\ \sqrt{2}+2\sqrt{2}=3\sqrt{2} & \sqrt{2}\cdot 2\sqrt{2}=4 \\ \vdots & \vdots \end{array}$$

을 계산할 수 있고

$$\begin{array}{cc} e+e=2e & e\cdot e=e^2 \\ e+2e=3e & e\cdot e^2=e^3 \\ \vdots & \vdots \end{array}$$

을 보일 수 있다. 이를 일반화하면 임의의 실수 α 에 대하여

$$\alpha + \alpha = 2\alpha$$
$$\alpha \cdot \alpha = \alpha^2$$

이다. 그러면 $\sqrt{2}+\sqrt{3}$ 은 덧셈을 못 하는가? $\sqrt{2}$ 와 $\sqrt{3}$ 의 덧셈은 가능하고(결과는 다시 실수이고) 이를 단순하게 합친 단일 수 기호로 나타나지 않는다. 이는 곡식 작물이 들어있는 자루에서 (콩 1개)+(콩 1개)는 (콩 2개) 즉 $\sqrt{2}+\sqrt{2}=2\sqrt{2}$ 라 할 수 있지만, 감자와 고구마를 각각 1개씩 더한 경우는 줄여서 나타낼 수 없고 감자 1개와 고구마 1개 즉 $(\sqrt{2}+\sqrt{3})$로 표현할 수 있을 뿐이다. 그러나 이 경우에도 감자와 고구마는 모두 같은 자루에 있는 작물이다.

1 중·고등학교 학생들이 오류를 많이 범하는 예 중의 하나이다. 제곱해서 3이 되는 수를 a, 제곱해서 5가 되는 수를 b라 할 때, a와 b를 곱하면 얼마인가를 묻는 것과 같다. 그러면 제곱해서 15가 되는 수라고 답할 수 있다. 즉 $a^2=3$, $b^2=5$ 이므로 $(ab)^2=15$가 된다. 그러므로 $ab=\sqrt{15}$ 이다. 하지만 $a+b$는 더 이상 다르게 표현할 방법이 없다. 제곱해서 3이 되는 수와 제곱해서 5가 되는 수를 더하면 제곱해서 8이 되지는 않는다. 이는 $a^2=3$, $b^2=5$ 인 경우에 $(a+b)^2=8$이 되지 않음을 의미한다. 즉 $(a+b)^2=a^2+b^2$이 성립하지 않음을 의미한다. 그러므로 학생의 질문은 $(a+b)^2=a^2+b^2$이 왜 성립하지 않느냐고 생각하는 학생이 갖는 오개념과 유사하다고 할 수 있다. 이를 함수로 표현해보면 제곱근을 나타내는 함수 $f(x)=\sqrt{x}$ 에 대하여

$$f(ab)=f(a)f(b)$$

는 성립하지만

$$f(a+b)=f(a)+f(b)$$

는 성립하지 않음을 의미한다. 실제로 후자의 관계를 만족시키는 연속함수는 선형함수 $f(x)=cx$(단, c는 상수)뿐이므로 대부분 함수의 경우에 성립하지 않는다. 예를 들어

$$a^2+b^2=(a+b)^2$$
$$\frac{1}{a}+\frac{1}{b}=\frac{1}{a+b}$$
$$\sqrt{a}+\sqrt{b}=\sqrt{a+b}$$
$$e^a+e^b=e^{a+b}$$

$$\log a + \log b = \log(a+b)$$
$$\sin(a+b) = \sin a + \sin b$$
$$\cos(a+b) = \cos a + \cos b$$

등은 모두 성립하지 않는다. 그러므로

$$3^2 + 5^2 = 8^2$$
$$\frac{1}{3} + \frac{1}{5} = \frac{1}{8}$$
$$\sqrt{3} + \sqrt{5} = \sqrt{8}$$
$$e^3 + e^5 = e^8$$
$$\log 3 + \log 5 = \log 8$$
$$\sin\frac{\pi}{6} + \sin\frac{\pi}{3} = \sin\frac{\pi}{2}$$
$$\cos\frac{\pi}{6} + \cos\frac{\pi}{3} = \cos\frac{\pi}{2}$$

은 모두 성립하지 않는다. 오히려 성립하는 경우가 특이한 경우임을 설명해야 한다.

1 **다음 함수 f에 대하여 $f(a+b)$, $f(ab)$를 $f(a)$, $f(b)$를 이용하여 나타내시오.**

(1) $f(x) = e^x$

(2) $f(x) = \ln x$

(3) $f(x) = x^2$

(4) $f(x) = \sin x$

(5) $f(x) = \sqrt{x}$

(6) $f(x) = \frac{1}{x}$

지수 - 제곱근 계산

1 ${\sqrt{2}}^{\sqrt{3}} \times {\sqrt{3}}^{\sqrt{2}}$와 같은 수는?

① 6 ② $6\sqrt{6}$ ③ $6^{\sqrt{6}}$ ④ ${\sqrt{6}}^{\sqrt{6}}$ ⑤ ${\sqrt{6}}^{\sqrt{3}+\sqrt{2}}$ ⑥ 이 중에는 답이 없다.

2 $\left({\sqrt{2}}^{\sqrt{2}}\right)^{\sqrt{2}}$와 같은 수는?

① $\sqrt{2}$ ② 2 ③ $2^{\sqrt{2}}$ ④ $2^{2\sqrt{2}}$ ⑤ $2\sqrt{2}$ ⑥ 이 중에는 답이 없다.

3 $\sqrt{2^{\sqrt{2}+\sqrt{2}}}$과 같은 수는?

① 2 ② $2\sqrt{2}$ ③ $2^{\sqrt{2}}$ ④ 4 ⑤ $4\sqrt{2}$ ⑥ 이 중에는 답이 없다.

해설 및 풀이

1 보기에는 답이 없으므로 ⑥이다. 참고로 실제로 같지 않음을 보여보라.

2 $\left({\sqrt{2}}^{\sqrt{2}}\right)^{\sqrt{2}} = {\sqrt{2}}^{\sqrt{2}\times\sqrt{2}} = {\sqrt{2}}^{2} = 2$

3 $\sqrt{2^{\sqrt{2}+\sqrt{2}}} = \sqrt{2^{2\sqrt{2}}} = 2^{\frac{1}{2}\cdot 2\sqrt{2}} = 2^{\sqrt{2}}$

1 다음을 증명하시오.

(1) $(\sqrt{2})^{\sqrt{2}} = \sqrt{2^{\sqrt{2}}}$

(2) $(\sqrt{\sqrt{2}+1})^{\sqrt{2}+1}(\sqrt{\sqrt{2}-1})^{\sqrt{2}-1} = \sqrt{2}+1$

지수 - 지수의 크기

1 다음 수의 크기를 비교하시오.

(1) $2^{\frac{2}{3}}$, $3^{\frac{5}{12}}$, $6^{\frac{1}{4}}$

(2) $(\sqrt{3})^{\sqrt{2}}$, $(\sqrt{2})^{\sqrt{3}}$

(3) e^{e}, π^{e}, e^{π}, π^{π}

(4) 101^{100}, 100^{101}

해설 및 풀이

1 지수의 크기를 비교하는 방법은 일반적으로 지수나 밑을 통일하여 비교한다. 밑이 통일된 경우 지수의 크기를 비교하면 되므로 크기 비교가 쉬운 편이다. 예를 들어 $4^{\sqrt{3}}$과 $8^{\sqrt{2}}$은 밑을 2로 통일하면 $2^{2\sqrt{3}}$, $2^{3\sqrt{2}}$이고 $2\sqrt{3} < 3\sqrt{2}$이므로 $4^{\sqrt{3}} < 8^{\sqrt{2}}$이다. 밑을 통일하기 어려운 경우에는 지수를 같게 하여 밑을 비교해볼 수도 있다. 예를 들어 $2^{\frac{1}{2}}$, $3^{\frac{1}{3}}$는 지수를 정수로 바꾸기 위해 6제곱을 하면

$$\left(2^{\frac{1}{2}}\right)^{6} = 2^{3} = 8, \quad \left(3^{\frac{1}{3}}\right)^{6} = 3^{2} = 9$$

이므로 $2^{\frac{1}{2}} < 3^{\frac{1}{3}}$이다. 하지만 밑과 지수 중 어느 쪽도 같게 만들기가 어려운 경우는 다른 방법을 써야 한다. (3)과 (4)의 경우가 그러하다.

(1) 지수 $\frac{2}{3}$, $\frac{5}{12}$, $\frac{1}{4}$의 최소공배수 12제곱을 하면 각각 $2^{8} = 256$, $3^{5} = 243$, $6^{3} = 216$이므로 $2^{\frac{2}{3}}$, $3^{\frac{5}{12}}$, $6^{\frac{1}{4}}$ 순으로 크다.

(2) $a = (\sqrt{2})^{\sqrt{3}}$, $b = (\sqrt{3})^{\sqrt{2}}$라 하면

$$a^{2\sqrt{6}} = 2^{3\sqrt{2}} = 8^{\sqrt{2}}$$
$$b^{2\sqrt{6}} = 3^{2\sqrt{3}} = 9^{\sqrt{3}}$$

이므로 $a^{2\sqrt{6}} < b^{2\sqrt{6}}$이다. 그러므로 $a < b$이다.

별해 $f(x)=\dfrac{\ln x}{x}$라 하면 $f'(x)=\dfrac{1-\ln x}{x^2}$이므로 f는 $x=e$일 때 최댓값을 갖는다. 그러므로 $\dfrac{\ln\sqrt{2}}{\sqrt{2}}<\dfrac{\ln\sqrt{3}}{\sqrt{3}}$이다. 따라서 $\sqrt{2}^{\sqrt{3}}<\sqrt{3}^{\sqrt{2}}$이다.

(3) 함수 $f(x)=\dfrac{\ln x}{x}$가 $x=e$에서 최댓값을 가지므로 $f(\pi)<f(e)$ 즉 $\dfrac{\ln\pi}{\pi}<\dfrac{\ln e}{e}$이다. 따라서 $\pi^e<e^\pi$이다. 한편 $e<\pi$이므로 $e^e<\pi^e$, $e^\pi<\pi^\pi$는 자명하므로 $e^e<\pi^e<e^\pi<\pi^\pi$이다.

(4) $\dfrac{100!}{k!(100-k)!}\times 100^k<100\cdot 99\cdot 98\cdots(k+1)\times 100^k<100^{100}$이므로 이항정리를 쓰면 다음과 같다.

$$\begin{aligned}101^{100}&=(1+100)^{100}\\&=1+100\cdot 100^1+\cdots+\frac{100!}{k!(100-k)!}\times 100^k+\cdots+\frac{100!}{100!}\times 100^{100}\\&<100^{100}+100^{100}+\cdots 100^{100}+\cdots+100^{100}\\&=100^{101}\end{aligned}$$

한편 임의의 자연수 n에 대하여 $\left(1+\dfrac{1}{n}\right)^n<e$를 이용하여 다음과 같이 보일 수도 있다.

$$\frac{101^{100}}{100^{101}}=\left(\frac{101}{100}\right)^{100}\times\frac{1}{100}=\left(1+\frac{1}{100}\right)^{100}\times\frac{1}{100}<\frac{e}{100}<1$$

참고로 이 방법을 사용하면 임의의 $n\geq 3$에 대하여 $(n+1)^n<n^{n+1}$임을 보일 수 있다. 예를 들어 $100001^{100000}<100000^{100001}$이다.

1 다음 수의 크기를 비교하시오.

(1) $2^{\sqrt{3}}$, $3^{\sqrt{2}}$

(2) e^3, 3^e, π^2, 2^π

지수 - 지수의 닫혀있음

1 밑이 무리수이고 지수가 무리수인

(무리수)$^{(\text{무리수})}$

중에는 유리수가 존재함을 설명하시오. 또 다음 연산의 결과가 유리수인 예와 무리수인 예를 각각 드시오.

(1) (유리수)$^{(\text{유리수})}$

(2) (유리수)$^{(\text{무리수})}$

(3) (무리수)$^{(\text{유리수})}$

해설 및 풀이

1 유리수집합과 무리수집합은 지수 연산에 대하여 닫혀있지 않으므로 다음과 같은 경우들을 나열할 수 있다.

$$(\text{유리수})^{(\text{유리수})}=\begin{cases}\text{유리수}\,(8^{1/3})\\ \text{무리수}\,(2^{1/2})\end{cases}$$

$$(\text{유리수})^{(\text{무리수})}=\begin{cases}\text{유리수}\,(10^{\log_{10}2})\\ \text{무리수}\,(2^{\sqrt{2}},\ 10^{\log_{10}e})\end{cases}$$

$$(\text{무리수})^{(\text{유리수})}=\begin{cases}\text{유리수}\,((\sqrt{2})^2)\\ \text{무리수}\,((\sqrt[3]{2})^2)\end{cases}$$

$$(\text{무리수})^{(\text{무리수})}=\begin{cases}\text{유리수}\,(e^{\ln 2})\\ \text{무리수}\,(e^{\pi})\end{cases}$$

한편 (무리수)$^{(\text{무리수})}$이 유리수인 수가 존재함을 다음과 같이 보일 수도 있다. $x=(\sqrt{2})^{\sqrt{2}}$라고 하자. x가 유리수이면 $\sqrt{2}$가 무리수이므로 (무리수)$^{(\text{무리수})}$=(유리수)인 예가 된다. 만약 x가 무리수이면

$$x^{\sqrt{2}}=(\sqrt{2}^{\sqrt{2}})^{\sqrt{2}}=(\sqrt{2})^2=2$$

가 되므로 (무리수)$^{(\text{무리수})}$=(유리수)인 예가 된다. 그러므로 (무리수)$^{(\text{무리수})}$=(유리수)인 예가 존재한다. 이때 $(\sqrt{2})^{\sqrt{2}}$가 유리수인지 무리수인지는 구체적으로 알 필요가 없다.

참고로 $(\text{초월수})^{(\text{유리수})}$는 모두 무리수이다. 실제로 양수 s와 유리수 $r = \dfrac{m}{n}$(m, n는 정수)에 대하여 $s^r = \dfrac{q}{p}$ (p, q는 정수)라 하면 s는 방정식 $p^n x^m = q^n$의 해이므로 초월수가 될 수 없다. 그러므로 $(\text{초월수})^{(\text{유리수})}$는 무리수라야 한다. 예를 들면 π^2, $e^{2/3}$은 무리수이다.

1 $\log_2 100$ 이 무리수임을 이용하여 $(\text{무리수})^{(\text{무리수})}$가 유리수가 되는 예를 드시오.

지수 - 이중근호

1 이중근호를 없애는 다음 대화에서 잘못된 결론이 나온 이유를 말하시오.

선생: $\sqrt{2\sqrt{2}-3}$의 이중근호를 없애보자. $\sqrt{2\sqrt{2}-3}=\sqrt{a}+\sqrt{b}$로 두고 양변을 제곱하면 $2\sqrt{2}-3=a+b+2\sqrt{ab}$이므로 $\begin{cases} a+b=-3 \\ ab=2 \end{cases}$이다. 그러므로 $a=-1,\ b=-2$ 또는 $a=-2,\ b=-1$이다. 따라서 다음과 같다.

$$\sqrt{2\sqrt{2}-3}=\sqrt{-1}+\sqrt{-2}=i+\sqrt{2}i=(\sqrt{2}+1)i$$

학생: 그런데 다음과 같이 이중근호를 없앨 수도 있습니다.

$$\sqrt{2\sqrt{2}-3}=\sqrt{(-1)(3-2\sqrt{2})}=i\sqrt{3-2\sqrt{2}}=i(\sqrt{2}-1)$$

그러면 선생님의 계산 결과와 합치면

$$(\sqrt{2}+1)i=\sqrt{2\sqrt{2}-3}=(\sqrt{2}-1)i$$

가 되어 $i=0$이 됩니다.

해설 및 풀이

1 이중근호[3]의 계산에 관한 질문으로 선생의 풀이에는 음수 $a,\ b$에 대하여 $\sqrt{a}\sqrt{b}=\sqrt{ab}$를 사용하였다. 즉 $\sqrt{-1}\sqrt{-2}=\sqrt{2}$를 이용한 과정이 포함되어 있다.

1 양의 정수 $a,\ b,\ c$에 대하여 $a+b\sqrt{c}>0$이면

$$\sqrt{a+b\sqrt{c}}=\sqrt{x}+\sqrt{y}$$

인 양수 $x,\ y$가 존재하는지 말하시오.

---

3) 고등학교 교육과정에서 사중근호는 다루지 않는 것으로 되어 있는데 이중근호 $\sqrt{a+b\sqrt{c}}$ 를 다루면서 사중근호가 나타나기도 한다. 예를 들어 $a=0$이면 사중근호이다. 더구나 근호 속에 음수인 경우는 교과서에서 다루지 않는데 이중근호에서 부호가 음수인 경우도 간혹 나타난다. 참고로 'a의 제곱근'과 '제곱근 a'의 용어는 혼동을 줄 우려가 있다. a의 제곱근은 제곱하여 a가 되는 수를 말하므로 방정식 $x^2=a$의 해이다. 그러므로 a의 제곱근은 $\pm\sqrt{a}$이다. 한편 제곱근 a는 $\sqrt{a}$로 양의 제곱근을 의미한다.

지수 - 복소수의 지수

1 다음 복소수를 $a+bi\,(a,\ b\in\mathbb{R})$의 꼴로 나타내고 실수인지 아닌지 각각 말하시오.

(1) $\sqrt{i}$

(2) $\log(-1)$

(3) $\sin\pi i$

(4) i^i

해설 및 풀이

오일러의 공식에 의하여

$$e^{i\theta}=\cos\theta+i\sin\theta\ (\theta\in\mathbb{R})$$

이므로 $e^{i\theta+2\pi i}=e^{i\theta}$이고

$$\cos\theta=\frac{e^{i\theta}+e^{-i\theta}}{2},\quad \sin\theta=\frac{e^{i\theta}-e^{-i\theta}}{2i}$$

이다. 이때 실수 θ를 복소수 z로 확장하여 지수함수 $f(z)=e^z$에 대하여

$$\cos z=\frac{e^{iz}+e^{-iz}}{2},\quad \sin z=\frac{e^{iz}-e^{-iz}}{2i}$$

로 정의한다. 또 지수함수

$$f(z)=e^z=e^{x+iy}=e^x(\cos y+i\sin y)$$

는 $2\pi i$-주기함수이고 그 역함수

$$e^w=z=x+iy=e^{\ln|z|+i\arg(z)}$$

로부터 로그함수는

$$w=\log z=\ln|z|+i\arg(z)$$

로 정의한다. 여기서 $\arg(z)=\tan^{-1}(y/x)$로 편각이라 한다.

한편 $a>0$일 때 방정식 $x^n=a$의 양수 해가 존재하므로 $a^{\frac{1}{n}}$로 정의한다. 이를 확장하여 a가 복소수인 경우에도 방정식 $z^n=a$의 해를 복소수의 지수로 정의한다. 복소수에서는 n개의 해를 가지므로 $a^{\frac{1}{n}}$은 n개의 값을 갖는다. 예를 들어 $z^2=-1$의 복소수 해는 $\pm i$이므로 $(-1)^{\frac{1}{2}}$은 $\pm i$로 두 개의 값을 갖는다. 이제 지수를 복소수로 확장하여 방정식 $w^{\frac{1}{\alpha}}=z$의 해를 $w=z^{\alpha}$라 하면 $w=e^{\alpha\log z}$이다. 그러므로 복소수의 지수 z^{α}를 다음과 같이 정의하면 자연스럽다. 복소수 z $(z\neq 0)$, α에 대하여

$$z^{\alpha}=e^{\log z}=e^{\alpha(\ln|z|+i\arg(z))}$$

으로 정의한다. 이때 $\ln|z|$는 실수에서 정의된 로그함수이고, $|z|$는 z의 크기, $\arg(z)$는 z의 편각이다. 편각의 주기성에 의하여 로그함수는 다가함수(multi-valued function)이므로 복소수의 지수는 일반적으로 여러 값을 갖는다. 그러므로 적절한 범위로 제한시켜야 지수가 유일하게 정의되는데, 이렇게 제한하는 선을 branch cut이라 하고 그때의 함수를 가지함수(branch)라고 한다. 특히 $-\pi<\arg(z)\leq\pi$인 범위를 주편각이라 하고 그때의 값을 주값이라 한다. [부록 6: 지수의 정의와 연산]을 참조하라.

지수에 대하여 닫혀있는 수체계는 복소수집합이다. 즉 (복소수)$^{(복소수)}$는 복소수이다. 밑과 지수 a, b에 따라 지수 a^b를 나열해보면 다음과 같다.

밑 a \ 지수 b	$\mathbb{N}$	$\mathbb{Z}$	$\mathbb{Q}_+/\mathbb{Q}$	$\mathbb{Q}_+^c/\mathbb{Q}^c$	$\mathbb{R}_+/\mathbb{R}$	$\mathbb{C}$
$\mathbb{N}$	$\mathbb{N}$	$\mathbb{Q}$	$\mathbb{R}_+/\mathbb{R}_+$	$\mathbb{R}_+/\mathbb{R}_+$	$\mathbb{R}_+/\mathbb{R}_+$	$\mathbb{C}$
$\mathbb{Z}$	$\mathbb{Z}$	$\mathbb{Q}$	$\mathbb{C}$	$\mathbb{C}$	$\mathbb{C}$	$\mathbb{C}$
$\mathbb{Q}_+/\mathbb{Q}$	$\mathbb{Q}_+/\mathbb{Q}$	$\mathbb{Q}_+/\mathbb{Q}$	$\mathbb{R}_+/\mathbb{C}$	$\mathbb{R}_+/\mathbb{C}$	$\mathbb{R}_+/\mathbb{C}$	$\mathbb{C}/\mathbb{C}$
$\mathbb{Q}_+^c/\mathbb{Q}^c$	$\mathbb{R}_+/\mathbb{R}$	$\mathbb{R}_+/\mathbb{R}$	$\mathbb{R}_+/\mathbb{C}$	$\mathbb{R}_+/\mathbb{C}$	$\mathbb{R}_+/\mathbb{C}$	$\mathbb{C}/\mathbb{C}$
$\mathbb{R}_+/\mathbb{R}$	$\mathbb{R}_+/\mathbb{R}$	$\mathbb{R}_+/\mathbb{R}$	$\mathbb{R}_+/\mathbb{C}$	$\mathbb{R}_+/\mathbb{C}$	$\mathbb{R}_+/\mathbb{C}$	$\mathbb{C}/\mathbb{C}$
$\mathbb{C}$	$\mathbb{C}$	$\mathbb{C}$	$\mathbb{C}$	$\mathbb{C}$	$\mathbb{C}$	$\mathbb{C}$

1 복소수의 지수에 대한 질문이다.

(1) $\sqrt{i}$는 $z^2=i$의 해이므로 $z=a+bi$라 하면 $z^2=a^2-b^2+2abi=i$ 즉 $a^2-b^2=0$, $2ab=1$이다. 따라서 $z=\pm\dfrac{1+i}{\sqrt{2}}$이다.

별해 $i^{\frac{1}{2}} = e^{\frac{1}{2}\log i} = e^{\frac{1}{2}(\ln|i| + i(\frac{\pi}{2} + 2k\pi))} = e^{i(\frac{\pi}{4} + k\pi)} = \pm\frac{1+i}{\sqrt{2}}$ $(k \in \mathbb{Z})$

별해 $z = re^{i\theta}$라 하면 방정식 $z^2 = i$로부터 $r^2 e^{2\theta i} = e^{\frac{\pi}{2}i}$이므로 $r = 1$, $\theta = \frac{\pi}{4} + k\pi$ $(k \in \mathbb{Z})$ 이다. 지수함수의 주기성에 의하여 $z = e^{\frac{\pi}{4}i}$ 또는 $z = e^{\frac{5}{4}\pi i}$이다.

(2) $\log(-1) = \ln|-1| + i(\pi + 2k\pi) = (2k+1)\pi i$ $(k \in \mathbb{Z})$이므로 순허수이다.

(3) $\sin\pi i = \frac{e^{i \cdot \pi i} - e^{-i \cdot \pi i}}{2i} = \frac{e^{\pi} - e^{-\pi}}{2}i$으로 순허수이다.

(4) $i^i = e^{i\log i} = e^{i(\ln|i| + i(\frac{\pi}{2} + 2k\pi))} = e^{-(\frac{\pi}{2} + 2k\pi)}$ $(k \in \mathbb{Z})$으로 실수이다. 특히 주값은 $i^i = e^{-\frac{\pi}{2}}$ 이다.

1 다음 복소수를 $a + bi$ $(a, b \in \mathbb{R})$의 꼴로 나타내고 실수인지 아닌지를 말하시오.

(1) $(-1)^i$

(2) i^{π}

(3) e^i

(4) $\log i$

지수 - 근호 속의 음수

1 다음 대화를 읽고 학생의 주장에 어떻게 답할 것인가?

학생: 선생님, 다음과 같이 하면 $-1=1$ 이 성립해요.

$$-1=i\times i=\sqrt{(-1)}\sqrt{(-1)}=\sqrt{(-1)(-1)}=\sqrt{1}=1$$

선생: 설마, 그럴라고?

학생: 또 있어요. $i=1$ 도 증명돼요.

$$i=i^1=i^{\frac{4}{4}}=(i^4)^{\frac{1}{4}}=1^{\frac{1}{4}}=1$$

선생: 그러니까 근호 속에 허수나 음수가 있으면 $\sqrt{ab}=\sqrt{a}\sqrt{b}$, $\sqrt{\frac{a}{b}}=\frac{\sqrt{a}}{\sqrt{b}}$와 같은 지수법칙이 성립하지 않는 것이지.

학생: 왜 성립하지 않아요? 근호 속에도 실수만 나오는데 실수의 지수법칙이 성립하지 않으면 이상하지 않나요? 그냥 연산법칙이 성립하도록 정의하면 안 돼요?

해설 및 풀이

1 $2\pi i$-주기함수인 $f(z)=e^z$와 주기함수의 역함수인 $f(z)=\log z$ 의 합성으로 정의되는 복소수의 지수는 지수함수의 주기성과 로그함수의 다가성에 의하여 다양한 변화가 생긴다. 일례로 $e^{\log z}$는 단일 값을 갖지만 $\log e^z$ 는 z 의 편각에 따른 여러 값을 갖는다. 여기에 지수를 연산하게 되면 편각의 변화가 일어나므로 지수법칙을 적용하기 어렵게 한다. 예를 들어 $p,\ q\in\mathbb{Z}$ 에 대하여 $z^{\frac{p}{q}}=(z^{\frac{1}{q}})^p$은 성립하지만 $z^{\frac{p}{q}}=(z^p)^{\frac{1}{q}}$는 성립하지 않는다. 그러므로 $i^{\frac{4}{4}}\neq(i^4)^{\frac{1}{4}}$ 이다. 실제로 $i^{\frac{4}{4}}$ 의 값은 i 로 하나이지만

$$(i^4)^{\frac{1}{4}}=1^{\frac{1}{4}}=\pm1,\quad \pm i$$

로 4가지의 값을 가질 수 있다. 한편 복소수의 지수로 확장하여 계산하면

$$(-1)^{\frac{1}{2}}=e^{\frac{1}{2}\log(-1)}=e^{\frac{1}{2}(2k+1)\pi i}=\begin{cases} i & (k=2m,\ m\in\mathbb{Z}) \\ -i & (k=2m+1,\ m\in\mathbb{Z}) \end{cases}$$

$$\sqrt{1} = 1^{\frac{1}{2}} = e^{\frac{1}{2}\log 1} = e^{k\pi i} = \begin{cases} 1 & (k = 2m,\ m \in \mathbb{Z}) \\ -1 & (k = 2m+1,\ m \in \mathbb{Z}) \end{cases}$$

이므로 $\sqrt{-1}\,\sqrt{-1} = \begin{cases} 1 \\ -1 \end{cases}$이다. 그러므로 편각의 변화에 따라 생기는 수의 집합이라는 개념에서는 $\sqrt{-1}\,\sqrt{-1} = \sqrt{1}$이 성립한다. 하지만 수의 연산으로는 성립하지는 않는다. 예를 들어 주값의 범위인 $-\pi < \arg(z) \leq \pi$에서는 $\sqrt{-1} = i$, $\sqrt{1} = 1$이므로 $\sqrt{-1}\,\sqrt{-1} = i \cdot i = -1 \neq \sqrt{1}$이다. [부록 6: 지수의 정의와 연산]을 참조하라.

1 다음이 주값으로 성립하는지 말하시오.

(1) $\dfrac{\sqrt{-1}}{\sqrt{-1}} = \sqrt{1}$

(2) $\{(\sqrt{-1})^2\}^{\frac{1}{2}} = \left\{(\sqrt{-1})^{\frac{1}{2}}\right\}^2$

지수 - 음수에 대한 지수

1 다음 중 계산한 과정이 옳은 것을 모두 고르시오.

① $(-64)^{\frac{2}{6}} = \{(-64)^2\}^{\frac{1}{6}} = (4^6)^{\frac{1}{6}} = 4$

② $(-64)^{\frac{2}{6}} = \{(-2)^6\}^{\frac{2}{6}} = (64)^{\frac{2}{6}} = 4$

③ $(-64)^{\frac{2}{6}} = (-64)^{\frac{1}{3}} = -4$

④ $(-64)^{\frac{2}{6}} = (-64)^{\frac{1}{6}}(-64)^{\frac{1}{6}} = (2i)(2i) = -4$

⑤ $(-64)^{\frac{2}{6}} = (-1)^{\frac{2}{6}}(64)^{\frac{2}{6}} = (64)^{\frac{2}{6}} = (64)^{\frac{1}{3}} = 4$

⑥ $(-64)^{\frac{2}{6}} = (-1)^{\frac{2}{6}}(64)^{\frac{2}{6}} = (-1)^{\frac{1}{3}}(64)^{\frac{1}{3}} = -4$

⑦ $(-64)^{\frac{2}{6}} = \{(-8)(8)\}^{\frac{2}{6}} = (-8)^{\frac{1}{3}}(8)^{\frac{1}{3}} = -2\times 2 = -4$

⑧ $(-64)^{\frac{2}{6}} = \{(-8)(8)\}^{\frac{2}{6}} = (-8)^{\frac{2}{6}}(8)^{\frac{2}{6}} = \{(-8)^2\}^{\frac{1}{6}}(8^2)^{\frac{1}{6}} = 2\times 2 = 4$

⑨ $(-64)^{\frac{2}{6}} = \{(-8)(8)\}^{\frac{2}{6}} = (-8)^{\frac{2}{6}}(8)^{\frac{2}{6}} = \left\{(-8)^{\frac{1}{6}}\right\}^2\left\{8^{\frac{1}{6}}\right\}^2 = (\sqrt{2}i)^2(\sqrt{2})^2 = -4$

해설 및 풀이

1 지수의 계산에서 $(-1)^{\frac{1}{3}} = \sqrt[3]{-1} = -1$, $(-1)^{\frac{2}{6}} = \sqrt[6]{(-1)^2} = \sqrt[6]{1} = 1$이므로 $(-1)^{\frac{1}{3}} \neq (-1)^{\frac{2}{6}}$이다. 이 계산에서 어느 것이 옳은가? 아니면 지수법칙이 성립하지 않는가?

복소수의 지수 $z^a = e^{a\log z}$에 대하여 지수법칙

$$z^a z^b = z^{a+b}$$

$$(z^a)^b = z^{ab} = (z^b)^a$$

$$(z_1 z_2)^a = z_1^a z_2^a$$

은 a, b가 정수일 때는 성립하지만 일반적으로는 성립하지 않는다. 특히 밑이 음수이고 지수가 유리수인 경우에 실수의 지수법칙이 곧잘 적용될 것으로 착각하기 쉽다.

일반적으로 정수 $p, q \in \mathbb{Z}$에 대하여 $z^{\frac{p}{q}} = (z^{\frac{1}{q}})^p$은 성립하지만 $z^{\frac{p}{q}} = (z^p)^{\frac{1}{q}}$는 성립하지 않는

다. 문제의 ①, ⑧은 $z^{\frac{p}{q}}=(z^p)^{\frac{1}{q}}$를 사용하였다. ②에서는 $(-2)^6=-64$를 사용하였고 ③, ④에서 얻은 결과 $(-64)^{\frac{1}{3}}=-4$, $(-64)^{\frac{1}{6}}=2i$는 틀린 값은 아니지만 주값은 아니다. ⑤, ⑥, ⑦, ⑧, ⑨에서는 $(z_1z_2)^\alpha=z_1^\alpha z_2^\alpha$를 사용하였는데, 이는 일반적으로 성립하는 공식은 아니다. 지수를 정의한 방식에 따라 계산하면 다음과 같다.

$$(-64)^{\frac{2}{6}}=e^{\frac{2}{6}\log(-64)}=e^{\frac{2}{6}(\ln 64+(2k+1)\pi i)}=4e^{\frac{(2k+1)\pi i}{3}}=\begin{cases}2+2\sqrt{3}\,i & (k=3m)\\ -4 & (k=3m+1)\\ 2-2\sqrt{3}\,i & (k=3m-1)\end{cases}$$

$$(-64)^{\frac{1}{3}}=e^{\frac{1}{3}\log(-64)}=e^{\frac{1}{3}(\ln 64+(2k+1)\pi i)}=4e^{\frac{(2k+1)\pi i}{3}}=\begin{cases}2+2\sqrt{3}\,i & (k=3m)\\ -4 & (k=3m+1)\\ 2-2\sqrt{3}\,i & (k=3m-1)\end{cases}$$

$$\{(-64)^{\frac{1}{6}}\}^2=\left\{e^{\frac{1}{6}\log(-64)}\right\}^2=\left\{e^{\frac{1}{6}(\ln 64+i(2k+1)\pi)}\right\}^2=\left\{2e^{\frac{(2k+1)\pi i}{6}}\right\}^2$$

$$=\begin{cases}(\sqrt{3}-i)^2 & (k=6m-1)\\ (\sqrt{3}+i)^2 & (k=6m)\\ (2i)^2 & (k=6m+1)\\ (-\sqrt{3}+i)^2 & (k=6m+2)\\ (-\sqrt{3}-i)^2 & (k=6m+3)\\ (-2i)^2 & (k=6m-2)\end{cases}=\begin{cases}2+2\sqrt{3}\,i & (k=3m)\\ -4 & (k=3m+1)\\ 2-2\sqrt{3}\,i & (k=3m-1)\end{cases}$$

$$\{(-64)^2\}^{\frac{1}{6}}=e^{\frac{1}{6}\log(-64)^2}=e^{\frac{1}{6}(\ln 64^2+2k\pi i)}=4e^{\frac{k\pi i}{3}}=\begin{cases}2-2\sqrt{3}\,i & (k=6m-1)\\ 4 & (k=6m)\\ 2+2\sqrt{3}\,i & (k=6m+1)\\ -2+2\sqrt{3}\,i & (k=6m+2)\\ -4 & (k=6m+3)\\ -2-2\sqrt{3}\,i & (k=6m-2)\end{cases}$$

따라서 주값은 $(-64)^{\frac{2}{6}}=(-64)^{\frac{1}{3}}=\left\{(-64)^{\frac{1}{6}}\right\}^2=2+2\sqrt{3}i$, $\{(-64)^2\}^{\frac{1}{6}}=4$으로 모든 계산이 옳지 않다. [부록 6: 지수의 정의와 연산]을 참조하기 바란다.

1 다음 중에서 같은 수끼리 묶으시오.

$$1^{\frac{2}{6}},\quad 1^{\frac{1}{3}},\quad (-1)^{\frac{2}{6}},\quad (-1)^{\frac{1}{3}},\quad \{(-1)^{\frac{1}{6}}\}^2,\quad \{(-1)^2\}^{\frac{1}{6}}$$

재미있는 관계식

1. $\sqrt{a^{\sqrt{b}}} = \sqrt{a}^{\sqrt{b}}$

$(\sqrt{n})^{\ln n} = \sqrt{n^{\ln n}} = n^{\ln \sqrt{n}}$

$n^{\frac{1}{\ln n}} = e = \sqrt[\ln n]{\ln n}$

$a^{\frac{1}{\ln b}} = e^{\ln_b a}$

2. $\sin(x-y)\sin(x+y) = \sin^2 x - \sin^2 y = (\sin x - \sin y)(\sin x + \sin y)$

3. $\sqrt{2025} = \sqrt{\underline{20}\,\underline{25}} = 20 + 25 = 45$

4. $10^2 + 11^2 + 12^2 = 13^2 + 14^2$

5. $\frac{16}{64} = \frac{1\cancel{6}}{\cancel{6}4} = \frac{1}{4}$

6. $\lim_{x \to 0} \frac{\sin 3x}{\sin 2x} = \lim_{x \to 0} \frac{\cancel{s}\cancel{i}\cancel{n}3\cancel{x}}{\cancel{s}\cancel{i}\cancel{n}2\cancel{x}} = \frac{3}{2}$

연습문제

1. 다음을 설명하시오.

(1) $(-1)\times 1=-1$

(2) $\frac{1}{2}>0$

2. 집합 $A_n=\left\{\frac{k}{n} \mid k\in\mathbb{N}\right\}$이라 할 때, 모든 $p\geq 0$에 대하여 $A_n\cap\left(p+\frac{1}{3},\ p+\frac{1}{2}\right)\neq\varnothing$인 모든 자연수 n을 구하시오.

3. 다음을 증명하시오.

(1) 임의의 자연수 $n,\ m$에 대하여 $n+m=m+n$이다.

(2) 임의의 자연수 $n,\ m$에 대하여 $nm=mn$이다.

(3) 임의의 자연수 $n,\ m,\ k$에 대하여 $(n+m)k=nk+mk$이다.

4. 분배법칙을 이용하여 다음 문제를 푸시오.

> 과자박스가 실려 있는 트럭 2대가 있다. 한 트럭에는 52박스의 과자가 있고, 다른 트럭에는 48박스의 과자가 있는데 한 박스에는 각각 12봉지의 과자가 들어있다고 한다. 그렇다면 두 트럭에 실려 있는 과자는 모두 몇 봉지인가?

5. 다음 등식을 설명하시오.

(1) $\frac{2}{3}=\frac{4}{6}$

(2) $\frac{1}{3}+\frac{3}{4}=\frac{13}{12}$

6. 다음은 유리수인지 분수인지 아닌지를 각각 말하시오.

(1) $\sqrt{4}$

(2) $\dfrac{0.4}{\sqrt{4}}$

(3) $\dfrac{\sqrt{18}}{\sqrt{32}}$

(4) $\left(\dfrac{1}{4}\right)^{\frac{1}{3}}$

7. 일상생활에서 다음과 같은 방식으로 계산하는 예를 드시오.

$$\frac{a}{b}+\frac{c}{d}=\frac{a+c}{b+d}$$

8. '$\dfrac{1}{a}=\dfrac{1}{b}+\dfrac{1}{c}$를 풀어라'는 문제에 대하여 학생은 $\dfrac{a}{1}=\dfrac{b}{1}+\dfrac{c}{1}$라고 두고 $a=b+c$으로 계산하였다. 이 주장에 대하여 어떻게 설명할 것인가?

9. 다음 등식을 설명하시오.

(1) $3\sqrt{2}+2\sqrt{2}=5\sqrt{2}$

(2) $\dfrac{\sqrt{2}}{2}+\dfrac{2\sqrt{2}}{3}=\dfrac{7\sqrt{2}}{6}$

10. 다음 계산의 오류를 설명하시오.

(1) $\sqrt{2}+\sqrt{3}=\sqrt{5}$

(2) $\sqrt{2}+3\sqrt{2}=6$

(3) $\sqrt{2}\times\sqrt{3}=\sqrt{5}$

(4) $2\sqrt{3}\times 4\sqrt{3}=8\sqrt{3}$

(5) $(\sqrt{2}+\sqrt{3})^2=5$

11. 다음을 설명하시오.

(1) (양수)×(음수)=(음수)

(2) (음수)×(음수)=(양수)

(3) $0 < a < b$ 이면 $-b < -a < 0$ 이고 $0 < b^{-1} < a^{-1}$ 이다.

12. 다음 집합을 구간의 기호를 이용하여 표현하시오.

(1) $\{x \in \mathbb{R} \mid 0 \le x < 1\}$

(2) $\{x \in \mathbb{R} \mid x \le 0\}$

(3) $\{x \in \mathbb{R} \mid x$ 는 0이 아닌 실수$\}$

(4) $\{0\}$

13. 실수집합 $\mathbb{R}$ 에서 다음 중 구간의 정의로 쓸 수 있는 것을 모두 고르시오.

(1) 임의의 $a, b \in I$ 에 대하여 $a < c < b$ 이면 $c \in I$ 일 때, I 를 구간이라 한다.

(2) $\mathbb{R}$ 에서 연결집합을 구간이라 한다.

(3) $\mathbb{R}$ 에서 볼록집합을 구간이라 한다.

(4) $a \le b$ 인 실수 a, b 에 대하여 다음 중의 한 유형으로 표현되면 구간이라 한다.

$$[a, b],\ [a, b),\ (a, b],\ (a, b),\ [a, \infty),\ (a, \infty),\ (-\infty, b],\ (-\infty, b),\ (-\infty, \infty)$$

14. 다음 수를 이진법으로 나타내시오.

(1) 371

(2) $\frac{1}{4}$

(3) $\frac{1}{3}$

(4) $\sqrt{2}$

15. 유리수 $\frac{p}{q}$ (p, q 는 서로소)를 소수로 나타내면 순환마디가 q 보다 작음을 설명하시오.

16. 1과 $2^{\frac{1}{100}}$ 사이에 유리수가 존재함을 설명하시오. 또 계산기를 이용하여 찾을 수 있는지 확인하시오.

17. 다음 지수를 정의하시오.

(1) $3^{\frac{2}{5}}$

(2) π^{e}

18. 양수 a, b와 유리수 r, s에 대하여 증명하시오.

(1) $a^{r+s}=a^r a^s$

(2) $(a^r)^s=a^{rs}$

(3) $(ab)^r=a^r b^r$

(4) $a^{-r}=\dfrac{1}{a^r}$

19. $b^2=ac$일 때 다음을 증명하시오.

$$\frac{\log_a x-\log_b x}{\log_b x-\log_c x}=\frac{\log_a x}{\log_c x}$$

20. 다음 중에서 같은 수끼리 서로 묶으시오.

2, $2\sqrt{2}$, $2^{\sqrt{2}}$, 4, $4\sqrt{2}$, $4^{\sqrt{2}}$, $(2^{\sqrt{2}})^{\sqrt{2}}$, $(\sqrt{2})^{2\sqrt{2}}$, $(\sqrt{2^{\sqrt{2}}})^2$, $(\sqrt{2}^{\sqrt{2}})^2$ $2^{\sqrt{2}^{\sqrt{2}}}$, $\sqrt{2}^{2^{\sqrt{2}}}$, $\sqrt{2}^{\sqrt{2}^2}$, $\sqrt{2}^{\sqrt{2}^{\sqrt{2}}}$, $\left(\sqrt{2}^{\sqrt{2}}\right)^{\sqrt{2}}$, $\sqrt{2^{\sqrt{2}}}^{\sqrt{2}}$, $\sqrt{2^{\sqrt{2}+\sqrt{2}}}$

21. 다음을 증명하시오.

(1) $2^{\sqrt{2}+\sqrt{2}}=4^{\sqrt{2}}$

(2) $(2\sqrt{2})^{2\sqrt{2}}=8^{\sqrt{2}}$

(3) $\sqrt{4-2\sqrt{2}}=\sqrt{2+\sqrt{2}}-\sqrt{2-\sqrt{2}}$

(4) $(\sqrt{2}+1)(\sqrt{2-\sqrt{2}})=\sqrt{2+\sqrt{2}}$

22. 다음 수를 크기 순서로 나열하시오.

(1) $\sqrt{5}$, $4^{\frac{2}{3}}$, $2^{\frac{5}{4}}$

(2) $\sqrt{2}^{\sqrt{2}^{\sqrt{2}}}$, $\left(\sqrt{2}^{\sqrt{2}}\right)^{\sqrt{2}}$, $\left(\sqrt{2^{\sqrt{2}}}\right)^{\sqrt{2}}$, $\sqrt{2^{\sqrt{2}^{\sqrt{2}}}}$, $\sqrt{2}^{\sqrt{2^{\sqrt{2}}}}$

(3) $e^{\sqrt{3}}$, $\pi^{\sqrt{2}}$

23. 다음 계산이 옳은지를 말하시오.

(1) $(-16)^{\frac{1}{4}} \times (-16)^{\frac{1}{4}} = (-16)^{\frac{1}{2}} = 4i$

(2) $(-16)^{\frac{1}{4}} \times (-16)^{\frac{1}{4}} = \left\{(-16)^{\frac{1}{4}}\right\}^2 = (-2)^2 = 4$

(3) $(-16)^{\frac{1}{4}} \times (-16)^{\frac{1}{4}} = 2 \times 2 = 4$

(4) $(-16)^{\frac{1}{4}} \times (-16)^{\frac{1}{4}} = 2 \cdot i^{\frac{1}{2}} \times 2 \cdot i^{\frac{1}{2}} = 4i$

24. 다음 수를 $a+bi$의 꼴로 나타내고 실수인지 아닌지를 말하시오.

(1) $(\sqrt{2})^i$

(2) $\log(-2)$

(3) $e^{i\ln 2}$

(4) $\cos\pi i$

25. 다음 연산의 결과가 항상 허수가 되는지 말하시오.

(1) (허수)+(허수)

(2) (실수)+(허수)

(3) (허수)×(허수)

(4) (실수)×(허수)

26. 자연수집합 $\mathbb{N}$은 $\{0, 1, 2, \cdots\}$인가 $\{1, 2, 3, \cdots\}$인가?

27. 복소수집합은 순서공리를 만족시키지 않음을 설명하시오.

28. 유리수집합은 완비공리를 만족시키지 않음을 설명하시오.

29. 자연수집합의 이산성, 유리수집합의 조밀성, 실수집합의 연속성을 비교 설명하시오.

30. 좌표평면에서 꼭짓점의 좌표가 모두 유리수인 정삼각형은 존재하지 않음을 증명하시오.

제3장

수식의 계산

다항식 - 다항식이란?

1 다음 중에서 다항식을 모두 고르시오.

(1) $x^2+2\sqrt{x}+1$, $x^2+\sqrt{2}x+1$, $x(x+\sqrt{2})$

(2) $\frac{1}{2}$, $\frac{1}{x}$, $\frac{3x}{2}$, $x^{\frac{3}{2}}$, $\sqrt{x^2}$, $\sqrt{(x^2+1)^2}$

(3) $x^{\sqrt{2}}$, $(\sqrt{2})^x$, x^π, π^x

(4) $x+\frac{1}{x}$, $\frac{x^2-4}{x-2}$, $2x^2y\div xy^2$, $\frac{xy}{x+y}$

(5) $\ln e^x$, $e^{\ln x}$, 2^x, $1+x\ln 2$, $1+(\ln x)^2$, $\sum_{n=0}^{\infty}(x^n-x^{n+1})$

해설 및 풀이

1 중·고등학교에서 다항식은 항이 여러 개인 식이라 하고 항은 문자나 숫자의 곱으로 표현된 식이라 한다. 이때 항은 x와 상수의 곱으로만 이루어진 식으로 단항식을 의미하고 어떤 자연수 n에 대하여 cx^n(단, c는 상수)의 꼴이다. 다항식은 이런 단항식의 선형조합으로 표현되는 식으로 어떤 자연수 n에 대하여

$$a_0+a_1x+a_2x^2+\cdots+a_nx^n \ (a_i\in\mathbb{R})$$

의 꼴로 써진다. 그러므로 다항식은 실수 전 구간에서 정의된다. 비슷한 방법으로 문자가 두 개인 다항식은 어떤 자연수 n, m에 대하여

$$\left\{\sum_{k=0}^{n}\sum_{j=0}^{m}a_{kj}x^ky^j \mid a_{kj}\in\mathbb{R}\right\}$$

의 원소를 의미한다.

참고로 일상용어와 다르게 단항식과 다항식은 배타적인 용어가 아니라 다항식이 단항식을 포함하는 용어이다. 한편 식은 항(terms)으로 구성되고 항은 기본항들의 수학적 연산으로 얻어지는 한 덩이 식으로 주로 곱으로 이루어지지만 인수로 구성되기도 한다. 예를 들어 $x^3+2x(x+1)$이면 $2x(x+1)$에는 $+$가 있어도 항으로 보고, $2x^2+\sqrt{x}+1$에서도 $\sqrt{x}$를 두 번째 항이라고 부르기도 한다.

(1) $x^2+2\sqrt{x}+1$은 다항식이 아니고 나머지는 모두 다항식이다.

(2) $\frac{1}{2}$, $\frac{3x}{2}$은 다항식이고 $\frac{1}{x}$, $x^{\frac{3}{2}}$, $\sqrt{x^2}$은 다항식이 아니다. 또 $\sqrt{(x^2+1)^2}$은 표현은 다항식이 아니지만 정리하면 x^2+1이므로 다항식이다.

(3) 모두 다항식이 아니다.

(4) $x+\frac{1}{x}$에서 $\frac{1}{x}$는 다항식이 아니다. 또 $\frac{x^2-4}{x-2}$는 $x \neq 2$에서는 $x+2$와 같지만 $x=2$에서는 정의되지 않으므로 다항식이 아니다. 또 $2x^2y \div xy^2$, $\frac{xy}{x+y}$도 다항식이 아니다.

(5) $e^{\ln x}$는 $x>0$에서 $e^{\ln x}=x$이지만 다항식이 아니고, $\ln e^x$는 표현이 다항식이 아니지만 정리하면 다항식이다. $1+x\ln 2$는 다항식이고, 2^x와 $1+(\ln x)^2$은 다항식이 아니다. 또 $|x|<1$일 때 $\sum_{n=0}^{\infty}(x^n-x^{n+1})=1$이지만 $\sum_{n=0}^{\infty}(x^n-x^{n+1})$은 다항식이 아니다.

1 다음 중에서 다항식을 모두 고르시오.

(1) $x(y+1)$, $xy+x+\frac{1}{y}$

(2) $\ln 2^x$, $x\ln 2$, $2\ln x$, $(x\ln 2)^2+1$, $x\ln x+1$

(3) $x^3(1+y)$, xy^2, $x(2x-1)$

(4) x^e, e^x

다항식 - 사칙연산의 순서

1 $3x \div 3x$ 는?

(1) 1

(2) x^2

2 다음을 계산한 값은?

$$8 \div 2(2+2)$$

해설 및 풀이

사칙연산에서 +, −, ×, ÷, ( )의 우선 순위를 정하는 문제이다. 중·고등학교 교과서에서는 계산 우선 순위가 괄호 ( ), { }, [ ]이고, ×, ÷이고, +, − 이고 같은 순위의 식은 왼쪽부터 차례로 계산한다. 그런데 숫자와 문자, 문자와 문자 사이에 ×의 기호가 생략된 경우에 앞에 나타나는 ÷과의 계산 우선순위가 문제가 된다. 미국수학회의 규정에서는 병렬 항에서 곱셈 기호가 생략되면 나눗셈보다 먼저 계산한다.[1] 또 문자 사이의 곱에서는 ×을 생략하여 쓰고, 문자에 ×가 생략한 수는 계산이 끝난 수로 본다. 그러므로 $a \times b$를 ab로 쓰고, ab는 한 문자처럼 읽는다. 예를 들어 $c \div ab$는 $c \div (ab)$ 즉 $\frac{c}{ab}$이고, $\frac{c}{a} \times b$는 $\frac{bc}{a}$이므로 서로 다르다.

이런 이유로 '$a \div 3b$와 $a \div 3 \times b$는 같은 식인가?'라는 질문도 성립한다. 즉 $a \div 3b = \frac{a}{3b}$인가? $a \div 3b = \frac{ab}{3}$ 인가?라는 질문이 성립한다.

1 단순히 곱셈이 생략된 경우로 보면 $3x \div 3x = \frac{3x}{3} \times x = x^2$이고 곱셈이 생략된 경우 계산이 끝난 수로 보면 $3x \div 3x = \frac{3x}{3x} = 1$이다.

2 $8 \div 2(2+2)$를 $8 \div 2 \times (2+2)$로 읽으면 16이고, $2(2+2)$를 계산이 끝난 수 8로 읽으면 $8 \div 2(2+2) = 1$이 된다. 참고로 나눗셈과 곱셈이 함께 있는 경우는 왼쪽부터 계산하므로 $8 \div 2 \times 2 + 2 = 8 \div 4 + 2 = 4$가 아니라 $8 \div 2 \times 2 + 2 = 4 \times 2 + 2 = 10$이다.

1) Steven Strogatz, "The Math Equation That Tried to Stump the Internet", *The New York Times*, August 2, 2019.

1 다음을 각각 계산한 값은?

(1) $8 \div 2(1+1)$

(2) $8 \div 2 \times (1+1)$

(3) $8 \div 2a$

(4) $8 \div 2 \times a$

약수와 배수 - 소인수분해

1 소수가 아닌 모든 자연수는 소인수분해되는가? 이를 어떻게 설명할 것인가?

해설 및 풀이

1 $G=\{n\in\mathbb{N}|n$ 은 소수가 아니고 소인수분해가 안 되는 수$\}$ 라고 하자. $G\neq\varnothing$ 이면 자연수 집합은 정렬집합이므로 최소원소 n이 존재한다. 그러면 n은 소수가 아니다. 따라서 $n=pq$, $1<p,\ q<n$인 $p,\ q\in\mathbb{N}$이 존재한다. 그런데 $p,\ q$는 G의 원소가 아니므로 소수이거나 소인수분해가 된다. 그러므로 $n=pq$는 소인수분해가 되므로 모순이다.

1 소수는 무수히 많음을 증명하시오.

약수와 배수 - 약수와 배수의 활용

1 자연수 1 부터 500까지 차례로 번호가 붙어 있는 창문 500개와 학생 500명이 있다. 학생들은 다음과 같은 규칙에 따라 차례로 행동을 한다.

(가) 1번 학생은 500개의 창문을 모두 닫는다.
(나) 2번 학생은 번호가 2의 배수인 창문을 모두 연다.
(다) 3번 학생은 번호가 3의 배수인 창문이 닫혀있으면 열고, 열려있으면 닫는다.
(라) 4번 학생은 번호가 4의 배수인 창문이 닫혀있으면 열고, 열려있으면 닫는다.
⋮
(마) 500번 학생은 번호가 500의 배수인 창문이 닫혀있으면 열고, 열려있으면 닫는다.

이와 같은 규칙에 따라 모든 학생이 행동을 마쳤을 때, 다음 물음에 답하시오.
(1) 번호가 31인 창문이 열려있는지 닫혀있는지 말하고 그 이유를 설명하시오.
(2) 닫혀있는 창문의 개수를 구하고 닫혀있는 창문의 가장 큰 번호를 말하시오.

해설 및 풀이

약수와 배수의 관계를 이해하고 주어진 수의 약수의 개수를 알 수 있는지를 묻는 문제이다. 주어진 수가 $n = p_1^{n_1} p_2^{n_2} \cdots p_k^{n_k}$로 소인수분해되면 약수의 개수는 $(n_1+1)(n_2+1)\cdots(n_k+1)$이다.

1 학생의 번호에서는 배수이지만 창문의 입장에서는 학생의 번호가 약수일 때 열리거나 닫힌다. 그러므로 창문 번호의 약수의 개수에 따라 창문이 열리거나 닫히게 된다.

(1) 번호가 31인 창문은 1번 학생이 닫고 31번 학생이 연 이후로는 변화가 없으므로 열려있다. 참고로 소수에 해당하는 모든 창문은 열려있다.

(2) 번호가 n인 창문이 닫혀있으려면 1번이 닫은 후부터 짝수번의 변화가 있어야 한다. 그러므로 n의 약수가 1을 제외하면 짝수개라야 한다. 즉 n의 약수의 개수는 홀수라야 한다. 소인수분해하여 $n = p_1^{n_1} p_2^{n_2} \cdots p_k^{n_k}$라 하면 약수의 개수는 $(n_1+1)(n_2+1)\cdots(n_k+1)$이므로 약수의 개수가 홀수이면 $n_1, n_2, \cdots, n_k$가 모두 짝수이다. 즉 n은 어떤 수의 제곱수라야 한다. 한편 제곱수의 약수는 홀수개이므로 최종적으로 닫혀있는 창문의 번호는 제곱수들이다. 그러므로 번호가 $1, 2^2, 3^2, \cdots, 22^2$인 창문이 닫혀있다. 따라서 닫혀있는 창문은 22개이고 닫혀있는 창문 번호의 최댓값은 484이다.

1 남학생과 여학생 25명이 있다. 여학생은 각자 초콜릿을 8개씩 사 와서 남학생들에게 각각 같은 개수로 나누어주고, 남학생은 각자 같은 개수의 사탕을 사 와서 여학생들에게 각각 같은 개수로 나누어 주었다고 한다. 남학생 각자가 받은 초콜릿의 개수는 홀수이고 여학생 각자가 받은 사탕의 개수는 짝수일 때, 남학생이 각자 갖고 온 사탕은 최소 몇 개인가?

약수와 배수 - 인수분해

1 다항식 $2x-3$의 인수분해에 대하여 다음 중 옳은 것을 모두 고르시오.

① 일차식이므로 인수분해가 된 것이다.

② 일차식이므로 인수분해할 수 없다.

③ $2x-3=2\left(x-\frac{3}{2}\right)$로 해야 인수분해한 것이다.

④ $2x-3$은 인수분해된 것도 아니고 인수분해할 수도 없다.

2 다항식 $2x^2-4$의 인수분해에 대하여 다음 중 옳은 것을 모두 고르시오.

① $2x^2-4$는 계수가 정수인 범위에서 인수분해가 된 것이다.

② $2x^2-4=2(x^2-2)$로 해야 계수가 정수인 범위에서 인수분해한 것이다.

③ $2x^2-4=2(x^2-2)$이면 계수가 유리수인 범위에서 인수분해한 것이다.

④ $2x^2-4=(2x-2\sqrt{2})(x+\sqrt{2})$는 계수가 실수인 범위에서 인수분해한 것이다.

⑤ $2x^2-4=2(x-\sqrt{2})(x+\sqrt{2})$로 해야 계수가 실수인 범위에서 인수분해한 것이다.

⑥ $2x^2-4=4\left(\frac{1}{2}x^2-1\right)$은 계수가 유리수인 범위에서 인수분해한 것이다.

3 다항식 $2x^2+4$의 인수분해에 대하여 다음 중 옳은 것을 모두 고르시오.

① $2x^2+4$는 계수가 정수인 범위에서 인수분해할 수 없다.

② $2x^2+4=2(x^2+2)$로 해야 계수가 정수인 범위에서 인수분해한 것이다.

③ $2x^2+4$는 계수가 실수인 범위에서 인수분해할 수 없다.

④ $2x^2+4$는 계수가 실수인 범위에서 인수분해된 것이다.

⑤ $2x^2+4=2(x^2+2)$로 해야 계수가 실수인 범위에서 인수분해한 것이다.

⑥ $2x^2+4=2(x+\sqrt{2}i)(x-\sqrt{2}i)$로 해야 계수가 복소수인 범위에서 인수분해한 것이다.

⑦ $2x^2+4=2(\sqrt{2}-ix)(\sqrt{2}+ix)$는 계수가 복소수인 범위에서 인수분해한 것이다.

4 다항식의 인수분해에 대하여 다음 중 옳은 것을 모두 고르시오.

① $4x^2-6x+4=2x(x-3)+4$는 인수분해가 된 것이다.

② $4x^2-6x+4=2(2x^2-3x+2)$는 인수분해가 된 것이다

③ $4x^2-8x+4=(2x-2)^2$ 은 인수분해가 된 것이다.

해설 및 풀이

중·고등학교 교과서에서는 인수분해를 '다항식을 두 개 이상의 다항식의 곱으로 나타내는 것을 인수분해한다'고 정의하고 분배법칙을 이용하여 풀어 쓰는 과정을 '전개한다'고 한다. 그러므로 인수분해란 분배법칙을 역으로 적용한 것으로 다항식을 차수가 더 낮은 다항식의 곱으로 표현하는 것을 의미한다. 이때 차수가 더 낮은 다항식을 인수라고 하고 계수를 고려하지 않으므로 수의 인수를 무시한다. 예를 들어

$$\frac{1}{2}(2x^2-x-3)=\left(x-\frac{3}{2}\right)(x+1)=\frac{1}{2}(2x-3)(x+1)=\frac{1}{6}(2x-3)(3x+3)$$

은 모두 같은 의미의 인수분해이다. 계수의 체가 실수인 경우에는

$$\frac{1}{4\sqrt{2}}(2\sqrt{2}\,x-3\sqrt{2})(2x+2)$$

도 인수분해한 것이다.

일반적으로 인수분해란 0이나 단원(unit, 역원이 존재하는 원소)이 아닌 소원(prime, $p=ab$이면 a 또는 b가 단원)들의 곱으로 표현한 것을 말한다. 계수가 정수인 경우는 단원이 ± 1뿐이므로 $2x+4=2(x+2)$로 해야 인수분해가 된 것이고, $2x+3$은 인수분해할 수 없는 것이고, $-x-2$도 인수분해할 수 없다. 계수가 유리수, 실수, 복소수처럼 체인 경우에는 모든 상수가 단원이므로 상수의 곱으로 쓴 것은 인수분해가 아니다. 예를 들어 $2x+4=2(x+2)=\frac{1}{2}(4x+8)$ $=\sqrt{2}(\sqrt{2}\,x+2\sqrt{2})$는 모두 인수와 단원의 곱으로 쓴 것이므로 인수분해라 하지 않는다. 그러므로 인수분해에서 '수의 인수는 무시한다'고 할 수 있다. 그래서 인수분해는 일차식 이상의 곱으로 표현해야 하고 각 인수의 다항식의 차수가 낮아져야 한다. 예를 들면 x^4-4는 계수의 체에 따라서 다음과 같이 인수분해한다.

$(x^2-2)(x^2+2)$: 계수가 유리수인 범위에서 인수분해

$(x-\sqrt{2})(x+\sqrt{2})(x^2+2)$: 계수가 실수인 범위에서 인수분해

$(x-\sqrt{2})(x+\sqrt{2})(x-\sqrt{2}i)(x+\sqrt{2}i)$: 계수가 복소수인 범위에서 인수분해

인수분해는 보통 계수가 실수인 범위에서 생각하는데 계수가 실수인 범위에서는 일차식으로 인수분해가 되지 않는 다항식이 존재한다. 예를 들어 x^2+1은 인수분해되지 않는다. 하지만 계수가 복소수인 범위에서는 $x^2+1=(x-i)(x+i)$와 같이 인수분해된다. 대수의 기본정리에 의하여 모든 다항식은 복소수 해를 가지므로 계수가 복소수인 범위에서는 일차식의 인수를 갖는다. 그러므로 대수의 기본정리와 인수정리에 의하여 계수가 복소수인 범위에서 모든 다항식은 일차식의 곱으로 인수분해할 수 있다. 그런데 계수가 실수인 다항식은 복소수가 인수인 경우 그 켤레 복소수도 인수가 되므로 그 두 복소수를 해로 갖는 계수가 실수인 이차식이 된다. 즉 계수가 실수인 다항식 $P(x)$에 대하여 $x=z$가 해이면, 즉 $P(z)=0$ 이면 $0=\overline{P(z)}=\overline{P}(\overline{z})=P(\overline{z})$이므로 $x=\overline{z}$ 도 해가 된다. 실제로 $P(z)=c_0+c_1z+c_2z^2+\cdots+c_nz^n\ (c_i\in\mathbb{R})$에 대하여 $P(z)=0$ 이면

$$\begin{aligned}0=\overline{P(z)}&=\overline{c_0+c_1z+c_2z^2+\cdots+c_nz^n}\\&=\overline{c_0}+\overline{c_1z}+\overline{c_2z^2}+\cdots+\overline{c_nz^n}\\&=\overline{c_0}+\overline{c_1}\,\overline{z}+\overline{c_2}\,\overline{z^2}+\cdots+\overline{c_n}\,\overline{z^n}\\&=c_0+c_1\overline{z}+c_2(\overline{z})^2+\cdots+c_n(\overline{z})^n=P(\overline{z})\end{aligned}$$

이므로 $P(\overline{z})=0$ 이다. 이때 $z=\alpha+i\beta$이면 $z,\ \overline{z}$를 해로 갖는 이차식은 $x^2-2\alpha x+\alpha^2+\beta^2$ 이므로 계수가 실수인 다항식은 실수 범위에서 이차식 이하로 인수분해할 수 있다. 즉 임의의 다항식 $P(x)$는

$$\begin{aligned}P(x)&=a_0+a_1x+\cdots+a_nx^n\\&=a_n(x-x_1)(x-x_2)\cdots(x-x_k)(x-z_1)(x-\overline{z_1})\cdots(x-z_m)(x-\overline{z_m})\\&=a_n(x-x_1)(x-x_2)\cdots(x-x_k)(x^2-2\alpha_1x+\alpha_1^2+\beta_1^2)\cdots(x^2-2\alpha_mx+\alpha_m^2+\beta_m^2)\end{aligned}$$

과 같이 인수분해된다. 여기서 $z_n=\alpha_n+i\beta_n,\ n=1,\ 2,\ \cdots,\ m$으로 복소수 해이다.

1 일차식 $2x-3$은 계수가 정수, 유리수, 실수, 복소수인 경우 모두 인수분해된 것도 아니고 인수분해할 수도 없다. 그러므로 ④이다.

2 계수가 정수인 범위에서는 정수 계수를 묶어 내야 하므로 ②이고, 유리수와 실수의 범위에서는 계수가 체이므로 수의 인수는 무시한다. 그러므로 계수가 유리수인 범위에서는 $2x^2-4$를 인수분해할 수 없고, 계수가 실수인 범위에서 $2(x-\sqrt{2})(x+\sqrt{2})$, $(2x-2\sqrt{2})(x+\sqrt{2})$, $\frac{1}{2}(\sqrt{2}-2)(\sqrt{2}x+2)$은 모두 인수분해한 것이다. 또 계수가 복소수인 범위에서는 $-(ix-i\sqrt{2})(ix+i\sqrt{2})$도 인수분해한 것이다. 따라서 ②, ④이다.

3 계수가 정수인 경우에 ②이고, 계수가 유리수나 실수인 범위에서는 인수분해할 수 없고 계수가 복소수인 범위에서는 $2(x+\sqrt{2}i)(x-\sqrt{2}i)$, $2(\sqrt{2}-ix)(\sqrt{2}+ix)$는 모두 인수분해한 것이다. 그러므로 ②, ③, ⑦이다.

4 정수계수의 범위에서 ②는 인수분해가 된 것이고, ③은 인수분해가 덜 된 것이다. 계수가 체인 유리수, 실수인 범위에서는 $4x^2-6x+4$는 인수분해할 수 없는 식이고, ③은 인수분해된 것이다. 계수가 복소수인 경우에는 ③만 옳다.

1 다음은 인수분해한 것인가?

(1) $4x+2=2(2x+1)=4\left(x+\frac{1}{2}\right)$

(2) $\sqrt{2}x^2-2=\sqrt{2}(x^2-\sqrt{2})$

(3) $\sqrt{2}x^2-2=\sqrt{2}(x-\sqrt[4]{2})(x+\sqrt[4]{2})$

(4) $x^{\frac{3}{2}}-2x^{\frac{1}{2}}=\sqrt{x}(x-2)$

(5) $\sin^2 x-\cos^2 x=(\sin x+\cos x)(\sin x-\cos x)$

(6) $x^{2\pi}-x^{\pi}=x^{\pi}(x^{\pi}-1)$

약수와 배수 - 최대공약수와 최소공배수

1 다음 학생과 선생의 대화에서 학생의 질문에 어떻게 답할 것인가?

학생: 선생님, 두 다항식 A, B에 대하여 최대공약수를 G, 최소공배수를 L이라 하면 $AB = LG$이잖아요. 그런데

$$A = 2(x+1)(x-2), \quad B = 4(x+1)(x-3)$$

이면 $G = x+1$, $L = 4(x+1)(x-2)(x-3)$이어서 $AB \neq LG$가 돼요.

선생: 계수가 정수인 범위에서는 $G = 2(x+1)$이니까 $AB = LG$가 성립하지. 계수가 체인 경우는 두 다항식 A, B의 최고차항의 계수가 1이라야 하지.

학생: 그때는 $A = \frac{1}{3}(x+1)(3x-1)$, $B = (3x-1)\left(\frac{1}{3}x+2\right)$이면 $G = 3x-1$, $L = (3x-1)(x+1)\left(\frac{1}{3}x+2\right)$이 되어서 A, B의 최고차항의 계수가 1인데도 $AB \neq LG$가 돼요.

선생: 이 경우는 $G = 3x-1$, $L = \frac{1}{3}(3x-1)(x+1)\left(\frac{1}{3}x+2\right)$로 계산해야지.

학생: 그런데요, A, B를 $A' = \frac{1}{3}(x+1)(3x-1)$, $B' = \frac{1}{3}(3x-1)(x+6)$으로 표현하면 $G'(x) = \frac{1}{3}(3x-1)$, $L' = \frac{1}{3}(x+1)(3x-1)(x+6)$이 되어 $A'B' = L'G'$이 성립해요. 그런데 $A = A'$, $B = B'$인데 $G = 3G' = 3x-1$, $L = L'$으로 같은 두 다항식의 최대공약수가 계산하는 방식에 따라 다르게 나와요. 이상하잖아요.

선생: 공약수와 공배수에서는 수의 인수를 무시해.

학생: 수의 인수를 무시하면 $AB = LG$에서도 상수배가 차이날 수 있잖아요. 그러니까 $G = 3x-1$, $L = (3x-1)(x+1)\left(\frac{1}{3}x+2\right)$이면 <u>$AB = LG$은 성립하지 않는데요?</u>

해설 및 풀이

다항식 A가 다항식 B $(B \neq 0)$로 나누어떨어질 때, B를 A의 약수라 하고 A를 B의 배수라 한다. 즉 어떤 다항식 Q에 대하여 $A = BQ$일 때, B는 A의 약수라 하고 A는 B의 배수라고 한다. 그런데 몫에 해당하는 Q를 상수배하여 $\widetilde{Q} = cQ$로 하고 $\widetilde{B} = \frac{1}{c}B$로 하면 $A = \widetilde{B}\widetilde{Q}$가 되므로 $\widetilde{B}$도 A의 약수가 된다. 그러므로 A의 약수는 계수가 일정하지 않다. 같은 이유로 배수도 상수배를 한 모든 식이 배수가 된다.

두 개 이상의 다항식의 공통된 약수를 다항식의 공약수라 하고, 공약수 가운데 차수가 가장 높은

것을 최대공약수라 한다. 또 두 개 이상의 다항식의 공통된 배수를 공배수라 하고, 공배수 가운데 차수가 가장 낮은 것을 최소공배수라 한다. 최대공약수와 최소공배수는 수의 인수를 무시하기 때문에 유일하지 않다. 그러므로 주어진 두 다항식 A, B의 곱 AB는 일정하지만 최대공약수와 최소공배수의 곱 LG는 유일하지 않다. 실제로 $A=aG$, $B=bG$(단 a, b는 서로소)라 하면 $L=abG$이므로 $AB=abG^2=LG$이다. 하지만 G를 상수배하여 $G=c\widetilde{G}$이면 $A=ac\widetilde{G}$, $B=bc\widetilde{G}$이고 $\widetilde{L}=abc\widetilde{G}$이므로 $AB=abc^2\widetilde{G}^2=c\widetilde{L}\widetilde{G}$가 된다. 이런 경우 다항식 A, B의 최고차항의 계수를 1로 제한해도 그렇다.
한편 다항식의 공약수와 공배수는 계수를 어느 집합에서 고려하느냐에 따라 다항식의 계수의 인수는 달라질 수 있다. 예를 들어 계수가 유리수인 다항식에서 약수 $x+1$은 실수 계수에서는 $\sqrt{2}x+\sqrt{2}$가 될 수도 있다. 한편 정수 계수의 다항식에 대하여 정수 계수의 범위에서 공약수를 정하는 경우에는 수의 인수를 무시하지 않고 계수에서 정수의 상수를 모두 인수분해하여야 한다. 예를 들어 $A=2x+4=2(x+2)$, $B=3x+6=3(x+2)$인 경우 최대공약수는 $x+2$이고 최소공배수는 $6(x+2)$이다. 또한 $A=2x+4=2(x+2)$이고 $B=4x+8=4(x+2)$이면 최대공약수는 $2(x+2)$이고 최소공배수도 $4x+8$이다. 그러면 정수 계수의 다항식 A, B에 대하여 $AB=LG$가 성립한다.

■ $AB=LG$의 공식에서 수의 인수는 고려하지 않는다.

1 **다음 두 다항식의 최대공약수와 최소공배수를 각각 구하시오.**

(1) $A=\sqrt{2}(x-1)(2x+1)$, $B=(x-1)\left(x+\dfrac{1}{2}\right)$

(2) $A=2(x^4-4)$, $B=4(x-\sqrt{2})(x^2+2)$

(3) $A=(x-1)(2x+1)$, $B=3x^4+3x^2-6$

약수와 배수 - 인수분해와 약분

1 다음 대화에서 네모 안에 들어갈 선생의 설명은 무엇인지 말하시오.

학생: 선생님, 다음 중 어느 계산이 맞나요?

$$\frac{x^3+x^2}{x^2+x}=\frac{x^{\cancel{3}}+x^2}{\cancel{x^2}+x}=\frac{x+x^2}{x}=\frac{\cancel{x}+x^2}{\cancel{x}}=x^2$$

$$\frac{x^3+x^2}{x^2+x}=\frac{x^{\cancel{3}}+x^2}{\cancel{x^2}+x}=\frac{x+x^2}{x}=\frac{x+x^{\cancel{2}}}{\cancel{x}}=2x$$

$$\frac{x^3+x^2}{x^2+x}=\frac{x^{\cancel{3}}+x^2}{\cancel{x^2}+x}=\frac{x+x^2}{x}=\frac{\cancel{x}(1+x)}{\cancel{x}}=1+x$$

$$\frac{x^3+x^2}{x^2+x}=\frac{x^{\cancel{3}}+x^2}{\cancel{x^2}+x}=\frac{x+x^2}{1+x}=\frac{x(1+x)}{1+x}=x$$

$$\frac{x^3+x^2}{x^2+x}=\frac{x^{\cancel{3}}+x^2}{\cancel{x^2}+x}=\frac{x+x^{\cancel{2}}}{1+\cancel{x}}=\frac{x+x}{1+1}=x$$

$$\frac{x^3+x^2}{x^2+x}=\frac{x^3+\cancel{x^2}}{\cancel{x^2}+x}=\frac{x^3}{x}=x^2$$

$$\frac{x^3+x^2}{x^2+x}=\frac{x^3+\cancel{x^2}}{\cancel{x^2}+x}=\frac{x^{\cancel{3}}+1}{1+\cancel{x}}=\frac{x^2+1}{1+1}=\frac{x^2+1}{2}$$

$$\frac{2x^2+6x}{2x}=\frac{\cancel{2}x^{\cancel{2}}+6x}{\cancel{2}\cancel{x}}=x+6x=7x$$

$$\frac{2x^2+6x}{2x}=\frac{\cancel{2}x^{\cancel{2}}+{}^{3}\cancel{6}x}{\cancel{2}\cancel{x}}=x+3x=4x$$

선생: 분수는 분모와 분자가 먼저 계산되는 것이니 괄호로 묶여 있는 것이므로 분모와 분자의 공통 약수로만 나눌 수 있어.

해설 및 풀이

1 분수를 약분하는 분수식 계산에서 학생들의 오류가 많이 나타나는 유형으로 분수의 정의에 의한 성질을 생각하지 않아 발생한다. 분수식의 표현은 (i) 분자는 분자끼리 먼저 계산되어야 하는 식이고 (ii) 분모는 분모끼리 먼저 계산되어야 하는 식이다. 그러므로 분자는 분자끼리 괄호로 묶여 있고 분모는 분모끼리 괄호로 묶여 있는 것이다. 또 (iii) 분모와 분자를 약분하려면 같은 공

약수로서 약분해야 함을 인식해야 한다. 분수식 $\frac{P(x)}{Q(x)}$에서 $P(x)$, $Q(x)$의 최대공약수를 G, $P=pG$, $Q=qG$라 하면 분모 분자에 공약수로 약분하면

$$\frac{P(x)}{Q(x)}=\frac{p(x)\cancel{G}(x)}{q(x)\cancel{G}(x)}=\frac{p(x)}{q(x)}$$

이다. 그러므로 분모와 분자의 약분은 '같은 수를 서로 지운다'는 설명보다는 '공약수를 구해서 분모와 분자에 공약수로 나누어 준다'는 설명이 개념을 충실히 반영하면서도 오류를 줄이는 방법이 될 수 있다.

분자와 분모를 각각 인수분해해 보면

$$x^3+x=x(x^2+1),\qquad x^2+x=x(x+1)$$

으로 최대공약수는 x니까 분모와 분자에 각각 x로 나누어야 해. 그러므로

$$\frac{x^3+x}{x^2+x}=\frac{\cancel{x}(x^2+1)}{\cancel{x}(x+1)}=\frac{x^2+1}{x+1}$$

이지. 이제 분모와 분자의 공통 인수가 없으므로 약분할 수 없어. 한편 두 번째 문제에서도 분자와 분모는 각각 $2x^2+6x=2x(x+3)$, $2x$로 공통 약수가 $2x$이므로 분모와 분자에 공통인수로 나누면 다음과 같아.

$$\frac{2x^2+6x}{2x}=\frac{\cancel{2}\cancel{x}(x+3)}{\cancel{2}\cancel{x}}=x+3$$

1 다음 식의 계산에서 잘못된 부분을 말하시오.

(1) $\frac{xy}{2xy+y^2}=\frac{\cancel{xy}}{2\cancel{xy}+y^{\cancel{2}}}=\frac{1}{2+y}$

(2) $\frac{2xy+y^2}{xy}=\frac{2\cancel{xy}+y^{\cancel{2}}}{\cancel{xy}}=2+y$

(3) $\frac{x^2+2}{x^2+3x+2}=\frac{\cancel{x^2}+\cancel{2}}{\cancel{x^2}+3x+\cancel{2}}=\frac{1}{3x}$

약수와 배수 - 수와 식의 공약수

1 다음 문제에 대한 풀이가 옳은가?

문제 두 수 $5^{68}-1$과 $5^{51}+5^{34}-5^{17}-1$의 최대공약수를 구하시오.

풀이 $x=5^{17}$이라 하면 다음과 같다.

$$5^{68}-1=x^4-1=(x^2-1)(x^2+1)$$
$$5^{51}+5^{34}-5^{17}-1=x^3+x^2-x-1=(x^2-1)(x+1)$$

두 식 x^2+1과 $x+1$은 서로소이므로 x^4-1과 x^3+x^2-x-1의 최대공약수는 x^2-1이다. 따라서 $5^{68}-1$과 $5^{51}+5^{31}-5^{17}-1$의 최대공약수는 $5^{34}-1$이다.

해설 및 풀이

두 식 A, B가 식으로서 공통인수 Q를 가지면 모든 x에 대하여 $Q(x)$는 $A(x)$, $B(x)$의 공통인수가 된다. 하지만 두 식 A, B가 서로소이면 '모든 x에 대하여 $Q(x)$는 $A(x)$, $B(x)$의 공통인수이다'가 아니므로 어떤 x에 대하여 $Q(x)$는 $A(x)$, $B(x)$의 공통인수가 될 수 있다. 즉 어떤 x에 대하여 수로서는 $A(x)$, $B(x)$의 공통인수가 되더라도 다항식으로서 A, B는 서로소일 수 있다.

1 '식 x^2-1과 $x-1$은 공통인수 $x-1$을 갖는다'라는 것은 모든 x에 대하여 공통인수가 $x-1$이라는 뜻이다. 그런데 식으로서는 x^2+1과 $x+1$이 서로소이지만 특정한 수 x에 대해서는 서로소가 아닐 수도 있다. 예를 들어 x가 홀수이면 x^2+1과 $x+1$은 모두 짝수이므로 서로소가 아니다. 실제로 $x=5^{17}$일 때, 두 수 $5^{34}+1$과 $5^{17}+1$은 모두 짝수이므로 서로소가 아니다. 따라서 x^2+1과 $x+1$은 식으로서는 서로소이지만 $x=5^{17}$일 때는 서로소가 아니므로 최대공약수는 $5^{34}-1$이 아니다.

1 다음 두 식의 최대공약수를 구하시오.

$$x^4-1, \quad (x^2-1)^2(2x+1)$$

또 $x=2$일 때 두 수의 최대공약수를 구하시오.

다항방정식 - 인수와 체공리

1 방정식 $2x^2-5x-3=0$의 풀이에 대한 네모 안의 선생의 대답을 말하고 학생의 마지막 질문에 답하시오.

선생: 이차방정식 $2x^2-5x-3=0$을 인수분해하면

$$\begin{array}{cccccl} 2x^2 & -5x & -3 & = & (2x+1)(x-3)=0 \\ 2 & & 1 & = & 1 \\ & \times & & & \\ 1 & & -3 & = & -6 \end{array}$$

이므로 $2x+1=0$ 또는 $x-3$이야. 이제 $2x+1=0$에서 1을 좌변에서 우변으로 넘기면 -1이 되므로 $2x=-1$이고, 다시 2를 좌변에서 우변으로 넘기면 $x=-\dfrac{1}{2}$이지. 같은 방법으로 $x-3=0$에서 -3을 좌변에서 우변으로 넘기면 3이므로 $x=3$이지. 따라서 해는 $x=-\dfrac{1}{2}$ 또는 $x=3$이야.

학생: 선생님, 1을 넘기면 $-$가 붙고 2를 넘기면 분수가 되잖아요. 어떤 것은 등호를 넘기면 $-$가 붙고 어떤 것은 분수가 돼요?

선생: 그것은 항을 전체로 옮기면 $-$가 붙고 항의 일부를 넘기면 분수가 돼. 이는 체공리의 덧셈에 대한 역원과 곱셈에 대한 역원을 이용한 계산으로 다음과 같은 연산이 들어 있어.

학생: 그런데 인수분해는 왜 저렇게 계수를 곱하고 더하는 과정으로 맞춰서 해요?

선생: 인수분해는 원래 분배법칙의 역으로 인수를 찾으려면 약간의 직관이 필요해. 그런데 이차식이 $ax^2+bx+c=(px+q)(rx+s)$로 인수분해된다면

$$ax^2+bx+c=(px+q)(rx+s)=prx^2+(ps+qr)x+qs$$

이므로

$$\begin{array}{cccccl} ax^2 & +bx & +c & = & (px+q)(rx+s) \\ p & & q & = & qr \\ & \times & & & \\ r & & s & = & ps \end{array}$$

으로 도식화할 수 있으니 이렇게 하는 거야.

> 학생: 아, 그렇네요. 끝으로 $(2x+1)(x-3)=0$ 으로부터 $2x+1=0$ 또는 $x-3=0$이 되는 이유는 무엇인가요? 예를 들어 정수를 6으로 나누었을 때의 나머지의 집합 $\mathbb{Z}_6=\{0, 1, 2, 3, 4, 5\}$에서 $2 \cdot 3=0$이지만 2와 3은 0이 아니잖아요. 또 행렬의 계산에서 $AB=0$이지만 $A \neq 0$, $B \neq 0$인 경우도 있잖아요. 그런데 두 다항식의 곱이 0이 되면 둘 중 하나는 반드시 0이 되어야 하나요?

해설 및 풀이

1 이차방정식의 풀이에 대한 대화이다. 이차방정식의 풀이 과정에는 인수분해와 대수적 조작으로 답을 구할 수 있다. 방정식의 계산에서 항을 등호를 넘기면 부호가 바뀌고, 곱의 일부를 등호를 넘기면 분수의 분모로 바뀐다는 설명을 학교 현장에서는 많이 한다. 이런 계산의 내막에는 체 공리가 있음을 알아야 한다.

> $2x+1=0$이면
>
> $$2x=2x+0=2x+\{1+(-1)\}=(2x+1)+(-1)=0+(-1)=-1$$
>
> 이고
>
> $$x=2^{-1}(2x)=2^{-1}\times(-1)=-\frac{1}{2}$$
>
> 인 거지. 또 $x-3=0$로부터 다음을 얻을 수 있지.
>
> $$x=x+0=x+\{(-3)+3\}=\{x+(-3)\}+3=(x-3)+3=0+3=3$$

끝으로 체에서는 두 수의 곱이 0이면 둘 중의 하나는 0이 되는 것은 실수집합의 체공리로부터 나온다. 실제로 $ab=0$이면 $a=0$ 또는 $b=0$이다. 만약 $a \neq 0$이면

$$b=1 \cdot b=(a^{-1}a)b=a^{-1}(ab)=a^{-1} \cdot 0=0$$

이다. $b \neq 0$이면 같은 방법으로 $a=0$임을 증명할 수 있다. 다항식은 미지수 x가 실수이면 다항식의 값도 실수이므로 어떤 실수 x에 대하여 $P(x)Q(x)=0$이면 $P(x)=0$ 또는 $Q(x)=0$이다.

1 행렬의 곱셈에서 $AB=0$이지만 $A \neq 0$이고 $B \neq 0$인 예를 드시오.

다항방정식 - 복소수 해

1 다음의 정리를 증명하였다는 주장에 대하여 <보기> 중 어떻게 답할 것인가?

정리 복소수에서는 0이 아닌 두 수의 곱이 0이 될 수 있다.

증명 분배법칙에 의하여

$$(\sqrt{2i}-1-i)(\sqrt{2i}+1+i)$$
$$=2i+\sqrt{2i}+i\sqrt{2i}-\sqrt{2i}-1-i-i\sqrt{2i}-i+1=0$$

이고 $\sqrt{2i}-1-i\neq 0$, $\sqrt{2i}+1+i\neq 0$이므로 0이 아닌 두 복소수의 곱이 0이다.

① 복소수에서는 0이 아닌 두 복소수의 곱이 0이 될 수 있네.

② 아니야, $\sqrt{2i}=1+i$이잖아.

③ 아니야, $\sqrt{2i}=-1-i$이잖아.

④ 아니야, $(\sqrt{2i}-1-i)(\sqrt{2i}+1+i)=0\cdot z$가 되는 어떤 복소수 z가 존재하여 0이 된 거야.

⑤ 곱하는 두 수 $\sqrt{2i}-1-i$, $\sqrt{2i}+1+i$ 중에서 적어도 하나는 복소수가 아닌 다른 수야.

⑥ 어느 것인지는 모르지만 $\sqrt{2i}-1-i=0$, $\sqrt{2i}+1+i=0$ 둘 중의 하나는 반드시 성립하므로 주장은 옳지 않아.

해설 및 풀이

1 복소수는 체이므로 '$ab=0$이면 $a=0$ 또는 $b=0$이다' 즉 0이 아닌 두 복소수의 곱은 0이 될 수 없다. 그러므로 $\sqrt{2i}$는 $1+i$이든가 $-(1+i)$이라야 한다. 실제로 $\sqrt{2i}=a+bi$라 하면 $2i=(a+bi)^2=a^2-b^2+2abi$이므로 $a=b=\pm 1$ 즉 $\sqrt{2i}=1+i$ 또는 $\sqrt{2i}=-1-i$이다. 또 복소수 지수의 정의를 이용해봐도

$$\sqrt{2i}=e^{\frac{1}{2}\log 2i}=e^{\frac{1}{2}(\ln 2+i\frac{\pi}{2}+2k\pi i)}=\pm\sqrt{2}\,e^{\frac{\pi i}{4}}=\pm(1+i)$$

이므로 $\sqrt{2i}-1-i=0$ 또는 $\sqrt{2i}+1+i=0$이다. 이때 어느 하나의 값으로 정해지는 것이

아니라 가지함수에 의하여 둘 중의 하나는 반드시 성립해야 한다. 그러므로 ⑥이 적절하다.

1 $Z_6 = \{0,\ 1,\ 2,\ 3,\ 4,\ 5\}$에서 $ab = 0$ 이지만 $a \neq 0$이고 $b \neq 0$ 인 예를 들고, 다음 방정식을 푸시오.

(1) $x^2 = 4$

(2) $x^3 - 6x^2 + 5x = 0$

또 소수 p에 대하여 Z_p 에서는 '$ab = 0$ 이면 $a = 0$ 또는 $b = 0$'임을 보이시오.

다항방정식 - 인수정리

1 다음 대화를 보고 학생의 마지막 질문에 어떻게 답할 것인가?

학생: 이차방정식 $ax^2+bx+c=0$의 해가 두 개 이하인 이유는 무엇인가요?

선생: 좌변의 이차식을 복소수 범위에서 인수분해하면 어떤 복소수 α, β에 대하여 $a(x-\alpha)(x-\beta)=0$이므로 복소수에서 해가 2개밖에 안 나온다.

학생: 방정식에서 인수분해가 되지 않지만 해가 존재하는 경우도 있잖아요. 예를 들어 $e^x-1=0$ 또는 $\sin x=x$와 같은 경우는 인수분해가 안 되지만 해가 존재해요. 이처럼 이차방정식의 인수분해로부터 구해지지 않는 해가 존재할 수도 있지 않습니까?

해설 및 풀이

실수에서는 다항식을 인수분해하면 차수가 2 이하인 다항식의 곱으로 나타낼 수 있고, 복소수의 범위에서 일차식으로 인수분해할 수 있다. 그런데 $P(\alpha)=0$이면 $z-\alpha$를 인수로 가지므로 복소수에서는 그 인수들로만 구성된 해를 갖는다. 그러므로 다항식의 해를 찾는 방법은 인수를 찾으면 되고 인수를 찾기 위해서는 인수분해하면 된다. 인수를 찾는 일반적인 방법은 없고 계수가 유리수인 다항식에 대한 인수정리가 있다.2)

계수가 정수인 방정식이 유리수 해를 갖지 않으면 인수정리를 적용할 수 없다. 이런 경우에도 실수집합의 범위에서는 이차식 이하의 다항식, 특히 일차식으로만 구성된 다항식으로 인수분해될

---

2) **인수정리** $a_0, a_1, a_2, \cdots, a_n$ (단, $a_n \neq 0$)은 정수이고 방정식

$$a_nx^n+a_{n-1}x^{n-1}+\cdots+a_0=0$$

가 유리수 $r=\frac{p}{q}$ (단, p와 q는 서로소)을 해로 가지면 p는 a_0의 약수이고 q는 a_n의 약수이다.

증명 $r=\frac{p}{q}$가 방정식의 해이면

$$a_n\left(\frac{p}{q}\right)^n+a_{n-1}\left(\frac{p}{q}\right)^{n-1}+\cdots+a_1\left(\frac{p}{q}\right)+a_0=0$$

이므로 양변에 q^n을 곱하여 정리하면

$$a_np^n=-q\left(a_{n-1}p^{n-1}+a_{n-2}p^{n-1}q+\cdots+a_0q^{n-1}\right)$$

이다. p와 q는 서로소이므로 q는 a_n을 나누어야 한다. 한편 위의 식으로부터

$$a_0q^n=-p\left(a_np^{n-1}+a_{n-1}p^{n-2}q+\cdots+a_1q^{n-1}\right)$$

이다. p와 q는 서로소이므로 p는 a_0를 나누어야 한다.

수 있다. 그러므로 정수 계수의 다항식이 일차식으로 인수분해된다고 해서 유리수를 해로 가질 필요는 없다. 예를 들어 x^4-5x^2+6 은 정수 계수를 갖고 인수정리를 적용할 수는 없지만

$$x^4-5x^2+6=(x^2-2)(x^2-3)=(x-\sqrt{2})(x+\sqrt{2})(x-\sqrt{3})(x+\sqrt{3})$$

과 같이 인수분해된다.

1 함수식을 곱으로만 나타내면 그 함수의 특성을 관찰할 수 있을 뿐만 아니라 체에서는 해를 구할 수도 있다. 인수분해가 되지 않아도 해가 존재할 수 있지만 다항식인 경우 $x=\alpha$를 해로 가지면 복소수 범위에서 인수정리에 의해 $x-\alpha$를 인수로 가지는 다항식의 곱으로 인수분해가 되어야 한다. 즉 $P(x)=0$가 $x=\alpha$를 해로 가지면 $P(x)=(x-\alpha)Q(x)$인 다항함수 Q가 존재한다. 이제 $P(x)=0$가 $x=\beta$를 해로 가지면 $Q(x)=0$가 $x=\beta$를 해로 가지므로 $Q(x)=(x-\beta)R(x)$인 다항함수 R가 존재한다. 이와 같은 과정을 계속하면 $P(x)=0$가 $x=x_1$, $x=x_2$, $\cdots$, $x=x_n$을 해로 갖는 경우 $P(x)=(x-x_1)(x-x_2)\cdots(x-x_n)\widetilde{P}(x)$가 되어야 한다. 그러므로 $x=\alpha$를 해로 가지면 $P(x)$는 $(x-\alpha)$를 인수로 가져야 한다. 역으로 $P(x)$가 $(x-\alpha)$를 인수로 가지면 $x=\alpha$가 $P(x)=0$의 해임은 자명하다.

1 다음 방정식의 해를 구하시오.

(1) $x^4-x^2-2=0$

(2) $x^4-3x^2+1=0$

다항방정식 - 이차방정식과 판별식

1 다음 명제가 참인지 또는 거짓인지를 말하시오. (단, a, b, c는 복소수이다.)

(1) 모든 실수 x에 대하여 $ax^2+bx+c>0$이면 $b^2-4ac<0$이다.

(2) $ax^2+bx+c=0$가 서로 다른 두 실근을 가지면 $b^2-4ac>0$이다.

(3) $b^2-4ac>0$이면 $ax^2+bx+c=0$은 서로 다른 두 실근을 갖는다.

(4) $b^2-4ac=0$은 $ax^2+bx+c=0$이 중근을 갖기 위한 필요충분조건이다.

해설 및 풀이

이차방정식 또는 이차부등식의 해와 판별식의 관계에 대한 질문이다. 이차방정식의 실근의 개수를 판별하는 판별식은 계수가 모두 실수일 때 성립하는 성질이다.

1 이차방정식의 두 근을 $x=\alpha+\beta i$, $x=\gamma+\delta i$라 하면

$$a(x-\alpha-\beta i)(x-\gamma-\delta i)=a(x^2-(\alpha+\gamma+\beta i+\delta i)x+(\alpha+\beta i)(\gamma+\delta i))=0$$

로부터 판별식은 다음과 같다.

$$b^2-4ac=a^2\{(\alpha-\gamma)+(\beta-\delta)i\}^2$$

(1) 모든 실수 x에 대하여 ax^2+bx+c가 실수이므로 a, b, c 실수이고 판별식에 의하여 참이다.

(2) 서로 다른 두 실근을 가지면 $\beta=\gamma=0$이므로

$$b^2-4ac=a^2(\alpha-\gamma)^2$$

이다. 그러므로 $a=i$이면 $b^2-4ac<0$이다. 예를 들어 $ix^2-ix=0$를 생각해보라.

(3) $x^2-2ix-2=0$이면 $b^2-4ac=4>0$이지만 방정식의 해는 $x=i\pm1$이다.

(4) 중근을 갖기 위한 필요충분조건은 $\alpha=\gamma$, $\beta=\delta$이므로 $b^2-4ac=0$이다. 이때 중근은 복소수일 수도 있고 계수 a, b, c도 복소수일 수 있다.

1 다음 방정식이 실근을 갖는지 말하고 $D = b^2 - 4ac > 0$ 인지를 말하시오.

(1) $x^2 + ix - 1 = 0$

(2) $ix^2 - ix - 2i = 0$

(3) $x^2 - i = 0$

(4) $x^2 - 2ix - 1 = 0$

다항방정식 - 이차방정식의 기하적 풀이

1 다음 대화를 보고 학생의 질문에 어떻게 답할 것인지 말하시오.

선생: 이차방정식의 해를 찾는 방법은 오래전부터 알려져 있었는데 그중에서 기하적인 풀이법을 소개해주지. 이차방정식 $x^2+10x=39$는 아래 왼쪽 그림으로부터 $(x+5)^2=39+25=64$이니까 $x=3$이지.

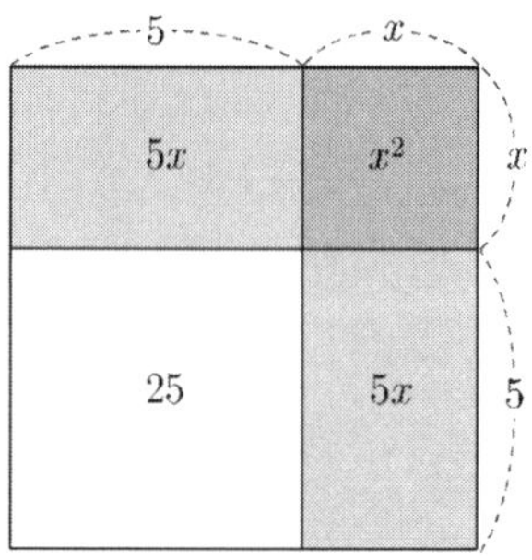

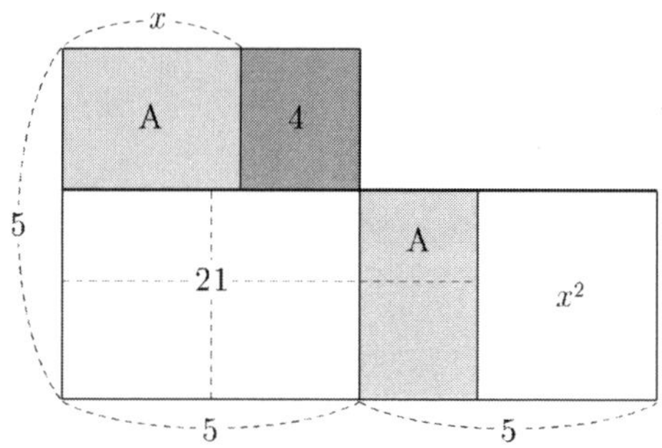

또 위의 오른쪽 그림으로부터 $x^2+21=10x$의 해는 $x+2=5$로부터 $x=3$이지.

학생: 첫 번째 설명은 금방 이해가 되는데 두 번째 풀이는 설명 좀 해주세요.

선생: 넓이가 x^2인 정사각형에 세로가 x이고 넓이가 21인 직사각형을 덧붙여. 그러면 방정식으로부터 가장 긴 직사각형의 넓이는 $10x$가 돼지. 그 직사각형의 세로가 x이니까 가로는 10이지. 길이가 10인 직사각형을 이등분한 직사각형 위에 직사각형 A를 눕혀서 붙인 그림이야. 그러면 흰색 부분과 A부분 넓이의 합이 21이고 정사각형의 넓이가 25이니까 위 구석의 작은 사각형은 넓이가 4이지. 그런데 그 사각형은 직사각형 A의 가로변을 한 변으로 하는 정사각형이야. 그러므로 A의 짧은 변이 2이므로 $x=3$이 돼지.

학생: 그러면 또 다른 실수 해 $x=7$을 찾는 그림도 그릴 수 있나요? 또 다음과 같은 방정식을 풀기 위한 그림도 그릴 수 있나요?

$$x^2-4x=60$$
$$x^2-45=4x$$
$$x^2+4x=-3$$
$$x^2+4=-5x$$

해설 및 풀이

1 이차방정식의 풀이를 기하적 그림으로 나타내면 음수를 표현할 수 없다. 그러므로 음수가 나타나는 해를 표현할 방법은 없다. 하지만 이차방정식 $x^2+21=10x$ 의 또 다른 해 $x=7$ 을 그림으로 구할 수 있다. 예를 들어 다음 그림에서 넓이가 x^2 인 정사각형(큰 흰 직사각형 + A + B)에 넓이가 21 인 직사각형(작은 흰 직사각형 + A′)를 붙여 놓은 그림이다. 이차방정식 $x^2+21=10x$ 이므로 전체 직사각형의 가로의 길이는 10 이다. 가로의 중점에 선분을 그려 전체 직사각형을 이등분하고, 넓이가 21 인 직사각형의 세로 변에 한 변의 길이가 5 인 정사각형이 생기도록 가로 선분을 그려 넣는다. 그러면 A는 세로가 5 인 직사각형이고, 이를 가로로 눕혀 올리면 A= A′+ B가 된다. 그런데 (작은 흰 직사각형 + A)의 넓이는 (작은 흰 직사각형 + A′ + B)의 넓이와 같고 (작은 흰 직사각형 + A) = 25, (작은 흰 직사각형 + A′) = 21이므로 B의 넓이는 4 이다. B 는 가로와 세로가 모두 A 의 가로와 같은 정사각형이므로 A 의 가로의 길이 a 는 2 이다. 따라서 $x=5+a=7$ 이다.

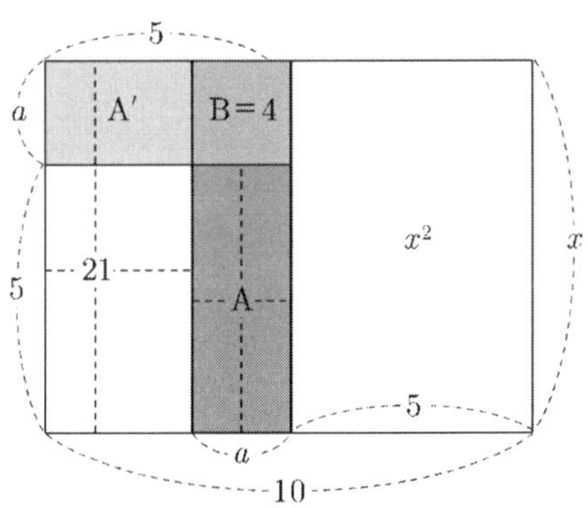

또 다음 그림으로부터 방정식 $x^2-4x=60$과 $x^2-45=4x$ 의 해를 각각 구할 수 있다.

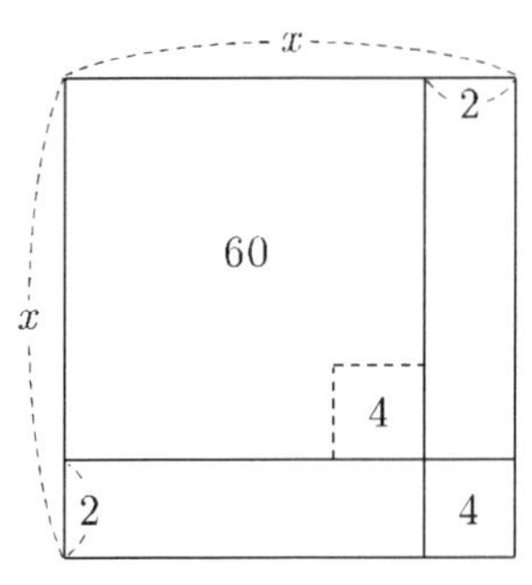

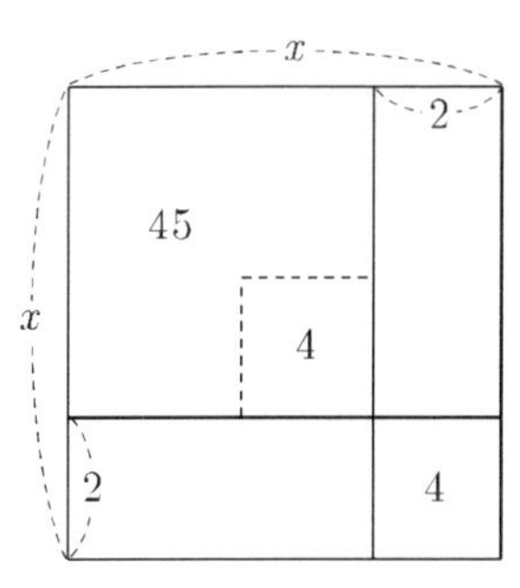

하지만 마지막 두 식은 x가 음수이므로 기하적 선분의 길이로 나타낼 수 없다. 그러므로 방정식을 표현하는 기하적 도형의 그림을 그릴 수 없다.

1 다음 방정식을 기하적으로 풀어보시오.

(1) $x^2 - 2x = 1$

(2) $x^2 + 1 = 4x$

다항방정식 - 부등식의 해와 논증

1 다음 대화를 보고 학생의 질문에 어떻게 답할 것인지 말하시오.

선생: 부등식 $x^2-3x+2>0$의 해는 함수의 그래프를 이용하여 구할 수 있다. 먼저 함수 $f(x)=x^2-3x+2$의 그래프에서 $f(x)>0$인 부분은 $x<1$ 또는 $x>2$이다. 그러므로 부등식의 해는 $x<1$ 또는 $x>2$이다.

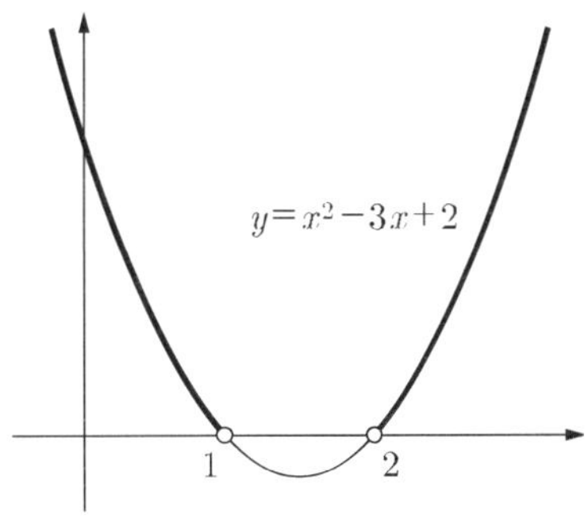

학생: 함수 $y=f(x)$의 그래프와 $y=0$인 그래프의 위쪽을 부등식의 해로 표시하였잖아요. 그런데 함수의 그래프는 시각적 설명으로 연역적 논증이라고 하기는 어렵잖아요. 실제로 함수의 그래프가 $x<1$ 또는 $x>2$일 때 $f(x)>0$이고, $1<x<2$일 때 $f(x)<0$인 것을 보일 수 있나요? 또 그래프를 그리지 않고 증명하는 방법은 없나요?

해설 및 풀이

증명을 시각화하여 보여주면 학습자는 쉽게 이해하고 기억하는 장점이 있다. 그러므로 방정식이나 부등식을 함수의 개념이나 그래프를 이용하여 설명하고 푸는 방법은 분명 쉽고도 효율적이다. 이런 방식의 풀이나 설명은 수학 문제 해결에 가장 중심적인 아이디어를 보여준다. 하지만 수학적 증명은 연역적 증명만을 인정하므로 그래프를 이용한 시각적 정당화는 엄밀한 수학적 증명이라 하긴 어렵다. 시각적 설명을 수학적 논증으로 바꾸는 것이 어렵지는 않지만 중·고등학교에서는 그런 시도가 거의 이루어지지 않는다. 위의 함수의 그래프를 이용한 설명도 논증으로 바꾸어 설명할 수 있다.

함수의 증감을 증명하고 $x>2$일 때 $f(x)>f(2)$이고, $x<1$일 때 $f(x)>f(1)$이고, $1<x<2$일 때 $f(x)<f(2)$임을 증명하여 논증할 수 있다. 이런 논증이 학생들의 흥미를 떨

어뜨릴 수도 있지만 보다 일반적인 문제를 푸는 데 도움을 줄 수 있는 장점도 있다. 예를 들어 분수부등식 $\frac{x}{x^2-1}<1$의 해를 구하는 문제를 풀기 위하여 함수 $f(x)=\frac{x}{x^2-1}$의 그래프를 그리는 것은 쉬워 보이지 않는다. 이런 경우 분모의 부호에 따라 부등식을 풀거나, 분수부등식을 다항부등식으로 바꾸어 푸는데 부등식을 유지하기 위하여 분모의 제곱을 양변에 곱하는 아이디어는 논증하면서 얻을 수 있는 사고의 결과이다. 그러므로 위의 부등식은 $(x^2-1)^2$을 양변에 곱한 부등식 $x(x^2-1)<(x^2-1)^2$을 푸는 것과 같다.

1 부등식의 해를 구하는 일차적인 논증은 (양수)×(양수) > 0, (음수)×(음수) > 0, (양수)×(음수) < 0인 성질을 이용하여 계산할 수 있다. 부등식의 좌변을 인수분해하면 $(x-1)(x-2)>0$이므로 부등식의 해는 $(x-1>0,\ x-2>0)$ 또는 $(x-1<0,\ x-2<0)$이다. 그러므로 $x>2$ 또는 $x<1$이다.

별해 함수의 미분을 이용하면 $f'(x)=2x-3$이므로 $x>2$일 때 f는 증가하므로 $f(x)>f(2)=0$이고, $x<1$일 때는 감소하므로 $f(x)>f(1)=0$이다. 또 $1<x<\frac{3}{2}$에서는 감소하므로 $f(x)<f(1)=0$이고, $\frac{3}{2}<x<2$에서는 증가하므로 $f(x)<f(2)=0$이다.

별해 $x>2$일 때, $f(x)=(x-2)(x-1)>(x-2)\cdot 1>0$

$x<1$일 때, $f(x)=(x-2)(x-1)>(-1)\cdot(x-1)=1-x>0$

$1<x<2$일 때, $f(x)=(x-1)(x-2)<x-2<0$

1 다음 부등식의 해를 구하시오.

(1) $x^2+x<1$

(2) $\frac{x-2}{x}\le 1$

(3) $x|x-3|<1$

(4) $\frac{x}{x^2-1}\le 1$

다항방정식 - 삼차방정식의 근의 공식

1 다음 방정식을 푸시오.

(1) $x^3 - x^2 - 4x - 2 = 0$ (2) $x^3 + 6x - 2 = 0$

해설 및 풀이

1 고차방정식은 인수분해하여 차수가 낮은 방정식으로 고치거나 인수정리를 이용하여 차수를 낮추어 푸는 것이 일반적인 방법이다. 차수가 낮은 방정식으로 고치기 어렵거나 유리수 해를 갖지 않아 인수정리를 적용하기 어려운 경우도 있다. 이런 경우 삼차방정식과 사차방정식은 근의 공식을 이용하여 해를 구할 수 있다. [부록 7: 고차방정식의 해법]을 참조하라.

(1) $f(x) = x^3 - x^2 - 4x - 2$라 하면 $f(-1) = 0$이므로 $f(x) = (x+1)(x^2 - 2x - 2)$이다. 그러므로 방정식의 해는 $x = -1$ 또는 $x = 1 \pm \sqrt{3}$이다.

(2) 2의 약수 ± 1, ± 2를 대입해도 방정식을 만족시키는 수가 없으므로 유리수의 해를 갖지 않는다. 그러므로 인수정리를 이용하여 차수를 낮출 수 없다. 삼차방정식의 일반해를 구하는 방법으로 해를 찾아보자. 먼저 해를 $x = u + v$로 나타내면

$$(u+v)^3 + 6(u+v) - 2 = 0, \quad \text{즉} \quad u^3 + v^3 + (3uv + 6)(u+v) - 2 = 0$$

이므로 $3uv + 6 = 0$, $u^3 + v^3 - 2 = 0$인 u, v를 찾으면 된다. u^3, v^3을 해로 갖는 이차방정식은 $t^2 - 2t - 8 = 0$이므로 $t = -2$ 또는 $t = 4$이다. 즉 $u^3 = -2$, $v^3 = 4$이다. 따라서 $u = -\sqrt[3]{2}$, $v = \sqrt[3]{4}$이므로 방정식의 한 근은 $x = \sqrt[3]{4} - \sqrt[3]{2}$이다. 한편 $\omega^3 = 1$인 ω에 대하여 ωu, $\omega^2 v$인 경우와 $\omega^2 u$, ωv인 경우에도 방정식의 해가 되므로 세 근은

$$x = \sqrt[3]{4} - \sqrt[3]{2}, \quad \omega\sqrt[3]{4} - \omega^2\sqrt[3]{2}, \quad \omega^2\sqrt[3]{4} - \omega\sqrt[3]{2}$$

이다.

1 다음 방정식을 푸시오.

(1) $x^4 - x^2 + 1 = 0$ (2) $x^4 + 3x^3 + 4x^2 + 3x + 1 = 0$

(3) $x^3 + 6x^2 + 4 = 0$ (4) $x^3 - 15x - 4 = 0$

방정식 - 방정식의 분류

1 다음 수식이 방정식인지 말하시오. 또 방정식이면 항등식, 부정, 불능인지 말하시오.

(1) $2x-3=x-3+x$

(2) $2x=2x+1$

(3) $2x-5=y-2x$

(4) $\sin x=2$

(5) $|x+1|+|x-1|=2$

(6) $\log(x^2-1)=1+\log x$

(7) $e^x+1=x^2$

(8) $\frac{1}{x}=x+2$

(9) $\sqrt{x+1}=x$

(10) $|x|+1=x^2-3x$

해설 및 풀이

일반적으로 수식은 등호가 포함된 식과 부등호가 포함된 식 그리고 등호와 부등호가 없는 식으로 나눌 수 있다. 이때 등호가 포함된 식을 등식이라 하고 부등호가 포함된 식을 부등식이라 한다. 또 등식은 방정식과 항등식으로 분류할 수 있고, 방정식은 다시 해의 존재성에 따라 부정방정식, 방정식, 불능방정식으로 나눌 수 있다. 여기서 항등식은 미지수의 모든 값이 해가 되는 등식이고, 방정식은 해가 존재하지 않는 불능방정식, 유한한 해를 갖는 방정식, 무수히 많은 해를 갖는 부정방정식으로 나뉜다. 예를 들어 $x+3=x-1$은 불능, $x+3=2$는 방정식, $x+3=2x+(3-x)$은 항등식이면서 부정이다.

- 수식
  - 등식
    - 방정식
      - 부정
      - 방정식
      - 불능
    - 항등식
  - 부등식
  - 등호와 부등호가 없는 식

항등식은 모든 x에 대하여 등식을 만족시키는 식이고 부정방정식은 해가 무수히 많은 등식으로 차이가 있다. 예를 들어 방정식 $\sin x = 1$은 항등식은 아니고 부정방정식이다. 또 연립방정식 $\begin{cases} 2x - y = 1 \\ 4x - 2y = 2 \end{cases}$의 해는 $y = 2x - 1$인 직선 위의 모든 점이 해이므로 무수히 많은 해가 존재하지만 모든 $(x,\ y)$가 해가 되는 것은 아니다. 그러므로 이 연립방정식은 부정방정식이지만 항등식은 아니다. 주어진 식이 항등식인지 방정식인지를 판별할 수 있는 형식적인 방법은 없고 식을 정리하고 풀어보아야 방정식인지 항등식인지를 알 수 있다. 또한 방정식도 풀어보아야 부정, 불능, 방정식인지를 알 수 있다.

항등식은 문제를 풀라는 개념보다는 정체성에 대한 선언적 의미를 보여주는 것으로 '~은 ~이다'라는 표현이다. 같은 대상을 서로 다르게 보았을 때 관점의 차이에서 오는 다른 점을 의미하며, 모든 점에서 같은 값을 가질 때에만 항등식이 된다. 그러므로 항등식은 때로는 공식처럼 읽히기도 한다. 예를 들어 '$x^3 + 1 = (x+1)(x^2 - x + 1)$' 또는 '$\sin 2x = 2\sin x \cos x$' 또는 '$|x| < 1$일 때 $\sum_{n=1}^{\infty} x^n = \frac{1}{1-x}$'은 문제의 해를 구하라는 방정식이라기보다는 좌변은 우변과 같음을 선언하는 의미로 읽어야 한다. 영어로 표현하면 식(expresssion), 방정식(equation), 항등식(identity), 공식(formula) 정도 되겠다.

일반적으로 방정식이라 하면 다항방정식을 의미한다. 하지만 방정식은 등식을 미지수에 대한 함수로 나타내어 $f(x,\ y) = 0$와 같은 형태로 쓸 때 함수 f의 종류에 따라 이름 지어지기 때문에 다항방정식에 국한되지 않고 다양한 이름의 방정식이 있다. 예를 들어 다항방정식과 함수방정식(무리방정식, 유리방정식, 지수방정식, 로그방정식, 삼각방정식 등) 등으로 분류할 수 있다. 또 미지수가 얽혀있는 방정식의 개수에 따라 방정식과 연립방정식으로 분류할 수 있고, 다항식의 사칙연산으로 이루어진 방정식을 일반적으로 대수방정식이라 하고 미분이 들어있는 방정식을 미분방정식이라 하고 적분이 들어있는 방정식을 적분방정식이라 한다.

중·고등학교에서 배우는 방정식은 다항식과 등식으로 이루어진 방정식, 무리방정식, 유리방정식을 조금씩 다룬다. 방정식은 일반적인 풀이법이 있는 일차방정식, 이차방정식, 고차방정식의 해법을 다루고 있으며, 유리방정식은 분모를 통분하여 정리한 후 다항방정식으로 바꾸어 풀고, 무리방정식은 제곱이나 세제곱을 하여 다항방정식으로 바꾸어 풀이한다. 연립방정식으로는 연립일차방정식 또는 연립이차방정식을 다룬다. 연립방정식의 풀이는 가감법, 대입법, 소거법을 배우며 행렬을 배우고 난 후 일반적인 연립방정식의 풀이를 배운다. 연립일차방정식은 해를 갖지 않거나, 하나의 해를 갖거나, 무수히 많은 해를 갖는 세 가지 경우 중 하나이다. 예를 들어 연립일차방정식

$$\begin{cases} ax+by=c \\ a'x+b'y=c' \end{cases}$$

은 다음과 같이 세 가지 경우로 나눌 수 있다.

(i) 해를 갖지 않는 경우 $\left(\dfrac{a}{a'}=\dfrac{b}{b'}\neq\dfrac{c}{c'}\right)$

(ii) 하나의 해를 갖는 경우 $\left(\dfrac{a}{a'}\neq\dfrac{b}{b'}\right)$

(iii) 무수히 많은 해를 갖는 경우 $\left(\dfrac{a}{a'}=\dfrac{b}{b'}=\dfrac{c}{c'}\right)$

일반적인 방정식의 경우는 해의 존재성에 대한 일반적인 분류 방법이 존재하지 않으며 그 풀이 방법도 존재하지 않는다.

1 (1) 항등식 (2) 불능 (3) 부정 (4) 불능 (5) 부정 (6) 로그방정식 (7) 불능 (8) 분수방정식 (9) 무리방정식 (10) 방정식

1 다음 식이 방정식, 항등식, 부정방정식, 불능방정식, 부등식인지 각각 말하시오.

(1) $x|x|=1$

(2) $\sin x=\cos x+2$

(3) $[2x]=[x]+2$

(4) $x^2\geq 0$

방정식 - 풀이와 검증

1 다음 문제의 풀이 방법에 따라 서로 다른 해가 나오는 이유를 설명하시오.

문제 구간 $-\pi \le x \le \pi$에서 방정식

$$\sin x - \cos x = 1$$

의 해를 구하시오.

풀이 1 $\sin x = 1 + \cos x$ 이므로 양변을 제곱하면

$$\sin^2 x = 1 + 2\cos x + \cos^2 x, \quad \text{즉} \quad 1 - \cos^2 x = 1 + 2\cos x + \cos^2 x$$

이므로 $2\cos x(\cos x + 1) = 0$이다. 따라서 $\cos x = 0$ 또는 $\cos x = -1$ 이므로 $x = \pm\frac{\pi}{2}$ 또는 $x = \pm\pi$ 이다.

풀이 2 삼각함수의 합성에 의하여

$$\sqrt{2}\sin\left(x - \frac{\pi}{4}\right) = 1, \quad \text{즉} \quad \sin\left(x - \frac{\pi}{4}\right) = \frac{1}{\sqrt{2}}$$

이다. $-\pi \le x \le \pi$이면 $-\frac{5}{4}\pi \le x - \frac{\pi}{4} \le \frac{3}{4}\pi$이므로 $x - \frac{\pi}{4} = \frac{\pi}{4}, \frac{3}{4}\pi, -\frac{5}{4}\pi$ 이다. 따라서 $x = \frac{\pi}{2}$ 또는 $x = \pm\pi$ 이다.

풀이 3 양변을 제곱하여 정리하면

$$(\sin x - \cos x)^2 = 1, \quad \text{즉} \quad \sin^2 x - 2\sin x\cos x + \cos^2 x = 1$$

이므로 $2\sin x\cos x = 0$ 이다. 따라서 $\sin x = 0$ 또는 $\cos x = 0$ 이므로 $x = \pm\frac{\pi}{2}$ 또는 $x = \pm\pi$ 이다.

해설 및 풀이

방정식의 풀이는 방정식을 만족시키는 해를 찾는 과정으로 그 결과는 일반적으로 해가 되기 위한 필요조건이지 충분조건은 아니다. 그러므로 해를 찾기 위해 양변을 제곱하는 등의 조작 과정

에서 원래 방정식이 아닌 제곱한 방정식의 해가 들어갈 수 있다. 예를 들어 방정식 $x-2=0$의 해를 찾기 위하여 양변을 제곱하면 $x^2=4$가 되고, 이때 원래 방정식의 해가 아닌 $x=-2$가 제곱한 방정식의 해가 된다. 그러므로 풀이 과정이 끝나고 나면 풀이의 과정에서 얻은 값이 해가 되는지 확인하는 검증이 필요하다. 이와 같은 현상은 무리방정식이나 삼각방정식을 푸는 과정에서 흔히 생길 수 있는 현상이다.

1 풀이 1에서는 양변을 제곱하는 과정에서 음수의 해가 포함될 수 있다. 그러므로 $x=-\frac{\pi}{2}$, $-\pi$는 해가 되는지 확인해야 한다. 풀이 2에서 얻은 해는 모두 방정식의 해가 됨을 확인할 수 있다. 또 풀이 3에서도 제곱하는 과정이 들어있으므로 $x=-\frac{\pi}{2}$, $-\pi$는 해가 되는지 확인해야 한다.

1 다음 방정식을 푸시오.

(1) $\cos x+2\sin x=1$

(2) $\sqrt{3-x}=x-2$

방정식 - 함수의 성질과 해

■1 다음 대화를 보고 학생의 질문에 어떻게 답할 것인지 말하시오.

> 선생: 방정식 $2^{3x-1}=4$ 를 풀기 위해서 밑을 맞추어 주면 $2^{3x-1}=2^2$ 이므로 $3x-1=2$ 이다. 그러므로 방정식의 해는 $x=1$ 이지.
>
> 학생: 선생님, 지수방정식에서 $a^x=a^\alpha$ 이면 $x=\alpha$ 인가요?
>
> 선생: 밑이 같으니까 지수가 같아야 값이 같지.
>
> 학생: 그런데요, $\sin x=\sin\frac{\pi}{6}$ 이면 $x=\frac{\pi}{6}$ 뿐만 아니라 $x=\frac{5\pi}{6}$ 도 해가 되잖아요. 실제로 $x=n\pi+(-1)^n\frac{\pi}{6}$ $(n\in\mathbb{Z})$는 모두 해가 되잖아요. 지수함수는 그렇게 풀어도 되나요? 부등식인 경우에는 더 황당해요. 예를 들어 $\sin x\le\sin\frac{\pi}{6}$ 이면 $x\le\frac{\pi}{6}$ 이 아니잖아요? 그런데 지수부등식 $2^x\le 2^\alpha$ 이면 $x\le\alpha$ 인가요?

해설 및 풀이

일반적인 방정식에서 다항식이 아니면 인수분해를 할 수 없지만 인수의 곱으로 표현할 수 있으면 방정식을 푸는데 유용할 수 있다. 예를 들어 $e^{2x}-e^x=0$ 에서 $e^x(e^x-1)=0$ 는 해를 찾는데 도움을 줄 수 있다. 또 $\sin 2x-\cos x=0$ 에서 $\cos x(2\sin x-1)=0$ 과 같이 인수의 곱으로 나타내면 방정식의 풀이에 도움을 준다. 한편 일반적인 해법이 없으므로 시각적으로 표현하기 위하여 함수의 그래프를 많이 이용한다.

함수방정식 $f(x)=0$ 에서 함수 f 가 일대일인지 또는 단조함수인지 또는 주기함수인지 등의 성질을 알면 방정식을 푸는데 도움이 된다. 또 $f(x)<0$ 와 같은 부등식을 풀 때는 함수가 일대일인 경우와 일대일이 아닌 경우(예를 들어 주기함수인 경우)는 많은 차이가 있다. 이때도 함수의 증가와 감소의 성질도 고려해야 한다. 예를 들어 함수 f 가 증가함수인 경우는 $f(x)<f(\alpha)$ 이면 $x<\alpha$ 이고, f 가 감소함수인 경우는 $f(x)<f(\alpha)$ 이면 $x>\alpha$ 이다. 하지만 주기함수인 경우는 이와 같이 단순하게 해를 얻을 수 없다.

■1 함수 $f(x)=2^x$ 는 순단조증가함수이므로 일대일이다. 그러므로 방정식 $f(3x-1)=f(2)$ 로부터 $3x-1=2$ 만이 해가 될 수 있다. 선생의 풀이는 함수 $f(x)=2^x$ 는 일대일임을 전제한

것이다. 한편 삼각함수 $g(x)=\sin x$는 일대일이 아니므로 $g(x)=g\left(\frac{\pi}{6}\right)$의 해는 $x=\frac{\pi}{6}$ 이외에도 존재할 수가 있다.

부등식 $2^x \le 2^\alpha$은 함수 $f(x)=2^x$에 대하여 $f(x) \le f(\alpha)$이고 함수 f가 순증가하므로 부등식의 해는 $x \le \alpha$이다. 하지만 $f(x)=\left(\frac{1}{2}\right)^x$인 경우는 f가 감소함수이므로 부등식 $\left(\frac{1}{2}\right)^x \le \left(\frac{1}{2}\right)^\alpha$의 해는 $x \ge \alpha$이다. 또 $g(x)=\sin x$와 같은 주기함수인 경우에는 더 복잡해진다. 그러므로 $\sin x \le \sin\frac{\pi}{6}$로부터 단순히 $x \le \frac{\pi}{6}$를 얻을 수 없고 함수의 그래프를 이용하거나 함수의 증감을 이용하여 구할 수 있다.

1 방정식 $\sin x = x$의 해는 $x=0$ 뿐임을 설명하시오.

방정식 - 연립일차방정식의 해

■ 연립방정식

$$ax + by + cz = 0$$
$$cx + by + az = 0$$

가 무수히 많은 해를 가질 조건을 실수 a, b, c로 나타낸 것은?

① $\frac{a}{c} = \frac{b}{b} = \frac{c}{a}$ 즉 $a = c$ 또는 $a = -c$

② $b = 0$ 이고 ($a = c$ 또는 $a = -c$)

③ 모든 실수 a, b, c

④ 실수 a, b, c는 존재하지 않는다.

⑤ 위의 보기에는 답이 없다.

해설 및 풀이

연립일차방정식의 해의 존재성에 대한 질문으로 행렬의 표현으로 생각할 수 있다. 행렬 A와 벡터 X에 대하여 행렬방정식 $AX = Y$ 즉

$$\begin{pmatrix} a_{11} & a_{12} & \cdots & a_{1n} \\ a_{21} & a_{22} & \cdots & a_{2n} \\ \vdots & \vdots & \ddots & \vdots \\ a_{m1} & a_{m2} & \cdots & a_{mn} \end{pmatrix} \begin{pmatrix} x_1 \\ x_2 \\ \vdots \\ x_n \end{pmatrix} = \begin{pmatrix} y_1 \\ y_2 \\ \vdots \\ y_m \end{pmatrix}$$

이 해를 갖기 위한 조건으로 서로 독립인 행 또는 열의 개수를 이용하여 해의 존재성을 설명할 수 있다. 서로 독립인 행 또는 열은 일반적으로 행연산을 이용하여 찾는다. 위의 행렬을 첨가행렬로 변형하여 행연산을 끝내고 나면 서로 독립인 행 또는 열의 수가 k인 경우에 다음과 같은 꼴로 변형된다.

$$\left(\begin{array}{cccc|c} a_{11} & a_{12} & \cdots & a_{1n} & y_1 \\ a_{21} & a_{22} & \cdots & a_{2n} & y_2 \\ \vdots & \vdots & \ddots & \vdots & \vdots \\ a_{m1} & a_{m2} & \cdots & a_{mn} & y_n \end{array}\right) \Rightarrow \left(\begin{array}{cccccc|c} c_{11} & c_{12} & \cdots & c_{1k} & \cdots & c_{1n} & \widetilde{y_1} \\ 0 & c_{22} & \cdots & c_{2k} & \cdots & c_{2n} & \widetilde{y_2} \\ \vdots & \vdots & \ddots & \vdots & \cdots & \vdots & \vdots \\ 0 & 0 & \cdots & c_{kk} & \cdots & c_{kn} & \widetilde{y_k} \\ 0 & 0 & 0 & 0 & \cdots & 0 & \widetilde{y_{k+1}} \\ \vdots & \vdots & \vdots & \vdots & \ddots & \vdots & \vdots \\ 0 & 0 & 0 & 0 & \cdots & 0 & \widetilde{y_n} \end{array}\right)$$

이때 $c_{ii} \neq 0,\ i = 1,\ 2,\ \cdots,\ k$이다. 그러면 해의 존재성은 다음과 같이 분류할 수 있다.

(i) $k = n$인 경우: $k = m = n$이고 방정식은 유일한 해를 갖는다.

(ii) $k < n$인 경우: 만약 $\widetilde{y_{k+1}} = \cdots = \widetilde{y_n} = 0$이면 무수히 많은 해를 갖고 그렇지 않으면 해가 존재하지 않는다.

연립일차방정식이 아닌 경우에는 해의 존재 유무, 유일성, 해의 개수를 설명할 수 있는 일반적인 방법이 없다. 예를 들어 정수방정식, 함수방정식 등 일반방정식인 경우에는 해가 유일할 필요도 없으며 무수히 많을 필요도 없다.

1 연립방정식을 행렬로 나타내어 연산을 하면

$$\begin{pmatrix} a & b & c \\ c & b & a \end{pmatrix}\begin{pmatrix} x \\ y \\ z \end{pmatrix} = \begin{pmatrix} 0 \\ 0 \end{pmatrix} \Rightarrow \begin{pmatrix} b & a & c \\ b & c & a \end{pmatrix}\begin{pmatrix} y \\ x \\ z \end{pmatrix} = \begin{pmatrix} 0 \\ 0 \end{pmatrix} \Rightarrow \begin{pmatrix} b & a & c \\ 0 & c-a & a-c \end{pmatrix}\begin{pmatrix} y \\ x \\ z \end{pmatrix} = \begin{pmatrix} 0 \\ 0 \end{pmatrix}$$

이므로 무수히 많은 해를 가진다. 따라서 모든 실수 $a,\ b,\ c$에 대하여 무수히 많은 해를 갖는다.

1 연립방정식

$$\begin{aligned} ax + by &= 1 \\ bx + ay &= c \\ x + 2y &= a + b \end{aligned}$$

가 무수히 많은 해를 가질 조건을 실수 $a,\ b,\ c$로 나타내시오.

방정식 - 연립이차방정식

1 다음 연립방정식이 해를 갖기 위한 상수 k의 값의 범위를 구하시오.

$$\begin{cases} x^2+y^2=1 \\ y=x+k \end{cases}$$

해설 및 풀이

연립방정식의 대입법으로 푸는 방법과 원과 직선의 위치 관계를 이용한 방법으로 나눌 수 있다. 원과 직선의 위치 관계를 이용하는 방법은 원에 접하는 직선의 방정식을 찾기 위해 이차방정식이 중근을 갖는 조건을 이용하는 방법, 원의 중심으로부터 거리를 이용하는 방법, 미분계수와 접선의 기울기가 같음을 이용하는 방법 등이 있다.

1 먼저 이차방정식이 근을 갖기 위한 조건을 이용하여 풀 수 있다. $y=x+k$를 대입하면 $2x^2+2kx+k^2-1=0$이므로 근을 갖기 위한 조건은 $k^2-2(k^2-1)\geq 0$이다. 그러므로 $-\sqrt{2}\leq k\leq\sqrt{2}$이다. x의 값이 존재하면 y의 값도 존재하므로 근을 갖기 위한 필요충분조건은 $-\sqrt{2}\leq k\leq\sqrt{2}$이다.

별해 원과 직선의 관계에서 k의 최솟값과 최댓값은 직선 $y=x+k$가 원 $x^2+y^2=1$에 접할 때이다. $y=x+k$를 $x^2+y^2=1$에 대입하면 $2x^2+2kx+k^2-1=0$이고 $k=\pm\sqrt{2}$일 때 중근을 갖는다. 그러므로 $-\sqrt{2}\leq k\leq\sqrt{2}$일 때 연립방정식은 해를 갖는다.

별해 직선이 원과 만날 때는 원의 중심으로부터 직선까지의 거리가 원의 반지름의 길이보다 작거나 같다. 원의 중심이 $(0,0)$이고 직선의 방정식이 $x-y+k=0$이고 반지름의 길이가 1이므로

$$1\geq\frac{|0-0+k|}{\sqrt{1^2+(-1)^2}}=\frac{|k|}{\sqrt{2}},\quad \text{즉}\ |k|\leq\sqrt{2}$$

이다. 그러므로 $-\sqrt{2}\leq k\leq\sqrt{2}$일 때 연립방정식은 해를 갖는다.

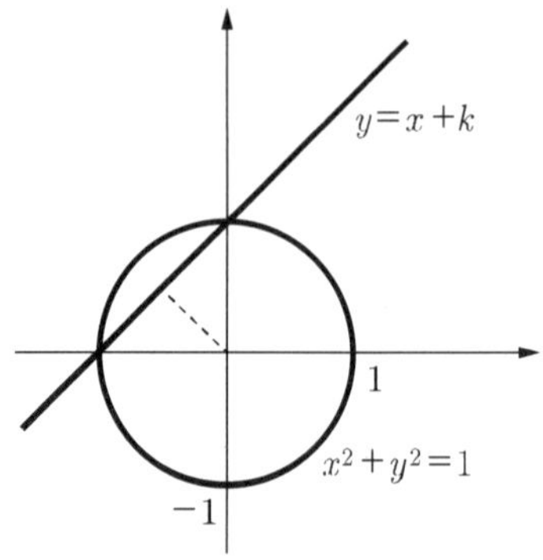

별해 음함수의 미분에 의하여 $2x+2yy'=0$으로부터 $y'=-\frac{x}{y}$이다. 직선 $y=x+k$와 원이 접하는 접점을 $(x_0,\ y_0)$라 하면 접점에서의 기울기가 1이므로 $-\frac{x_0}{y_0}=1$ 즉 $y_0=-x_0$이다. 점 $(x_0,\ y_0)$는 원 위의 점이므로 $x_0^2+y_0^2=2x_0^2=1$로부터 $x_0=\pm\frac{1}{\sqrt{2}}$, $y_0=\mp\frac{1}{\sqrt{2}}$이다. 또 $(x_0,\ y_0)$는 직선 위의 점이므로 $k=y_0-x_0=\pm\sqrt{2}$이다. 따라서 $-\sqrt{2}\le k\le\sqrt{2}$일 때 연립방정식은 해를 갖는다.

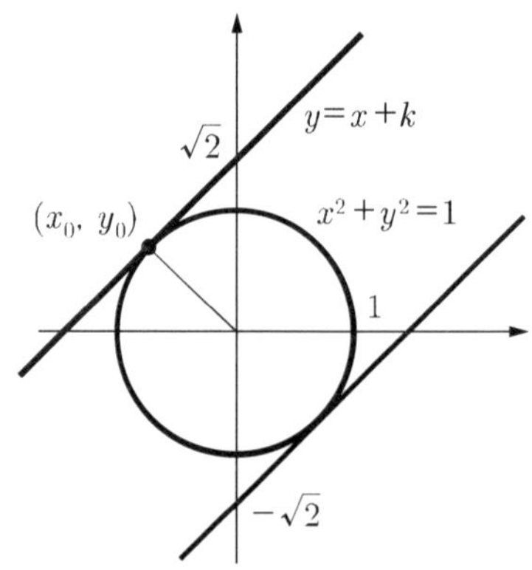

도함수를 이용한 풀이는 이차식이 아닌 경우에도 함수의 그래프를 그려 적용할 수 있는 장점이 있다. 예를 들어 $\begin{cases} x\ge x^4 \\ y=x+k \end{cases}$를 생각해보라.

1 다음 방정식 또는 부등식이 해를 갖는 k의 값의 범위를 구하시오.

(1) $\begin{cases} x^2+y^2=1 \\ y^2=x+k \end{cases}$

(2) $\begin{cases} y\ge x^4 \\ y=\frac{1}{2}x+k \end{cases}$

방정식 - 연립방정식과 공통근

■1 다음 문제의 풀이가 옳은지 말하시오.

문제 방정식

$$x^2+(2a+1)x+2a=0$$
$$x^2+(a+1)x+2(a-1)=0$$

의 공통근이 $x=1$일 때, 상수 a의 값을 구하시오.

풀이 위 식에서 아래 식을 빼면

$$ax+2=0$$

이다. $x=1$이 해이므로 대입하면 $a+2=0$ 즉 $a=-2$이다.

해설 및 풀이

두 방정식 $f(x)=0$, $g(x)=0$의 공통해는 $\{x|f(x)=0\}\cap\{x|g(x)=0\}$으로 방정식 $f(x)-g(x)=0$의 해, 즉 $\{x\mid f(x)=g(x)\}$와는 다르다. 후자는 함수 $y=f(x)$의 그래프와 $y=g(x)$의 그래프가 만나는 교점의 x좌표이다. 예를 들어 다음 그래프와 같은 함수 f, g에 대하여 $f(x)=g(x)$의 해는 α, β, γ이고 $f(x)=0$, $g(x)=0$의 공통해는 β이다. 그러므로 $f(x)=g(x)$의 해는 공통근이 되기 위한 필요조건이지 충분조건은 아니다.

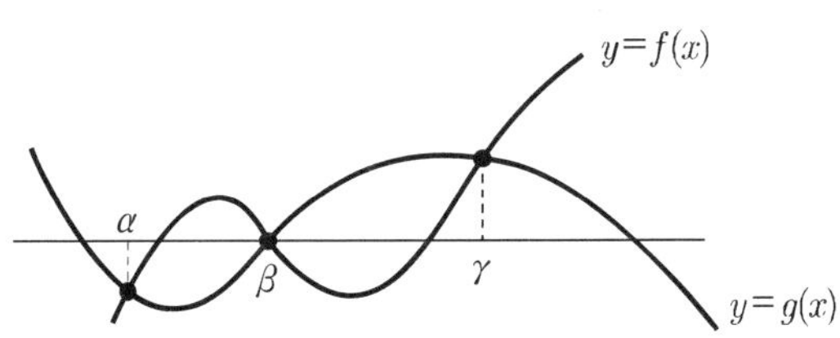

■1 공통근에 대한 이해를 묻는 문제이다. 문제의 풀이는 $f(x)=g(x)$의 해를 구한 것으로 공통근이 아니라 교점의 x좌표가 1임을 이용한 것이다. 실제로 $a=-2$을 대입해보면 방정식과 방정식의 해는 각각

$$x^2-3x-4=0, \quad x=4 \text{ 또는 } x=-1$$
$$x^2-x-6=0, \quad x=3 \text{ 또는 } x=-2$$

으로 공통근을 갖지 않는다. 문제에서 $x=1$ 을 공통근으로 가지면 방정식으로부터

$$1+(2a+1)+2a=0, \quad \text{즉} \quad a=-\frac{1}{2}$$
$$1+(a+1)+2(a-1)=0, \quad \text{즉} \quad a=0$$

이므로 모순이다. 그러므로 $x=1$ 을 공통근으로 갖도록 하는 a 는 존재하지 않는다. 한편 두 방정식으로부터 $ax+2=0$ 이므로 공통근이 될 필요조건은 $x=-\dfrac{2}{a}$ 이다. 이 값이 공통근이 되려면 각각의 방정식의 해가 되어야 한다. 따라서

$$\left(-\frac{2}{a}\right)^2+(2a+1)\left(-\frac{2}{a}\right)+2a=0, \quad \text{즉} \quad 2a^3-4a^2-2a+4=0$$
$$\left(-\frac{2}{a}\right)^2+(a+1)\left(-\frac{2}{a}\right)+2(a-1)=0, \quad \text{즉} \quad 2a^3-4a^2-2a+4=0$$

므로 $a=-1$ 또는 $a=1$ 또는 $a=2$ 이다. 이때 공통근 $x=-\dfrac{2}{a}$ 는 각각 $x=2$, $x=-2$, $x=-1$ 이다. 실제로 각각의 경우에 해당하는 방정식을 써보면

$a=-1$일 때, $\begin{cases} x^2-x-2=0 \\ x^2-4=0 \end{cases}$

$a=1$일 때, $\begin{cases} x^2+3x+2=0 \\ x^2+2x=0 \end{cases}$

$a=2$일 때, $\begin{cases} x^2+5x+4=0 \\ x^2+3x+2=0 \end{cases}$

으로 공통근을 확인할 수 있다. 참고로 근의 공식 또는 인수분해로 해를 각각 구해보면

$$-1 \text{ 또는 } -2a, \quad -2 \text{ 또는 } -a+1$$

이므로 $a=\pm 1$, 2 일 때 공통근을 갖는다. 실제로 문제의 방정식을 인수분해하여 보면

$$\begin{cases} (x+2a)(x+1)=0 \\ (x+2)(x+a-1)=0 \end{cases}$$

로부터 공통근을 구할 수 있다.

1 다음 방정식이 공통근을 갖도록 하는 a가 존재하는지 말하시오.

(1) $\begin{cases} x^2+2(a+1)x+4a=0 \\ x^2+ax-a=0 \end{cases}$

(2) $\begin{cases} x^3-(a+1)x^2+ax=0 \\ 2x^2-ax-2a=0 \end{cases}$

방정식 - 행렬방정식

1 다음 문제에 대한 풀이가 옳은가?

문제 $A^2-3A+2E=0$을 만족시키는 행렬 A를 구하시오. (단, E는 단위행렬)

풀이 인수분해를 하면

$$A^2-3A+2E=(A-E)(A-2E)=0$$

이므로 $A=E=\begin{pmatrix}1&0\\0&1\end{pmatrix}$ 또는 $A=2E=\begin{pmatrix}2&0\\0&2\end{pmatrix}$이다.

해설 및 풀이

행렬의 집합은 체가 아니므로 $AB=0$으로부터 $A=0$ 또는 $B=0$을 얻을 수 없다. 예를 들어 $A=\begin{pmatrix}1&0\\0&0\end{pmatrix}$, $B=\begin{pmatrix}0&0\\0&-1\end{pmatrix}$이면 $AB=0$이다. 다만 A가 역행렬이 존재하면 $AB=0$으로부터 $B=0$를 얻을 수 있다.

1 방정식 $A^2-3A+2E=(A-E)(A-2E)=0$으로부터 $A=E$ 또는 $A=2E$는 해이다. 하지만 모든 해는 아니다. 예를 들어 $A=\begin{pmatrix}2&0\\0&1\end{pmatrix}$이면 $A-E=\begin{pmatrix}1&0\\0&0\end{pmatrix}$이고 $A-2E=\begin{pmatrix}0&0\\0&-1\end{pmatrix}$이므로 방정식을 만족시킨다. 그러므로 문제의 풀이는 모든 해를 구한 것은 아니다.

1 $\mathbb{Z}_6$에서 다음 방정식을 푸시오.

(1) $x^2=2$

(2) $3x^2-x-4=0$

방정식 - 정수방정식

1 다음 방정식의 정수 해를 구하시오.

(1) $3x+5y=7$

(2) $xy-x-y-1=0$

해설 및 풀이

방정식

$$ax+by=c \quad (\text{단, } a, b, c\text{는 정수})$$

를 만족시키는 정수 해를 찾는 문제를 생각해보자. a와 b의 최대공약수가 d이면 좌변은 d의 배수이므로 우변의 c도 d의 배수라야 한다. 그러면 $a=d\alpha$, $b=d\beta$, $c=d\gamma$(단, α, β는 서로소)라 하면 방정식은 $\alpha x+\beta y=\gamma$이 되므로 처음부터 a와 b는 서로소라고 가정해도 무방하다. a, b가 서로소인 경우에 유클리드 호제법[3]을 이용하여

$$ax_0+by_0=1$$

인 정수 해 x_0, y_0를 구한다. 그러면

$$\begin{cases} ax+by=c \\ acx_0+bcy_0=c \end{cases}, \quad \text{즉} \quad a(x-cx_0)=-b(y-cy_0)$$

이므로 해는 $x=cx_0+bk$, $y=cy_0-ak$ (단, k는 정수)이다.

한편 미지수의 개수가 조건에 해당하는 방정식의 개수보다 많거나 같을 때 일반적으로 해가 무수히 많이 존재한다. 하지만 문제 (2)처럼 '정수 해'라는 숨은 조건이 있는 경우도 있다.

1 정수방정식의 풀이 방법에 대한 질문이다.

(1) $3\times2+5\times(-1)=1$이므로 양변에 7을 곱하면 $3\times14+5\times(-7)=7$으로 $x_0=14$, $y_0=-7$은 하나의 해가 된다. 그리고

$$3x+5y=7, \quad 3x_0+5y_0=7$$

3) **유클리드 호제법** $a=bq+r\,(0\le r<a)$이면 a, b의 최대공약수는 b, r의 최대공약수와 같다.

으로부터

$$3(x-x_0)+5(y-y_0)=0$$

이므로 $x-x_0=5k$, $y-y_0=-3k$ (단, k는 정수)이다. 따라서 정수 해는 $\begin{cases} x=14+5k \\ y = -7-3k \end{cases}$ 이다.

(2) $(x-1)(y-1)=2$ 로부터 $\begin{cases} x-1=\pm 1 \\ y-1=\pm 2 \end{cases}$ 또는 $\begin{cases} x-1=\pm 2 \\ y-1=\pm 1 \end{cases}$ 이므로 방정식의 해 (x, y)는 $(0, -1)$, $(2, 3)$, $(3, 2)$, $(-1, 0)$이다.

1 다음 방정식의 정수 해를 구하시오.

(1) $x+2y=3$

(2) $xy-2x-3y+2=0$

방정식 - 가우스함수 방정식

1 다음 방정식을 푸시오. (단, $[x]$는 x보다 크지 않은 최대 정수이다.)

(1) $2[x]=[2x]$

(2) $x(x-[x])=1$

해설 및 풀이

일상생활에서의 문제를 수식으로 표현하다 보면 다항방정식이 아닌 방정식을 만나기도 한다. 이런 경우 일반적인 풀이법은 없고 함수의 그래프를 이용하거나 대수적 성질을 이용하는 등 다양한 방법으로 접근하여 해를 구한다.

1 함수 $y=[x]$의 그래프를 이용하여 해를 추론할 수 있고 $x=[x]+\alpha$, $0 \le \alpha < 1$로 두고 방정식을 풀어 볼 수 있다.

(1) 함수 $y=2[x]$, $y=[2x]$의 그래프를 그려서 만나는 점을 찾을 수 있다. $x=n+\alpha$ (n은 정수, $0 \le \alpha < 1$)라 하면 $2[x]=2n$이고

$$[2x]=[2n+2\alpha]=\begin{cases} 2n & (0 \le \alpha < \frac{1}{2}) \\ 2n+1 & (\frac{1}{2} \le \alpha < 1) \end{cases}$$

이므로 $0 \le \alpha < \frac{1}{2}$일 때는 모든 $n \in \mathbb{Z}$에 대하여 x가 방정식의 해이고, $\frac{1}{2} \le \alpha < 1$일 때는 모든 $n \in \mathbb{Z}$에 대하여 x가 방정식의 해가 아니다. 그러므로 해집합은 $\{x \mid x=n+\alpha,\ 0 \le \alpha < \frac{1}{2},\ n \in \mathbb{Z}\}$이다.

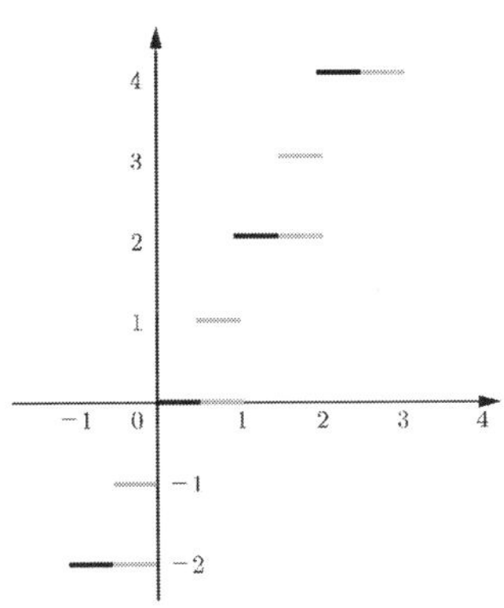

(2) 함수 $y=\frac{1}{x}$, $y=x-[x]$의 그래프를 그려서 만나는 점을 찾을 수 있다. $x=n+\alpha$(n은 정수, $0\le\alpha<1$)라 하면 방정식은

$$x(x-[x])=(n+\alpha)\alpha=1,\quad \text{즉}\quad \alpha^2+n\alpha-1=0$$

이므로 $\alpha=\frac{-n\pm\sqrt{n^2+4}}{2}$이다. 그런데 $0\le\alpha<1$이므로 $\alpha=\frac{\sqrt{n^2+4}-n}{2}$, $n\ge1$이다. 따라서 해는

$$x=n+\alpha=\frac{n+\sqrt{n^2+4}}{2}\quad (n=1,\ 2,\ \cdots)$$

이다.

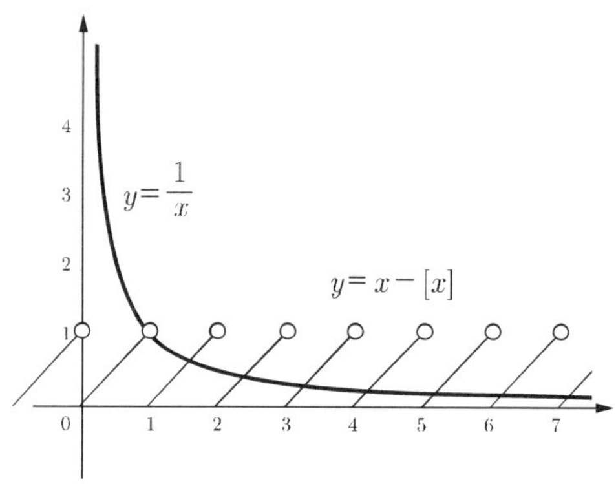

1 다음 방정식을 푸시오.

(1) $x([x]+1)=3$

(2) $\begin{cases}x-[y]=1\\ [x]+y=1\end{cases}$

방정식 - 지수방정식

1 양수 α에 대하여 $a=\left(\frac{\alpha+1}{\alpha}\right)^{\alpha+1}$일 때, $x=\left(\frac{\alpha+1}{\alpha}\right)^{\alpha}$는 방정식

$$x^a = a^x$$

의 해가 됨을 보이시오. 또 다음 경우의 해를 구하고 x와 a가 유리수인 해를 모두 구하시오.

(1) $a=\frac{27}{8}$

(2) $a=\left(\frac{1}{2-\sqrt{2}}\right)^{\sqrt{2}+1}$

해설 및 풀이

1 방정식의 양변에 로그를 취하면 $\frac{\ln x}{x}=\frac{\ln a}{a}$이므로 함수 $y=\frac{\ln x}{x}$의 그래프와 $y=\frac{\ln a}{a}$의 그래프의 교점을 구하면 된다. 함수 $y=\frac{\ln x}{x}$의 그래프로부터 다음과 같다.

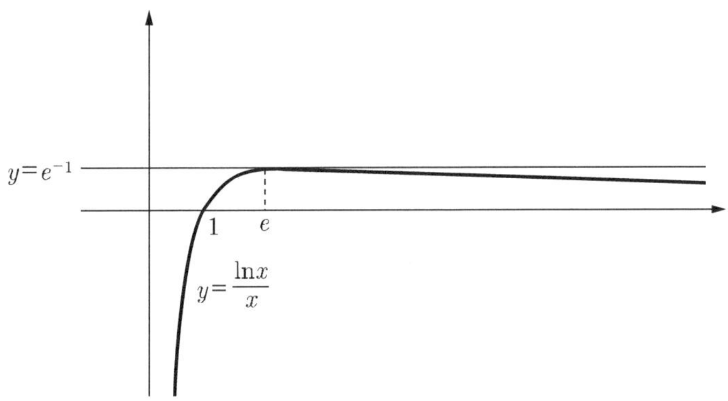

(i) $\frac{\ln a}{a}<0$이면 즉 $a<1$이면 교점은 1개이고 방정식의 해는 1보다 작다.

(ii) $\frac{\ln a}{a}=0$이면 즉 $a=1$이면 교점은 1개이고 방정식의 해는 1이다.

(iii) $0<\frac{\ln a}{a}<\frac{1}{e}$이면 즉 $1<a<e$ 또는 $a>e$이면 두 점에서 만나고 방정식의 해는 $1<x<e$에 한 개 있고 $x>e$에 한 개 있다.

(iv) $\frac{\ln a}{a}=\frac{1}{e}$이면 즉 $a=e$이면 한 점에서 만나고 방정식의 해는 $x=e$이다.

(v) $\dfrac{\ln a}{a} > \dfrac{1}{e}$ 인 경우는 생기지 않는다.

이제 $x = \left(\dfrac{\alpha+1}{\alpha}\right)^{\alpha}$ 이라 하고 $a = \left(\dfrac{\alpha+1}{\alpha}\right)^{\alpha+1}$ 이라 하면

$$\begin{aligned}\frac{\ln x}{x} &= \left(\frac{\alpha}{\alpha+1}\right)^{\alpha} \ln\left(\frac{\alpha+1}{\alpha}\right)^{\alpha} = \frac{\alpha^{\alpha+1}}{(\alpha+1)^{\alpha}} \ln\frac{\alpha+1}{\alpha} \\ &= \left(\frac{\alpha}{\alpha+1}\right)^{\alpha+1} \ln\left(\frac{\alpha+1}{\alpha}\right)^{\alpha+1} = \frac{\ln a}{a}\end{aligned}$$

이므로 $x^a = a^x$ 가 성립한다.

(1) $\alpha = 1,\ 2,\ 3,\ 4,\ 5$ 를 차례로 대입해보면 다음과 같다.

α	a	x
1	$2^2 = 4$	$2^1 = 2$
2	$\left(\dfrac{3}{2}\right)^3 = \dfrac{27}{8}$	$\left(\dfrac{3}{2}\right)^2 = \dfrac{9}{4}$
3	$\left(\dfrac{4}{3}\right)^4 = \dfrac{256}{81}$	$\left(\dfrac{4}{3}\right)^3 = \dfrac{64}{27}$
4	$\left(\dfrac{5}{4}\right)^5 = \dfrac{3125}{1024}$	$\left(\dfrac{5}{4}\right)^4 = \dfrac{625}{256}$
5	$\left(\dfrac{6}{5}\right)^6 = \dfrac{46656}{15625}$	$\left(\dfrac{6}{5}\right)^5 = \dfrac{7776}{3125}$

(2) $\alpha = \sqrt{2}$ 일 때

$$x = \left(\frac{\sqrt{2}+1}{\sqrt{2}}\right)^{\sqrt{2}} = \left(\frac{1}{2-\sqrt{2}}\right)^{\sqrt{2}}, \quad a = \left(\frac{1}{2-\sqrt{2}}\right)^{\sqrt{2}+1}$$

이면 방정식의 해가 된다.

이제 유리수 해를 찾아보자. $x = a$ 인 경우는 자명하므로 생략하자. 먼저 일반해를 $x = ka$ 라 두고 대칭성에 의하여 $k > 1$ 이라 하자. 그러면 방정식은

$$a^{ka} = (ka)^a = k^a a^a, \quad \text{즉} \quad a^{(k-1)a} = k^a$$

이므로 $a=k^{\frac{1}{k-1}}$, $x=k^{\frac{k}{k-1}}$이다. 이제 $\alpha=\dfrac{1}{k-1}$이라 하자. 그러면 유리수 $\alpha\in\mathbb{Q}$에 대하여 $a=\left(1+\dfrac{1}{\alpha}\right)^{\alpha}$, $x=\left(1+\dfrac{1}{\alpha}\right)^{\alpha+1}$은 해이다. 지금까지의 계산에서는 실제로 $\alpha\in\mathbb{Q}$, $k>1$이란 조건없이 방정식 $a^x=x^a$의 해가 된다. 예를 들어

$$
\begin{aligned}
&k=2\text{인 경우:} && 2^4=4^2\\
&k=-1\text{인 경우:} && i^{-i}=e^{\frac{\pi}{2}}=4.810477\cdots=(-i)^i\\
&k=3\text{인 경우:} && (\sqrt{3})^{\sqrt{27}}=(\sqrt{27})^{\sqrt{3}}\\
&k=\sqrt{2}\text{인 경우:} && a=(\sqrt{2})^{\sqrt{2}+1},\ x=(\sqrt{2})^{\sqrt{2}+2}
\end{aligned}
$$

등이 성립한다. 한편 방정식으로부터

$$x=a^{\frac{x}{a}},\quad \text{즉}\quad \frac{x}{a}=a^{\frac{x}{a}-1}$$

이다. 만약 a, x가 유리수이면 $\dfrac{x}{a}-1=\dfrac{m}{n}$ (단, n, m은 서로소)이라 할 수 있다. 그러면

$$a^{\frac{m}{n}}=1+\frac{m}{n}=\frac{n+m}{n},\quad \text{즉}\quad a=\left(\frac{n+m}{n}\right)^{\frac{n}{m}}=\left(\frac{(n+m)^n}{n^n}\right)^{\frac{1}{m}}$$

이다. n, m이 서로소이므로 $n+m$, n도 서로소이고, $(n+m)^n$, n^n도 서로소이다. 그러므로 a가 유리수가 되기 위해서는 $(n+m)^n$, n^n은 어떤 정수의 m제곱이 되어야 한다. 즉 $n+m$, n이 어떤 정수의 m제곱이 되어야 한다. 따라서 어떤 정수 α, β에 대하여 $n=\alpha^m$, $n+m=\beta^m$이다. $m>1$인 경우 $\beta=\alpha+k$라 하면 $m=\beta^m-\alpha^m=(\alpha+k)^m-a^m>m$이 되어 모순이다. 그러므로 $m=1$이다. 따라서 $a=\left(1+\dfrac{1}{n}\right)^n$, $x=\left(1+\dfrac{1}{n}\right)^{n+1}$이다. 참고로 $x=\left(1+\dfrac{1}{n}\right)a$이므로 정수 해는 $n=1$일 때 $a=2$, $x=4$인 경우뿐이다.

1 방정식 $x^x=a^a$의 유리수 해를 모두 구하시오.

문제접근방법 - 직관과 연립방정식

1 다음 문제를 풀어 봅시다.

어느 경로잔치에 할머니와 할아버지 80명이 모였는데 할머니가 할아버지보다 12명이 더 많다고 합니다. 할머니는 몇 명일까요?

해설 및 풀이

방정식의 풀이에 대한 접근 방법을 조사한 질문으로 이런 방정식의 풀이는 다양한 방법으로 접근할 수 있다. 특히 초등학생이 이해할 수 있는 수준에서 설명할 수 있는 방법도 있다.

1 중·고등학교 선생님들은 많은 경우 다음과 같이 풀이하였다. 할머니의 수를 x, 할아버지의 수를 y라고 하면

$$\begin{cases} x+y=80 \\ x=y+12 \end{cases}$$

이므로 $x=46$, $y=34$이다. 이런 수학적인 접근법은 알고리듬적이고 절차적이라는 장점이 있으나 어떤 경우에는 비효율적이다.

별해 80명 중에서 할머니 12명을 빼고 나면 68이고, 이 중에서는 할아버지와 할머니의 숫자가 같다. 그러므로 할아버지는 34명이고 할머니의 수는 $34+12=46$명이다.

별해 먼저 할아버지와 할머니의 수가 같이 각각 40명이라 하자. 그러면 할아버지 1명이 줄고 할머니 1명이 늘어나면 2명씩 차이 난다. 그러므로 할머니가 12명 더 많기 위해서는 40명에서 6명이 더 많은 46명이다.

1 어떤 음악회의 입장권을 예매하면 4천 원에 판매하고 창구에서는 5천 원에 판매한다. 음악회에 판매된 수가 480장이고 판매금액이 210만 원일 때, 예매한 입장권 수는 얼마인가?

문제접근방법 - 직관과 방정식

1 다음 문제를 풀어 봅시다.

버스 A에는 40명의 남학생이 타고 버스 B에는 40명의 여학생이 타고 수학여행을 가고 있었다. 두 버스 A, B는 출발한 후 첫 번째 휴게소에 들렀을 때, 버스 A에 타고 있던 남학생 15명이 여학생이 타고 있는 버스 B에 올라탔다. 휴식을 끝내고 돌아온 버스 B의 운전사는 승객이 정원을 초과한 것을 알았고, 운전사는 빨리 15명은 이 차에서 내리라고 소리쳤고, 15명이 내려 버스 A를 타고 다시 출발하였다.
버스 A, B는 다시 출발하여 얼마간 이동한 후 두 번째 휴게소에 들렀는데, 이번에도 버스 A에 타고 있던 남학생 10명이 버스 B에 올라탔다. 또 버스 B의 운전사는 빨리 10명은 이 차에서 내려 이동하라고 했고 10명의 학생이 내려 버스 A를 타고 목적지로 출발하였다.
목적지에 도착했을 때, 버스 A에서 내리는 남학생이 여학생보다 16명 더 많았다면 첫 번째 휴게소와 두 번째 휴게소에서 버스 B에서 버스 A로 옮겨 탄 남학생의 수의 합은 얼마인가?

해설 및 풀이

1 문제를 해결하기 위하여 문제 상황의 본질적인 요소를 파악하는 문제이다. 문제의 해결은 버스 A의 여학생의 수와 버스 B의 남학생의 수는 같다. 목적지에서 내릴 때 버스 A의 남학생의 수가 28명, 여학생의 수가 12명이므로 버스 B의 남학생의 수는 12명, 여학생의 수는 28명이다. 그런데 두 휴게소에서 버스 A에서 버스 B로 이동한 남학생의 수가 25명이므로 버스 B에서 버스 A로 다시 이동한 남학생의 수는 13명이다.

	A→B	B→A
첫 번째 휴게소	남학생 15명	남학생 x명 여학생 $(15-x)$명
두 번째 휴게소	남학생 10명	남학생 y명 여학생 $(10-y)$명
목적지 도착 후	남학생 28명 여학생 12명	남학생 12명 여학생 28명

위의 표에서 남학생만 고려하면 A→B는 25명이고 B→A는 $(x+y)$명이다. 그러면 목적지에서 버스 A에 남은 남학생의 수는

$$40-25+(x+y)=28$$

이므로 $x+y=13$ 명이다.

1 200km 떨어져 있는 두 대의 기차가 시속 50km로 마주보고 달리고 있다. 기차의 앞머리에 있는 파리는 두 기차가 서로 충돌할 때까지 시속 75km의 속도로 두 기차 사이를 왔다갔다한다. 파리가 이동한 거리는 얼마일까?

문제접근방법 - 문제 상황 판단

1 어떤 행사를 위해 1000명의 남녀가 광장에 모여 있을 때, 다음과 같은 진술이 있었다. 이 중에서 거짓을 모두 고르시오.

(1) 광장에는 남자가 여자보다 123명 더 많다.

(2) 광장에는 남자의 수가 여자의 수의 10배이다.

(3) 광장에는 남자의 수와 여자의 수의 곱은 30만이다.

(4) 광장에는 남자의 수와 여자의 수의 곱은 10만이다.

(5) 광장에 행사 진행 요원 75명을 제외한 사람들은 모두 의자에 앉거나 서 있다. 의자에 앉아 있는 사람은 남자의 수와 여자의 수가 같고 서 있는 사람은 남자의 수가 여자의 수의 2배이다.

해설 및 풀이

1 문제의 상황을 파악하여 현실적인지 아닌지를 판단하는 문제이다.

(1) 남자와 여자의 수의 차이는 짝수라야 한다. 남자와 여자의 수를 합하면 홀수가 되므로 이 진술은 거짓이다.

(2) 남자의 수가 여자의 수에 대하여 k배라 하면 $(k+1)$은 1000의 약수라야 한다. 남자와 여자의 수를 합하면 11의 배수라야 하므로 이 진술은 거짓이다.

(3) 남자의 수와 여자의 수의 곱은 수가 같을 때 최대이므로 30만은 불가능하다.

(4) 남자의 수를 x라 하면 $x^2-1000x+100000=0$이다. 그런데 b^2-4ac는 제곱수가 아니므로 x는 정수가 될 수 없다. 그러므로 이 진술은 거짓이다.

(5) 앉아 있는 남자의 수를 x, 서 있는 여자의 수를 y라 하면 앉아 있는 사람의 수는 $2x$이고 서 있는 사람의 수는 $3y$이다. 그러므로 방정식

$$2x+3y=925$$

의 정수 해를 찾으면 $x=3k-925$, $y=925-2k$이다. 그러므로 $309 \le k \le 462$이다. 따라서 이 진술은 거짓이 아닐 수 있다. 예를 들어 $k=400$이면 $x=275$, $y=125$이므로 앉아 있는 사람은 남자와 여자가 각각 275명이고 서 있는 사람은 남자는 250명, 여자는 125명이다.

1 문제가 성립하지 않도록 하는 그럴듯한 상황의 문제를 만들어 보시오.

문제접근방법 - 연립방정식 변형

1 다음 대화에서 빈칸에 들어갈 적절한 말을 찾고 학생의 마지막 질문에 답하시오.

학생: 선생님, $a+b=2$이고 $ab=2$일 때, a^2+b^2의 값은 어떻게 구해요?

선생: 인수분해의 공식을 이용하면 다음과 같이 쉽게 구할 수 있다.

$$a^2+b^2=(a+b)^2-2ab=2^2-2\cdot 2=0$$

학생: $a^2+b^2=0$이니까 $a=0$, $b=0$이겠네요.

선생: 아니지, a, b는 실수가 아니라 복소수이니까 0일 필요는 없지.

학생: 그런데요, 선생님의 방법으로 계산하면 a^2+2b^2의 값을 구할 수 없어요. 어떻게 구해요?

선생: [   ]

학생: 아, 그러면 처음부터 a, b의 값을 곧바로 구하여

$$a^2+b^2=(1\pm i)^2+(1\mp i)^2=0$$

와 같이 구할 수 있잖아요. a, b의 값을 구하고 나면 a, b에 관한 모든 문제의 답을 구할 수 있는데, 왜 이렇게 하지 않고 공식을 써서 풀어요?

선생: 그게 빠르고 효과적이거든.

학생: 그렇지만 '같은 조건에서 a^2+2b^2의 값은?' 또는 'a의 값은?'이라고 문제를 살짝만 바꿔도 그 방법은 못 쓰잖아요. 그런데 a, b의 값을 알고 나면 모든 문제의 답을 구할 수 있잖아요. 예를 들어 a^{10}의 값도 구할 수는 있잖아요.

선생: 그렇긴 하지만 때로는 복잡함을 피해가기도 하잖아. 예를 들어 a^{10}의 값도 차수를 낮춰 계산하면 쉽지 않겠어?

학생: <u>그게 뭔데요?</u>

해설 및 풀이

중·고등학교에서 문제의 풀이 방법은 조건으로부터 미지수의 성질과 결과를 유추한 후 계산하는 것이 아니라 문제의 질문에 해당하는 값을 얻기 위한 조작적 계산을 중요하게 다룬다. 이는 결과가 알려져 있는 문제를 푸는 데는 효율적이나 실제적인 문제를 해결하는 접근 방법으로는 적절하지 못하므로 문제의 풀이 방법을 재고할 필요가 있다.

선생의 대답에서 보듯이 a, b의 값을 구하지 않고 답을 얻을 수 있는 빠르고 효율적인 방법이

있다. 이런 풀이법은 학교 시험과 입시와 같이 시간을 정해두고 답을 찾는 평가에서 유용하다. 효율적인 풀이만 강조하다 보면 정작 일반적인 풀이 방법을 알지 못하고 일시적이고 기능적인 풀이 기술을 배우는 것으로 변질되어 질문을 살짝만 바꾸어도 풀 수 없는 한계를 지니게 된다. 실제로 아래의 설문 1에 대한 설문조사에서 90% 이상이

$$a^2+b^2=(a+b)^2-2ab=4^2-2\cdot 3=10$$

와 같이 풀었다. 그리고 설문 2에 대한 설문에서는 선생들은 조금 머뭇거리다가 풀이를 찾아내지만 학생들은 답을 찾지 못하는 경우도 있었다. 조건을 만족시키는 a, b는 ± 1, ± 3임을 쉽게 알 수 있는데도 그렇다는 점이다. 심지어는 위와 같이 전개하는 방식이 모범적인 풀이라고 믿고 있는 학생들도 있다.

설문 1 $a+b=4$, $ab=3$일 때, a^2+b^2의 값은?

설문 2 $a+b=4$, $ab=3$일 때, a^2+2b^2의 값은?

미지수가 a, b로 2개이고 조건이 2개이면 일반적으로 a, b의 값을 구체적으로 알 수 있다. 그리고 a, b의 값을 구하고 나면 문제에서 요구하는 a, b에 관한 모든 질문에 답할 수 있다. 수학 공부에서 이런 일반적인 풀이 방법이 존재하는 것을 아는 것은 매우 중요하다. 일반적으로 연립방정식은 미지수의 개수를 줄여가는 것이 먼저 생각할 수 있는 방법이고 전형적인 접근법이라 할 수 있다. 그리고 해를 구하고 나면 어떤 질문에도 답을 할 수 있으므로 모범적인 풀이라고 할 수 있다.

1 문제의 조건 $a+b=2$, $ab=2$로부터 a, b의 값을 구체적으로 구할 수 있다. 그러므로 빈칸에는 다음과 같이 쓸 수 있다.

> $a+b=2$, $ab=2$**를 연립해서 풀어보면** $a=1\pm i$, $b=1\mp i$**이니까 구할 수 있지. 실제로**
>
> $$a^2+2b^2=(1\pm i)^2+2(1\mp i)^2=\mp 2i$$
>
> **이지.**

한편 학생의 마지막 질문에서는 $a^{10}=(1\pm i)^{10}$을 직접 계산하면 되는데 차수를 낮추기 위해 $a^2-2a+2=0$을 이용하면 다음과 같다.

$$a^{10} = (a^2)^5 = (2a-2)^5 = 2^5(a-1)^5 = 32(\pm i)^5 = \pm 32i$$

1 $a + a^{-1} = 4$일 때, 다음 값을 구하시오.

(1) $\dfrac{a^3 - a^2 + a}{a^2 + 1}$ (2) a^3

문제접근방법 - 지수방정식

1 $2^x + 2^{-x} = 6$ 일 때, 다음 값을 구하시오.

(1) $4^x + 4^{-x}$

(2) 4^x

해설 및 풀이

1 방정식의 형태는 지수방정식이나 지수의 관계를 살펴보면 본질적으로 미지수가 2개이고 방정식이 2개인 연립방정식의 일종임을 알 수 있다. 즉 $a = 2^x$, $b = 2^{-x}$라 하면 숨은 조건 $ab = 1$ 이 있으므로 다음과 같이 앞의 문제와 같은 유형의 문제가 된다. 따라서 효율적인 풀이가 아니더라도 연립방정식의 해를 구할 수 있고 x에 관한 모든 질문에 답할 수 있다.

> **문제** $a + b = 6$, $ab = 1$일 때 다음 값을 구하시오. (단, $a > 0$, $b > 0$이다.)
>
> (1) $a^2 + b^2$ (2) a^2

(1) $a + b = 6$, $ab = 1$이고 $a > 0$, $b > 0$이므로 연립방정식을 풀면 $a(6-a) = 1$로부터 $a = 3 \pm 2\sqrt{2}$ 이다. 그러므로 $4^x = a^2 = 6a - 1 = 17 \pm 12\sqrt{2}$ 이다. 따라서 다음과 같다.

$$4^x + 4^{-x} = 17 \pm 12\sqrt{2} + \frac{1}{17 \pm 12\sqrt{2}} = 34$$

별해 $4^x + 4^{-x} = (2^x + 2^{-x})^2 - 2 \cdot 2^x \cdot 2^{-x} = 6^2 - 2 \cdot 1 = 34$

별해 조건은 방정식이 한 개이고 미지수가 한 개이므로 직접 풀 수도 있다. 그러므로 조건식은

$$2^x \cdot 2^x - 6 \cdot 2^x + 1 = 0$$

로부터 $2^x = 3 \pm \sqrt{8}$ 이다. 그러므로 $4^x + 4^{-x} = (3 \pm \sqrt{8})^2 + (3 \mp \sqrt{8})^2 = 34$이다.

(2) $4^x = 17 \pm 12\sqrt{2}$

1 $\left(\sqrt{2+\sqrt{3}}\right)^x + \left(\sqrt{2-\sqrt{3}}\right)^x = 4$일 때, x 의 값을 구하시오.

문제접근방법 - 삼각방정식

1 $\cos x \sin x = \frac{1}{3}$ 일 때, 다음 값을 구하시오.

(1) $\cos x + \sin x$

(2) $\sin x$

해설 및 풀이

1 방정식의 형태는 삼각방정식이나 삼각비에는 관계식

$$\cos^2 x + \sin^2 x = 1$$

이라는 조건이 더 있다. 그러므로 위의 문제는 조건이 2 개이고 미지수가 2개인 연립방정식의 일종이다. $a = \sin x$, $b = \cos x$라 하면 문제는 다음과 같다. 따라서 연립방정식을 풀면 $\cos x$와 $\sin x$에 관한 모든 질문에 답할 수 있다.

> **문제** $a^2 + b^2 = 1$, $ab = \frac{1}{3}$, $-1 \le a$, $b \le 1$일 때 다음 값을 구하시오.
>
> (1) $a + b$
>
> (2) a

(1) 미지수가 두 개인 연립방정식을 풀면 $a = \pm \frac{\sqrt{15} \pm \sqrt{3}}{6}$, $b = \pm \frac{\sqrt{15} \mp \sqrt{3}}{6}$이므로 $a + b = \pm \frac{\sqrt{15}}{3}$이다. 또 다음과 같이 풀 수도 있다.

$$(a+b)^2 = a^2 + b^2 + 2ab = \frac{5}{3}, \quad \text{즉} \quad a + b = \pm \frac{\sqrt{15}}{3}$$

(2) 연립방정식을 이용하여 풀면 $a = \pm \frac{\sqrt{15} \pm \sqrt{3}}{6}$이다.

별해 $\cos^2 x + \sin^2 x = 1$ 을 이용하면 $\sin x$은 $\cos x$로, $\cos x$ 는 $\sin x$ 로 바꿀 수 있으므로 미지수 하나에 방정식이 하나인 조건으로 볼 수도 있다. 즉 위의 문제는 다음과 같이 바꿀 수도 있다.

문제 $a\sqrt{1-a^2}=\frac{1}{3}$, $-1 \le a \le 1$ 일 때 다음 값을 구하시오.

(1) $a+\sqrt{1-a^2}$

(2) a

조건으로부터 a의 값을 구하기 위해 양변을 제곱하면 $a^4-a^2+\frac{1}{9}=0$이므로 $a^2=\frac{3\pm\sqrt{5}}{6}$이므로

$$\sin x = a = \pm\sqrt{\frac{3\pm\sqrt{5}}{6}} = \pm\left(\frac{\sqrt{5}\pm 1}{2\sqrt{3}}\right) = \pm\frac{\sqrt{15}\pm\sqrt{3}}{6}$$

이다.

1 $\cos x+\sin x=\frac{3}{4}$일 때, 다음 값을 구하시오.

(1) $\cos x \sin x$

(2) $\cos x$

문제접근방법 - 방정식의 근과 계수

1 실수 a, b에 대하여 이차방정식 $x^2+ax+b=0$의 한 근이 $1+i$일 때, ab의 값은?

해설 및 풀이

중·고등학교에서 문제의 풀이 방법이 제시된 조건을 자연스럽게 사용하는 것이 아니라 응용이나 활용된 성질을 적용하려는 경향이 있다. 위의 문제는 말 그대로 $1+i$가 해이므로 '해란 무엇인가?'를 생각하면 대입하여 푸는 방법이 자연스럽지만 계수가 실수인 방정식이 복소수를 해로 가지면 (i) 켤레복소수도 해로 가짐을 알고 (ii) 근과 계수의 관계를 이용하여 푸는 경향이 있다. 실제로 설문에 의하면 90% 이상이 근과 계수의 관계를 이용하여 풀었다. 이 문제는 다양한 풀이가 가능하지만 정의에 따라 푸는 방법이 가장 자연스럽고 직접적이고 직관적이다. 심지어는 근과 계수의 관계가 없는 경우에도 풀 수 있는 확장성까지 갖추고 있다. 예를 들어 다음과 같은 문제에도 적용 가능하다.

문제 실수 a, b에 대하여 방정식

$$x^8+ax^3+bx^2+2=0$$

의 한 근이 $1+i$일 때 ab의 값을 구하시오.

1 $1+i$가 방정식의 해이므로 이를 방정식에 대입하면

$$(1+i)^2+a(1+i)+b=0,\quad 즉\quad (a+b)+(a+2)i=0$$

이다. a, b가 실수이므로 $a+b=0$, $a+2=0$이다. 따라서 $ab=-4$이다.

별해 $1+i$가 해이므로 $1-i$도 해이다. 근과 계수의 관계에 의하여 다음과 같다.

$$a=-\{(1+i)+(1-i)\}=-2$$
$$b=(1+i)(1-i)=2$$

별해 $1+i$가 해이므로 어떤 α에 대하여 $x^2+ax+b=(x-\alpha)(x-1-i)$이다. 그러면 $\alpha=1-i$이고 $x^2+ax+b=(x-1+i)(x-1-i)=x^2-2x+2$로부터 $a=-2$, $b=2$이다.

별해 $x=1+i$가 해이므로 $(x-1)^2=-1$ 즉 $x^2-2x+2=0$이다. 그러므로 $a=-2$, $b=2$이다.

1 유리수 a, b에 대하여 방정식 $x^5+ax^2+b=0$의 한 근이 $1-\sqrt{2}$일 때, $a+b$의 값을 구하시오.

문제접근방법 - 다항식의 인수

1 다음 방정식의 풀이가 옳은지 말하시오.

문제 최고차항의 계수가 1인 이차함수 $f(x)$, $g(x)$에 대하여

$$x^4-13x^2+4=f(x)g(x)$$

일 때, $f(3)+g(3)$의 값을 구하시오.

풀이 인수분해를 하면 다음과 같다.

$$\begin{aligned} x^4-13x^2+4 &= x^4-4x^2+4-9x^2 \\ &= (x^2-2)^2-(3x)^2=(x^2-3x-2)(x^2+3x-2) \end{aligned}$$

따라서 $f(x)=x^2\pm 3x-2$, $g(x)=x^2\mp 3x-2$ 이므로 $f(3)+g(3)=14$ 이다.

해설 및 풀이

대수의 기본정리에 의하여 다항식은 복소수 범위에서 일차식으로 인수분해할 수 있고, 계수가 실수인 다항식은 실수 범위에서 2차 이하의 다항식으로 인수분해할 수 있다. 그러므로 문제의 이차함수 f, g는 존재한다. 계수가 실수인 다항식은 복소수 $\alpha+\beta i$를 인수로 가지면 켤레복소수 $\alpha-\beta i$도 인수로 가지므로 이차식 $x^2-2\alpha x+\alpha^2+\beta^2$을 인수로 갖는다. 따라서 사차식 $P(x)$를 두 이차식의 곱으로 분해할 수 있으므로

$$P(x)=(ax^2+bx+c)(dx^2+ex+f)$$

의 꼴로 쓸 수 있다. 편의상 $P(x)$의 최고차항의 계수를 1이라 하면

$$P(x)=(x^2+ax+b)(x^2+cx+d)$$

로 둔 후 양변을 전개하여 미정계수법으로 계수를 찾으면 된다. 한편 대수의 기본정리와 인수정리에 의하여 최고차항의 계수가 1인 사차식을 복소수 범위에서 인수분해를 하면

$$P(x)=(x-z_1)(x-z_2)(x-z_3)(x-z_4)$$

와 같이 쓸 수 있으므로 이차식으로 인수분해하는 경우는 다음과 같이 세 가지 경우가 생긴다.

$$\begin{aligned} P(x) &= (x^2-(z_1+z_2)x+z_1z_2)(x^2-(z_3+z_4)x+z_3z_4) \\ &= (x^2-(z_1+z_3)x+z_1z_3)(x^2-(z_2+z_4)x+z_2z_4) \\ &= (x^2-(z_1+z_4)x+z_1z_4)(x^2-(z_2+z_3)x+z_2z_3) \end{aligned}$$

이때 사차방정식이 복소수 해를 갖는 경우와 갖지 않는 경우로 나누면 다음과 같다.

(1) 복소수 해가 존재하는 경우 : z_1 이 복소수 해이면 나머지 세 근 중의 하나는 $\overline{z_1}$ 라야 한다. $z_2=\overline{z_1}$ 이라 하자. 이차식의 계수가 실수가 되려면 한 이차식은 $x^2-(z_1+\overline{z_1})x+z_1\overline{z_1}$ 이어야 하고, 다른 나머지 이차식도 결정되어 사차식은

$$P(x)=(x^2-(z_1+\overline{z_1})x+z_1\overline{z_1})(x^2-(z_3+z_4)x+z_3z_4)$$

와 같이 유일하게 인수분해된다. 예를 들어 사차식 x^4+x^2+1 을 미정계수법으로 계산해보면

$$a+c=0, \quad b+ac+d=1, \quad ad+bc=0, \quad bd=1$$

로부터 $a=c=0$, $b=\dfrac{1\pm\sqrt{3}i}{2}$, $d=\dfrac{1\mp\sqrt{3}i}{2}$ 인 경우와 $a=\pm 1$, $c=\mp 1$, $b=d=1$ 인 경우와 $a=\pm\sqrt{3}i$, $c=\mp\sqrt{3}i$, $b=d=-1$ 인 경우가 있다. 따라서

$$\begin{aligned} x^4+x^2+1 &= \left(x^2+\frac{1+\sqrt{3}i}{2}\right)\left(x^2+\frac{1-\sqrt{3}i}{2}\right) \\ &= (x^2-x+1)(x^2+x+1) \\ &= (x^2-\sqrt{3}ix-1)(x^2+\sqrt{3}ix-1) \end{aligned}$$

과 같이 인수분해되는데 이 중에서 계수가 실수인 이차식은 두 번째의 경우뿐이다.

(2) 복소수 해가 존재하지 않는 경우 : 이차식으로 인수분해가 되는 경우는 3 가지이다. 예를 들어

$$x^4-6x^3+11x^2-6x=x(x-1)(x-2)(x-3)$$

이면 이차식으로 인수분해되는 경우는

$$\begin{aligned} x^4-6x^3+11x^2-6x &= (x^2-x)(x^2-5x+6) \\ &= (x^2-2x)(x^2-4x+3) \\ &= (x^2-3x)(x^2-3x+2) \end{aligned}$$

와 같이 3 가지이다.

한편 계수가 유리수인 사차식을 이차식으로 인수분해하는 경우도 비슷하다. 먼저 모든 해가 유리수인 경우는 위의 경우와 마찬가지로 세 가지의 방법으로 인수분해할 수 있고, 무리수를 해로 갖는 경우(복소수를 해로 갖는 경우 포함)는 그 켤레수도 해로 가져야 하므로 한 이차식이 유일하게 결정되어 다른 나머지 이차식도 결정된다. 그러므로 무리수를 해로 갖는 사차식은 유일하게 이차식으로 인수분해되고, 그렇지 않은 경우에는 세 가지의 경우가 생긴다. 예를 들어 x^4-5x^2+6을

$$x^4-5x^2+6=(x^2+ax+b)(x^2+cx+d)$$

로 두고 미정계수법으로 계수를 비교해보면

$$a+c=0,\quad b+ac+d=-5,\quad ad+bc=0,\quad bd=6$$

이므로 $a=-c$이다. 그러면 다음과 같이 두 가지로 나누어 풀 수 있다.

(i) $a=0$인 경우: $c=0$이고 $(b=-2,\ d=-3)$ 또는 $(b=-3,\ d=-2)$이 되어 다음과 같이 인수분해가 된다.

$$x^4-5x^2+6=(x^2-2)(x^2-3)$$

(ii) $a\neq 0$인 경우: $b=d$이고 $a^2-2b=5$, $b^2=6$이므로 다음과 같다.

$b=\sqrt{6}$일 때, $a^2=5+2\sqrt{6}$이므로 $a=\pm\sqrt{5+2\sqrt{6}}=\pm(\sqrt{3}+\sqrt{2})$

$b=-\sqrt{6}$일 때, $a^2=5-2\sqrt{6}$이므로 $a=\pm\sqrt{5-2\sqrt{6}}=\pm(\sqrt{3}-\sqrt{2})$

따라서

$$\begin{aligned}x^4-5x^2+6&=(x^2+(\sqrt{3}+\sqrt{2})x+\sqrt{6})(x^2-(\sqrt{3}+\sqrt{2})x+\sqrt{6})\\&=(x^2+(\sqrt{3}-\sqrt{2})x-\sqrt{6})(x^2-(\sqrt{3}-\sqrt{2})x-\sqrt{6})\end{aligned}$$

와 같이 인수분해가 된다. 이때 계수가 유리수인 경우는 (i)뿐이다. 이 경우는

$$x^4-5x^2+6=(x^2-2)(x^2-3)=(x-\sqrt{2})(x+\sqrt{2})(x-\sqrt{3})(x+\sqrt{3})$$

의 해의 조합으로 이차식의 곱을 만들어 낸 경우와 같음을 확인할 수 있다.

참고로 계수가 유리수인 경우는 계수가 실수인 경우와 달리 사차식이 두 이차식의 곱으로 쓰이지 않을 수도 있다. 예를 들어

$$x^4-2=(x^2-\sqrt{2})(x^2+\sqrt{2})=(x-\sqrt[4]{2})(x+\sqrt[4]{2})(x-\sqrt[4]{2}i)(x+\sqrt[4]{2}i)$$

로 x^4-2는 계수가 유리수인 두 이차식의 곱으로 쓸 수 없다.

1 방정식의 풀이는 인수분해를 통해서 하고 인수분해는 중·고등학교에서는 일반적으로 계수가 유리수인 범위에서 한다. 그러므로 계수가 유리수인 범위에서 이차식의 곱으로 나타내면 문제의 풀이처럼

$$x^4-13x^2+4=(x^2-3x-2)(x^2+3x-2)$$

이므로 $f(3)+g(3)=14$ 이다. 하지만 계수를 실수 범위로 확장하면 이차함수가 다르게 인수분해될 수 있다. 실제로

$$x^4-13x^2+4=(x^2+ax+b)(x^2+cx+d) \quad (a,\ b,\ c,\ d \in \mathbb{R})$$

라 두고 미정계수법을 이용하여 풀면 다음과 같다.

(i) $a=0$ 인 경우: $c=0$, $b=-\dfrac{13\mp3\sqrt{17}}{2}$, $d=-\dfrac{13\pm3\sqrt{17}}{2}$ 으로 다음과 같다.

$$x^4-13x^2+4=\left(x^2-\frac{13+3\sqrt{17}}{2}\right)\left(x^2-\frac{13-3\sqrt{17}}{2}\right)$$

(ii) $a\neq0$ 인 경우: $(a=-c=\pm3,\ b=d=-2)$ 또는 $(a=-c=\pm\sqrt{17},\ b=d=2)$으로 다음과 같이 두 가지 경우가 있다.

$$\begin{aligned}x^4-13x^2+4&=(x^2+3x-2)(x^2-3x-2)\\&=(x^2+\sqrt{17}x+2)(x^2-\sqrt{17}x+2)\end{aligned}$$

따라서 $f(3)+g(3)=5$ 또는 $f(3)+g(3)=14$ 또는 $f(3)+g(3)=22$ 이다.

1 다음 식을 계수가 실수인 범위에서 이차식의 곱으로 나타내시오.

(1) x^4+1

(2) x^4-5x^2-6

(3) x^4+3x^2+4

(4) x^4-10x^2+16

문제접근방법 - 다항식의 나눗셈

1 다음을 만족시키는 이차함수 $f(x)$에 대하여 $f'(1)$의 값을 구하시오. (단, $p, q \in \mathbb{R}$)

$$x^4 + x^2 + 4 = (x^2 - 2x)f(x) + px + q$$

해설 및 풀이

사차식을 나누는 방법은 사차식의 인수분해, 미정계수법, 곱의 미분공식, 다항식의 나누기 등을 이용하는 다양한 방법이 있다.

1 다음 두 방법은 풀이 과정에서 몫 f와 나머지 $px+q$를 동시에 구하는 방법이다. 이런 방법은 나누는 함수가 실수 해를 갖지 않는 경우, 예를 들어 x^2+1 또는 x^2+x+2와 같은 경우에도 적용할 수 있는 방법이다. 먼저 다항식의 나눗셈을 하듯이 차수를 낮추어 가며 전개하면

$$\begin{aligned} x^4 + x^2 + 4 &= x^2(x^2 - 2x) + 2x^3 + x^2 + 4 \\ &= x^2(x^2 - 2x) + 2x(x^2 - 2x) + 5x^2 + 4 \\ &= x^2(x^2 - 2x) + 2x(x^2 - 2x) + 5(x^2 - 2x) + 10x + 4 \\ &= (x^2 - 2x)(x^2 + 2x + 5) + 10x + 4 \end{aligned}$$

이므로 $f(x) = x^2 + 2x + 5$, $p = 10$, $q = 4$이다. 이 과정을 나눗셈으로 도식화하면 다음과 같다.

$$\begin{array}{r|lllll}
 & x^2 & +\,2x & +\,5 & & \\ \hline
x^2-2x & x^4 & & +\,x^2 & & +\,4 \\
 & x^4 & -\,2x^3 & & & \\ \cline{2-6}
 & & 2x^3 & +\,x^2 & & +\,4 \\
 & & 2x^3 & -\,4x^2 & & \\ \cline{3-6}
 & & & 5x^2 & & +\,4 \\
 & & & 5x^2 & -\,10x & \\ \cline{4-6}
 & & & & 10x & +\,4
\end{array}$$

그러므로 $f(x)=x^2+2x+5$, $p=10$, $q=4$ 이다. 따라서 $f'(1)=4$ 이다.

별해 사차식을 이차식으로 나누고 나머지를 쓰면

$$x^4+x^2+4=(x^2-2x)(ax^2+bx+c)+px+q$$

이므로 미정계수법을 이용하여 구하면 $a=1$, $b=2$, $c=5$, $p=10$, $q=4$ 이다. 따라서 $f(x)=x^2+2x+5$ 이므로 $f'(1)=4$ 이다.

다음은 나머지를 먼저 구한 후 함수 f 를 구하거나 미분법을 이용하여 $f'(1)$을 계산하는 방법이다. 먼저 $x^2-2x=0$ 인 $x=0$, $x=2$ 를 각각 대입하면 $q=4$, $2p+q=24$ 로부터 $p=10$, $q=4$ 이다. 그러므로

$$x^4+x^2+4=(x^2-2x)f(x)+10x+4$$

이다.

별해 $x=1$ 을 대입하면 $f(1)=8$ 이다. 양변을 미분하면

$$4x^3+2x=(2x-2)f(x)+(x^2-2x)f'(x)+10$$

이므로 $x=1$ 을 대입하면

$$6=0\cdot f(1)+(-1)f'(1)+10, \quad 즉 \quad f'(1)=4$$

이다.

참고로 이 방법으로 구할 수 없는 경우도 있다. 예를 들어

$$x^4+2x+4=(x^2-x)f(x)+3x+4$$
$$x^4+2x+4=(x-1)^2f(x)+6x+1$$

과 같은 문제를 생각해보라. 이 경우에도 고차 미분을 이용하면 $f'(1)$의 값을 구할 수 있다.

별해 관계식으로부터

$$f(x)=\frac{x^4+x^2+4-(10x+4)}{x^2-2x}=\frac{x^4+x^2-10x}{x^2-2x}$$

로부터 나눗셈을 하면 $f(x)=x^2+2x+5$ 를 얻을 수 있다. 또는 분수함수의 미분을 이용하여

$$f'(x) = \frac{(4x^3+2x-10)(x^2-2x)-(2x-2)(x^4+x^2-10x)}{(x^2-2x)^2}$$

을 구한 후 $x=1$을 대입하여 $f'(1)=4$를 구할 수도 있다.

1 다음 식을 만족시키는 함수 f에 대하여 $f'(1)$의 값을 구하시오. (단, a, b는 실수)

(1) $x^4+ax^2+b=(x^2+2x+2)f(x)$

(2) $x^4+3x^2+x+1=(x^2+1)f(x)+ax+b$

문제접근방법 - 직선의 교점과 연립방정식

1 다음 문제의 풀이에 대하여 각각의 특성을 비교하여 설명하시오.

문제 두 직선 $ax+y=4$, $3x+2y=5$ 의 교점이 직선 $x+y=1$ 위에 있을 때, 상수 a 의 값은?

풀이 1 두 직선이 만나는 교점은 직선 $3x+2y=5$ 위에도 있고 직선 $x+y=1$ 위에도 있으므로 교점의 좌표는 연립방정식

$$\begin{cases} 3x+2y=5 \\ x+y=1 \end{cases}$$

의 해이다. 그러므로 교점의 좌표는 $(3,\ -2)$이다. 이 점은 직선 $ax+y=4$ 위에 있으므로 대입하면 $3a-2=4$ 즉 $a=2$ 이다.

풀이 2 연립방정식 $\begin{cases} ax+y=4 \\ 3x+2y=5 \end{cases}$ 로부터 교점의 좌표는 $\left(\dfrac{3}{2a-3},\ \dfrac{5a-12}{2a-3}\right)$ 이다. 이 점은 직선 $x+y=1$ 위에 있으므로

$$\frac{3}{2a-3}+\frac{5a-12}{2a-3}=1,\quad \text{즉}\quad \frac{5a-9}{2a-3}=1$$

이다. 따라서 $a=2$ 이다.

풀이 3 교점의 좌표를 $(x_0,\ y_0)$라 하면 직선 $y=1-x$ 위에 있으므로 교점의 좌표는 $(x_0,\ 1-x_0)$이다. 교점이 직선 $3x+2y=5$ 위에 있으므로 $3x_0+2(1-x_0)=5$ 이다. 그러므로 $x_0=3$, $y_0=-2$ 이다. 이 점은 직선 $ax+y=4$ 위에 있으므로 $ax_0+y_0=4$ 즉 $a=2$ 이다.

풀이 4 교점의 좌표는 세 직선 $ax+y=4$, $3x+2y=5$, $x+y=1$ 의 해가 되므로 행렬의 연산을 적용하면

$$\left(\begin{array}{cc|c} 1 & 1 & 1 \\ 3 & 2 & 5 \\ a & 1 & 4 \end{array}\right) \Rightarrow \left(\begin{array}{cc|c} 1 & 1 & 1 \\ 0 & -1 & 2 \\ 0 & 1-a & 4-a \end{array}\right) \Rightarrow \left(\begin{array}{cc|c} 1 & 1 & 1 \\ 0 & 1 & -2 \\ 0 & 0 & 6-3a \end{array}\right) \Rightarrow \left(\begin{array}{cc|c} 1 & 0 & 3 \\ 0 & 1 & -2 \\ 0 & 0 & 6-3a \end{array}\right)$$

이다. 해가 존재하기 위해서는 $6-3a=0$ 즉 $a=2$ 이다.

해설 및 풀이

1 문제의 풀이는 학생이 사전에 알고 있는 지식에 따라 접근 방법이 다를 수 있음을 보여준다.

(1) 연립방정식의 교점을 구한 결과를 직선 $x+y=1$ 에 대입하는 것이 아니라 교점의 좌표는 직선 $x+y=1$ 위에 있다는 기하적 성질을 조건으로 이용하여 새로운 연립방정식을 만들어 푼다. 문제의 관점을 바꿔서 푸는 방법으로 효율적이며 계산이 쉬운 장점이 있으나 질문의 의도를 역으로 푸는 방법이다.

(2) 문제의 지시에 충실하게 따르는 풀이로 교점을 구한 후 직선에 대입하여 결과를 얻는다. 이 때 두 직선의 교점이 다른 직선 위에 있다는 사실만 사용하며 '세 직선이 한 점에서 만난다'는 사실은 이용하지 않는다.

(3) 해의 존재성을 가정하고 풀이한 것이다. 중·고등학교에서는 해의 존재성에 대해서는 다루지 않지만 일반적인 수학 문제에서는 해의 존재성을 파악하는 것은 매우 중요하다. 교점의 좌표를 구성적으로 찾는 것이 아니라 교점의 존재성을 전제하고 교점의 좌표를 가상으로 두어 조건을 차례로 적용하는 방식으로 답을 찾는다. 즉 교점의 좌표가 존재하면 $(3,\ -2)$ 이고 $a=2$ 임을 보인 것이다.

(4) 행렬에 대한 연산을 이해하고 교점이 결국 세 직선의 교점이 되고 이는 세 연립방정식의 해가 된다는 사전 지식을 요구하는 풀이이다.

1 함수 $y=x^2$ 에 접하는 직선이 점 $(2,\ 3)$ 을 지날 때, 접점의 좌표를 구하시오.

무리수 - 무리수 판별법

1 다음 수가 무리수임을 증명하시오.

(1) $\sqrt{2}$

(2) $2+\sqrt{3}$

(3) $\sqrt{2}+\sqrt{3}$

(4) $\sqrt{\dfrac{2-\sqrt{3}}{2}}$

해설 및 풀이

중·고등학교에서 무리수를 증명하는 방법은 일반적으로 유리수라 가정하고 모순을 보이는 귀류법을 적용한다. 하지만 조금 더 복잡한 경우에는 인수정리를 이용하여 무리수를 판별할 수도 있다. 예를 들어 정수 계수를 갖는 방정식 $x^2-2=0$의 유리수 해는 2의 약수라야 하므로 ± 1 또는 ± 2 뿐이다. 그런데 $\sqrt{2}$는 방정식의 해이면서 ± 1, ± 2가 아니므로 유리수가 아니다. 이와 같이 주어진 수를 해로 갖는 정수 계수의 방정식을 찾을 수 있으면 무리수인지 아닌지를 판별하기가 쉽다.

1 정수 계수의 방정식을 찾아 인수정리를 적용하여 무리수를 판정하는 문제이다.

(1) $\sqrt{2}$는 방정식 $x^2-2=0$의 해이다. 그런데 인수정리에 의하여 방정식 $x^2-2=0$은 유리수 해를 갖는다면 2의 약수인 ± 1, ± 2이다. 하지만 이 수들은 방정식을 만족시키지 않으므로 방정식 $x^2-2=0$은 유리수의 해를 갖지 않는다. 그러므로 $\sqrt{2}$는 무리수이다.

별해 $\sqrt{2}$가 $\sqrt{2}=\dfrac{p}{q}$ (p, q는 서로소)로 유리수라고 가정하면 p가 짝수가 되고 q도 짝수가 되어 모순이다. 그러므로 $\sqrt{2}$는 무리수이다.

(2) $x=2+\sqrt{3}$은 방정식 $x^2-4x+1=0$의 해이다. 그런데 방정식 $x^2-4x+1=0$이 유리수 해를 가지면 1의 약수인 ± 1이라야 한다. 그러므로 $x=2+\sqrt{3}$는 유리수가 아니다.

별해 (유리수)+(무리수)=(무리수)이므로 $2+\sqrt{3}$은 무리수이다.

(3) $a=\sqrt{2}+\sqrt{3}$ 이 유리수라고 하자. 그러면 $a^2=5+2\sqrt{6}$ 이므로

$$\frac{a^2-5}{2}=\sqrt{6}$$

이다. 좌변은 유리수의 사칙연산이므로 유리수이고 우변은 무리수이므로 모순이다. 그러므로 a 는 무리수이다. 한편 $a=\sqrt{2}+\sqrt{3}$ 를 해로 갖는 정수 계수의 방정식

$$x^4-10x^2+1=0$$

은 인수정리에 의해 유리수 해를 갖지 않으므로 a 는 무리수임을 알 수 있다.

(4) $a=\sqrt{\dfrac{2-\sqrt{3}}{2}}$ 라 하면 $2-2a^2=\sqrt{3}$ 이므로 a가 유리수이면 좌변은 유리수이고 우변은 무리수이므로 모순이다. 그러므로 a는 무리수이다. 한편 인수정리를 이용하여 보일 수도 있다. 즉 a 는 $4x^4-8x^2+1=0$ 의 해이고, 방정식 $4x^4-8x^2+1=0$ 은 인수정리에 의해 유리수 해를 갖지 않으므로 a 는 유리수가 아니다.

1 **정수 a, b, c 에 대하여 b^2-4ac 가 제곱수가 아니면 이차방정식 $ax^2+bx+c=0$ 의 실수 해는 무리수임을 증명하시오.**

무리수 - 무리수의 종류

1 다음 수를 해로 갖는 정수 계수의 방정식을 찾고 다음 수가 무리수인지 아닌지를 말하시오.

(1) $1+\sqrt{2}$

(2) $\sqrt{2}+\sqrt[3]{5}$

(3) $1+i$

(4) $2^{\sqrt{2}}$

(5) π

해설 및 풀이

주어진 수가 유리수인지 무리수인지 판별하는데 정수 계수를 갖는 방정식을 찾아 인수정리를 이용하여 쉽게 판별할 수 있는 경우가 있다. 이런 관점에서 정수 계수를 갖는 방정식의 해는 수를 분류하는 중요한 기준이 될 수 있다. 계수가 정수인 방정식의 해로 표현되는 수를 대수라 하고 그렇지 않는 수를 초월수라고 한다. 그러므로 모든 유리수는 대수이다. 일반적으로 초월수는 사칙연산에 대하여 닫혀있지 않다. 실제로 (대수)+(초월수)는 초월수이고 (초월수)+(초월수)는 초월수가 아닐 수도 있다. 예를 들어 $1+\pi$, $1-\pi$를 생각해보라.

1 주어진 수를 해로 갖는 정수 계수의 방정식을 찾아 인수정리를 적용하여 무리수인지 아닌지를 판별하는 문제이다.

(1) $a=1+\sqrt{2}$는 $x^2-2x-1=0$의 해이고 인수정리에 의해 방정식은 유리수 해를 갖지 않으므로 a는 무리수이다.

(2) $a=\sqrt{2}+\sqrt[3]{5}$는 $(x-\sqrt{2})^3=5$, 즉 $x^6-6x^4-10x^3+12x^2-60x+17=0$의 해이다. 방정식이 유리수 해를 갖는다면 인수정리에 의해 ± 1, ± 17이므로 a는 무리수이다.

(3) $a=1+i$는 $x^2-2x+2=0$의 해이고 인수정리에 의해 이 방정식은 유리수 해를 갖지 않으므로 $1+i$는 유리수가 아니다.

(4) $2^{\sqrt{2}}$을 해로 갖는 정수 계수의 방정식이 존재하지 않는다. 그러므로 $2^{\sqrt{2}}$는 무리수이다.[4)]

---

4) $2^{\sqrt{2}}$가 유리수인지 무리수인지를 판별하는 문제는 1990년 국제수학자대회에서 힐베르트(David Hilbert; 1862-1943)가 제시한 23문제 중의 일곱 번째 문제이다. 1930년에 Rodion Kuzmin이 초월수임을 증명하였고 1934년에 Aleksandr Gelfond와 Theodor Schneider가 보다 일반화된 Gelfond-Schneider 정리를 증명

(5) π를 해로 갖는 정수 계수의 방정식이 존재하지 않는다. 그러므로 π는 무리수이다.[5)]

1 $e\pi$가 유리수이면 $e+\pi$도 유리수임을 증명하시오.

하였는데 이 정리의 결과로 $2^{\sqrt{2}}$가 초월수임을 보였다. $2^{\sqrt{2}}$를 힐베르트 수라고 많이 불리었으나 현재는 Gelfond-Schneider 상수라고 많이 불리고 있다. 또한 $\sqrt{2^{\sqrt{2}}}=(\sqrt{2})^{\sqrt{2}}$으로 $(\sqrt{2})^{\sqrt{2}}$는 $2^{\sqrt{2}}$의 제곱근으로 초월수이다. 끝으로 e^{π}는 초월수임이 밝혀졌으나 π^{e}는 아직 초월수인지 아닌지 모른다.

Gelfond-Schneider 정리 a(단, $a\neq 0, 1$)는 대수이고 b가 대수적 무리수이면 a^{b}는 초월수이다.

5) π가 무리수임을 처음으로 증명한 사람은 Lambert(Johann Heinrich Lambert; 1728-1777)이다. Lambert는 1761년에 연분수를 이용하여 π가 무리수임을 증명하였다. 1873년에는 Hermite(Charles Hermite; 1822-1901)가 미적분의 기본적인 계산만으로 π가 무리수임을 증명하는 방법을 찾았다. 한편 1882년 Lindemann(Carl Louis Ferdinand von Lindemann; 1852-1939)이 π는 초월수임을 증명하였다.

무리수 - e와 cos1

1 다음 수가 무리수임을 증명하시오.

(1) e

(2) $\cos 1$

해설 및 풀이

정수 계수의 다항방정식에 대한 인수정리를 이용하여 무리수를 판정하는 방법은 정수 계수의 방정식의 해인 수에 한하여 유효하다. 즉 대수인 경우에 적용할 수 있는 방법이다. 초월수를 해로 갖는 정수 계수의 방정식은 존재하지 않으므로 초월수인 경우 인수정리를 적용할 수 없다. 대표적인 예가 e와 π이다.

1 중·고등학교에서 많이 다루고 있고 무리수라고 가르치지만 실제로 무리수임을 증명하지는 않는 e가 무리수임을 보이는 문제이다.

(1) $f(x)=e^x$라 하면 테일러 정리에 의하여 $e^x=1+\frac{1}{1!}x+\frac{1}{2!}x^2+\cdots$이므로

$$e=1+\frac{1}{1!}+\frac{1}{2!}+\frac{1}{3!}+\cdots$$

이다. $e=\frac{p}{q}$ (p, q는 서로소인 자연수)라 하면 $q\geq 2$이고

$$\frac{p}{q}=1+\frac{1}{1!}+\frac{1}{2!}+\frac{1}{3!}+\cdots=1+\frac{1}{1!}+\frac{1}{2!}+\cdots+\frac{1}{q!}+R_{q+1},\quad R_{q+1}=\sum_{k=q+1}^{\infty}\frac{1}{k!}$$

이므로

$$\begin{aligned}0&<q!\left(\frac{p}{q}-1-\frac{1}{1!}-\frac{1}{2!}-\frac{1}{3!}-\cdots-\frac{1}{q!}\right)\\&=q!R_{q+1}\leq\frac{1}{q+1}+\frac{1}{(q+1)(q+2)}+\frac{1}{(q+2)(q+3)}+\cdots=\frac{2}{q+1}<1\end{aligned}$$

이다. 그런데 $\alpha=q!\left(\frac{p}{q}-1-\frac{1}{1!}-\frac{1}{2!}-\frac{1}{3!}-\cdots-\frac{1}{q!}\right)$는 정수이고 $\alpha\in(0,1)$이므로 모순이다.

(2) $f(x)=\cos x$ 라 하면 테일러 정리에 의하여 $\cos x = 1-\frac{1}{2!}x^2+\frac{1}{4!}x^4-\frac{1}{6!}x^6+\cdots$ 이므로

$$\cos 1 = 1-\frac{1}{2!}+\frac{1}{4!}-\frac{1}{6!}+\cdots$$

이다. $\cos 1 = \frac{p}{q}$ (p, q는 서로소인 자연수)라 하면

$$\frac{p}{q}=1-\frac{1}{2!}+\cdots+\frac{(-1)^q}{(2q)!}+R_{2q+1}, \quad R_{2q+1}=\sum_{k=q+1}^{\infty}\frac{(-1)^k}{(2k)!}$$

이므로

$$(2q)!\left(\frac{p}{q}-1+\frac{1}{2!}-\frac{1}{4!}+\cdots-\frac{(-1)^q}{(2q)!}\right)=(2q)!R_{2q+1}$$

이다. $|(2q)!R_{2q+1}| \le \frac{1}{2q+1} < 1$ 이므로 우변은 정수가 아니지만 좌변은 정수이므로 모순이다. 따라서 $\cos 1$ 은 유리수가 아니다.

1 다음 수가 무리수임을 보이시오.

(1) $\frac{\ln 5}{\ln 2}$

(2) $\log_2 6$

무리수 - 삼각비

1 다음 수가 무리수임을 증명하시오.

(1) $\cos 5°$　　(2) $\cos 20°$　　(3) $\cos 1°$

해설 및 풀이

$x=\cos\theta$ 에 대하여 $\cos n\theta$ 는 n 차 다항식임을 이용하여 $\cos\theta$ 의 무리수를 판별할 수 있다. 예를 들어 $x=\cos\theta\in\mathbb{Q}$ 이면 코사인 공식에 의하여

$$\cos 2\theta = 2x^2-1, \qquad \cos 3\theta = 4x^3-3x$$

이므로 $\cos 2\theta\in\mathbb{Q}$ 이고 $\cos 3\theta\in\mathbb{Q}$ 이다. 실제로 $\cos\theta\in\mathbb{Q}$ 이면 $\cos n\theta\in\mathbb{Q}$ 이다. 그러므로 $\cos n\theta\in\mathbb{Q}^c$ 이면 $\cos\theta\in\mathbb{Q}^c$ 이다. 특히

(i) $\cos 3\theta\in\mathbb{Q}^c$ 이면 $\cos\theta\in\mathbb{Q}^c$ 이다.[6)]

(ii) $\cos 2\theta\in\mathbb{Q}^c$ 이면 $\cos\theta\in\mathbb{Q}^c$ 이다.

1 $\cos\theta$ 를 해로 갖는 정수 계수의 다항방정식을 만들어 인수정리를 적용한다. 이를 위해 삼각함수의 덧셈정리, 배각 공식, 반각 공식 등을 이용하여 특수각으로 나타낸다.

(1) $\cos 30° = \dfrac{\sqrt{3}}{2}$ 는 무리수이므로 $\cos 10°$ 도 무리수이다. 그러므로 $\cos 5°$ 도 무리수이다.

(2) 코사인 공식으로부터

$$\frac{1}{2} = \cos 60° = \cos(3\times 20°) = 4\cos^3 20° - 3\cos 20°$$

이다. 이제 $\cos 20° = \dfrac{p}{q}$ (p, q 는 서로소)라고 두고 위 식에 대입하면

$$8p^3-6pq^2=q^3$$

이다. 좌변이 짝수이므로 q 는 짝수이다. $q=2m$ 이라 두면

$$p^3=m^3+3pm^2$$

---

6) $\cos 3\theta\in\mathbb{Q}$ 인 경우는 $\cos\theta$ 가 유리수일 수도 있고 무리수일 수도 있다. $\theta=\frac{\pi}{6}$ 인 경우와 $\theta=\frac{\pi}{2}$ 인 경우를 각각 생각해보라. $\cos 2\theta\in\mathbb{Q}$ 인 경우도 $\cos\theta$ 가 유리수일 수도 있고 무리수일 수도 있다.

이다. 이제 m 이 홀수이면 p 가 짝수이건 홀수이건 위 식을 만족할 수 없다. 그러므로 m 은 짝수이다. 이때 p 도 짝수가 되어야 한다. 하지만 이것은 p, q 가 서로소라는데 모순이다. 그러므로 $\cos 20°$ 는 무리수이다.

별해 $a=\cos 20°$ 라고 하면 코사인 공식에 의하여

$$\frac{1}{2}=\cos(3\times 20°)=4\cos^3 20°-3\cos 20°=4a^3-3a$$

이므로 a 는 방정식 $8x^3-6x-1=0$ 의 해이다. 이 방정식이 유리수 $a=\frac{p}{q}$ (p, q 는 서로소)를 해로 가지면 인수정리에 의하여 q 는 8 의 약수로서 ± 1, ± 2, ± 4, ± 8 중의 한 수이고 p 는 ± 1 중의 한 수이다. 따라서 $a=\frac{p}{q}$ 가 될 수 있는 수는 ± 1, $\pm\frac{1}{2}$, $\pm\frac{1}{4}$, $\pm\frac{1}{8}$ 이다. 그런데

$$f(1)=1,\quad f(-1)=-3,\quad f\left(\frac{1}{2}\right)=-3,\quad f\left(-\frac{1}{2}\right)=1$$
$$f\left(\frac{1}{4}\right)=-\frac{19}{8},\quad f\left(-\frac{1}{4}\right)=\frac{3}{8},\quad f\left(\frac{1}{8}\right)=-\frac{111}{64},\quad f\left(-\frac{1}{8}\right)=-\frac{17}{64}$$

이므로 방정식 $f(x)=0$ 의 해가 될 수 없다. 따라서 $a=\cos 20°$ 는 유리수가 아니다.

(3) $\cos 30°=\cos(30\times 1°)=\frac{\sqrt{3}}{2}\in\mathbb{Q}^c$ 이므로 $\cos 1°\in\mathbb{Q}^c$ 이다. 실제로 다음과 같이 증명할 수 있다. $x=\cos\theta$ 라면 $\cos n\theta$ 는 x 에 대한 계수가 유리수인 n 차 다항식으로 표현할 수 있다. 실제로 $T_n(x)=\cos n\theta$ 라 하면 코사인의 덧셈정리에 의하여

$$T_{n+1}(x)=\cos(n+1)\theta=2\cos\theta\cos n\theta-\cos(n-1)\theta=2xT_n(x)-T_{n-1}(x)$$

이므로 수학적 귀납법에 의하여 $\cos(n+1)\theta$ 도 계수가 유리수인 $(n+1)$차 다항함수이다. 이제 $\cos 1°=\frac{p}{q}$ 로 유리수라고 하면 $\forall n\in\mathbb{N}$ 에 대하여

$$\cos n°=T_n(\cos 1°)$$

이므로 $\cos n°$ 은 모두 유리수이다. 그런데 $\cos 30°=\frac{\sqrt{3}}{2}$ 으로 유리수가 아니므로 모순이다. 따라서 $\cos 1°$ 는 유리수가 아니다.

1 다음 수가 무리수임을 보이시오.

(1) $\sin 15°$ (2) $\tan 2°$

무리수 - 작도가능한 각도

1 작도가능한 가장 작은 자연수의 각도는 $3°$임을 증명하시오.

해설 및 풀이

1 작도가능한 각도의 문제는 삼각함수로 나타낸 값이 작도가능한 수인지 아닌지를 밝혀내면 된다. 그러므로 $\sin 3°$가 작도가능한 수인지를 알아내면 된다. 정오각형을 작도할 수 있다. 정오각형의 한 중심각은 $72°$이므로 $72°$를 작도할 수 있다. 임의의 각을 이등분할 수 있으므로 $36°$를 작도할 수 있다. 그런데

$$\sin 6° = \sin(36° - 30°) = \sin 36° \cos 30° - \sin 30° \cos 36°$$

로서 작도가능한 수의 차이므로 작도가능하다. 그러므로 $6°$는 작도가능하다. 또 $6°$의 이등분 각 $3°$도 작도할 수 있다.

만약 $1°$가 작도가능하면 모든 정수 n에 대하여 $n°$가 작도가능하여야 한다. 그런데 $\sin 20°$는 작도불가능한 수이므로 $1°$는 작도가능하지 않다. 만약 $2°$가 작도가능하다면 그 이등분각인 $1°$도 작도가능해야 하므로 모순이다. 따라서 작도가능한 가장 작은 자연수의 각도는 $3°$이다.

1 $\sin 3°$와 $\cos 3°$는 대수임을 설명하시오.

학생들이 자주 범하는 오류

1. 계수 1 또는 기호 $\times$ 를 생략하여 생기는 오류

(1) 문자와 1의 곱에서 1은 생략한다. 예를 들어 $1\times a=1a=a$, $-1\times a=-a$이다. 그런데

$$0.1\times a=0.1a \text{ 또는 } 0.1\times a=0.a$$

이라 한다. $a=100$을 대입해보라. 또한 $11\times a=a$에서처럼 11에서 1을 두 번 생략하여 오류가 생기는 경우도 있다.

(2) $18a^2\div 2a=18a^2\times\dfrac{1}{2a}=9a$ 또는 $18a^2\times\dfrac{1}{2}\times a=9a^3$ 인데 $18a^2\div 2a=1\times 8\times a^2\div 2\times a=4a^3$으로 계산하는 경우도 있다.

(3) $y=ax+b\ (a\neq 0)$를 x에 대한 일차함수라 한다. 그런데 '$y=x$가 일차함수인가?'라는 물음에 '아니오'라고 대답하는 학생이 있다. 그 이유는 "x앞에 a에 해당하는 수가 없다. 즉 a는 0이다."는 것이다.

(4) 분수의 계산에서 $\times$ 를 생략하여 분수를 대분수로 오해하는 경우도 있다. 예를 들어

$$a\div b\times 3=a\times\frac{1}{b}\times 3=\frac{a}{b}\times 3=3\frac{a}{b}$$

라고 계산한 후 $3\dfrac{a}{b}$ 를 곱이 생략된 것이 아니라 대분수로 착각한다.

2. 연산의 약속을 잘못 이해한 경우: 항을 잘못 묶는 경우

방정식 $4x+20=4y$에서 양변을 4로 나누면

$$\frac{4x+20}{4}=\frac{4y}{4},\quad \text{즉}\quad x+20=y$$

로 계산한다. 이는 4로 나누는 값이 $4x+20$의 모든 항에 적용되어야 하는데 그렇지 않게 계산한다. 이런 오류는 $\dfrac{x^2-2x+1}{x^2-3x+2}$와 같은 경우에 $\dfrac{(x-1)^2}{(x-1)(x-2)}$로 인수분해하여 약분하지 않고 $\dfrac{\cancel{x^2}-2x+1}{\cancel{x^2}-3x+2}=\dfrac{-2x+1}{-3x+2}$와 같이 계산하는 경우도 있다. 비슷한 오류로 다음과 같이 계산하는 경우도 있다.

$$\frac{\cancel{x}+3}{\cancel{x}}=3,\quad \frac{\cancel{4}x+3}{\cancel{2}}=2x+3,\quad \frac{\cancel{5}}{\cancel{5}+x}=\frac{1}{x}$$

3. 연산의 약속을 잘못 이해한 경우: 연산의 약속을 잘못 알고 있는 경우

(1) $2a+3=5a$

(2) $2a+3b=5ab$

(3) $(a+b)^2=a^2+b^2$

(4) $\sqrt{a}+\sqrt{b}=\sqrt{a+b}$

(5) $\sqrt{a}+\sqrt{b}=\sqrt{ab}$

(6) $6(2x+3)=12x+3$

(7) $-3(2x-5)=-6x-15$

(8) $0.2(x-3)=0.3x+4$의 양변에 10을 곱하여 $2x-6=3x+4$ 또는 $2(10x-30)=3x+40$로 계산한다.

(9) $\dfrac{1}{x}=\dfrac{1}{y}+\dfrac{1}{z}$는 $x=y+z$이다.

(10) 절댓값 기호 $|\cdot|$는 $-$ 부호를 떼어낸 수이다. 그러므로 $a<0$인 경우에도 $|-a|=a$으로 계산한다.

4. 연산의 약속을 잘못 이해한 경우: 지수와 로그

(1) $\log x^2$와 $2\log x$의 진수 조건이 같다.

(2) $(\log a)^2=2\log a$

(3) $\log(a+b)=\log a+\log b$, $\log(a+b)=\log ab$

(4) $\dfrac{\log a}{\log b}=\log a-\log b$, $\log(a-b)=\log\dfrac{a}{b}$

(5) 2^{10}을 2로 나누면 2^5이라 한다.

(6) $(-2a^4)^2\times(a^2)^3\div a^5=\dfrac{4a^8\times a^6}{a^5}=4a^3\times a=4a^4$

(7) $2a^3\times 3a^4=6a^{12}$ 또는 $2a^3\times 3a^4=(2+3)a^{3+4}=5a^7$

(8) $(3^4)^2=3^6$ 또는 $(3^4)^2=9^8$

(9) $a^4\times a^3\div a^7=a^7\div a^7=a^{7\div 7}=a$

(10) $-xy^2\times(-3y^2)^3=-xy^2\times-27y^6=-x-27y^8$

증명 오류 찾기

1. $2=1$

(1) $a=b$라 하자. 그러면

$$\Rightarrow\ a^2=ab\ \Rightarrow\ a^2-b^2=ab-b^2$$

$$\Rightarrow\ (a-b)(a+b)=(a-b)b\ \Rightarrow\ a+b=b$$

$$\Rightarrow\ b+b=b,\ \text{즉}\ 2b=b$$

$$\Rightarrow\ 2=1$$

(2) x가 양의 정수이면

$$x^2=\overbrace{x+x+\cdots+x}^{x\text{번}}$$

이므로 양변을 미분하면

$$\frac{d}{dx}(x^2)=\frac{d}{dx}(x+x+\cdots+x)\quad\Rightarrow\quad 2x=1+1+\cdots+1=x$$

이므로 $2=1$이다.

2. $0=2$

$$\cos^2 x=1-\sin^2 x$$

$$\Rightarrow\ \cos x=\sqrt{1-\sin^2 x}$$

$$\Rightarrow\ 1+\cos x=1+\sqrt{1-\sin^2 x}$$

이제 $x=\pi$를 대입하면 $0=2$이다.

3. $1=-1$

$$1=\sqrt{1}=\sqrt{(-1)(-1)}=\sqrt{-1}\,\sqrt{-1}=i\cdot i=-1$$

4. $e^{2\pi}=1$

$$e^{2\pi i}=1\ \Rightarrow\ e^{-2\pi}=(e^{2\pi i})^i=1^i=1\ \Rightarrow\ e^{2\pi}=1$$

5. $i=1$

$$i=e^{\frac{\pi i}{2}}=\left(e^{2\pi i}\right)^{\frac{1}{4}}=1^{\frac{1}{4}}=1$$

6. $\cos(2\sqrt{2}\pi)+i\sin(2\sqrt{2}\pi)=1$

$$\cos(2\sqrt{2}\pi)+i\sin(2\sqrt{2}\pi)=e^{2\sqrt{2}\pi i}=\left(e^{2\pi i}\right)^{\sqrt{2}}=1^{\sqrt{2}}=1$$

7. $2=4$

$x=(\sqrt{2})^{\sqrt{2}^{\sqrt{2}^{\cdot^{\cdot^{\cdot}}}}}$ 라 하면 $x=(\sqrt{2})^{x}=2^{\frac{1}{2}x}$ 이므로 $x^2=2^x$ 이다. 그러므로 $x=2$ 또는 $x=4$ 이다. 따라서 $2=(\sqrt{2})^{\sqrt{2}^{\sqrt{2}^{\cdot^{\cdot^{\cdot}}}}}=4$이다.

8. $0=1$

부분적분하면

$$\int\frac{1}{x\ln x}dx=\ln x\left(\frac{1}{\ln x}\right)-\int\ln x\left(-\frac{1}{\ln^2 x}\right)\cdot\frac{1}{x}dx=1+\int\frac{1}{x\ln x}dx$$

이므로 $0=1$이다.

9. $\lim_{x\to0}\frac{\sin 3x}{\sin 2x}=\lim_{x\to0}\frac{\cancel{s}\cancel{i}\cancel{n}3\cancel{x}}{\cancel{s}\cancel{i}\cancel{n}2\cancel{x}}=\frac{3}{2}$

연습문제

1. 195와 286의 최대공약수를 구하시오.

2. 3보다 큰 소수는 $6n \pm 1$의 꼴임을 증명하시오.

3. 정육면체 모양의 두부를 가로 ℓ개, 세로 m개, 높이 n개를 쌓아 직육면체를 만들었다. 철사로 이 직육면체의 대각선을 통과시킬 때 철사가 통과하는 두부의 개수를 구하시오. (단 ℓ, m, n은 서로소이다.)

4. 다음을 간략히 하시오.

(1) $x \div 3x$
(2) $y \div xy$
(3) $x \div 3y$
(4) $2x \div 3 \times y$
(5) $2x \div 3 \div 4y$
(6) $x^2 \div x \times x \div x^2$

5. 다음은 인수분해한 것인가?

(1) $2x^3 + 6x + 4 = 2(x^3 + 3x + 2)$
(2) $2x^2 - 2x - 4 = (2x-4)(x+1)$
(3) $2x^2 + x - 1 = (x - \frac{1}{2})(2x+2)$
(4) $x^2 - 5x + 6 = (x-1)(x-4) + 2$
(5) $2x^{\pi+1} + 3x^{\pi} = (2x+3)x^{\pi}$
(6) $e^{2x} + e^{x} = e^{x}(e^{x}+1)$

6. $\frac{1}{x} + \frac{1}{y} = 1$, $x^2 + y^2 = 2$일 때, 다음 값을 구하시오.

(1) $(x+y)^6$
(2) $x - y$

7. $2023^x = 100$, $0.2023^y = 1000$일 때, 다음 값을 구하시오.

(1) $\frac{2}{x} - \frac{3}{y}$ (2) $\frac{1}{x+y}$

8. 실수 a, b에 대하여 방정식

$$x^5 + ax^3 + bx^2 + 2 = 0$$

의 한 근이 $1+i$일 때 ab의 값을 구하시오.

9. $a^2 + b^2 = 2$이고 $ab = 1$일 때, 다음 값을 각각 구하시오.

(1) $a+b$

(2) $a+2b$

10. 농도 5%인 소금물 240 g에 농도 8%인 소금물을 섞어 6%의 소금물을 만들었다. 이때 농도 8%인 소금물의 질량은 얼마인가?

11. 다음 글을 읽고 물음에 답하시오.

> 과일 가게에서 청송사과는 30개를 2000원에 2개씩 팔고 의성사과는 30개를 2000원에 3개씩 팔았다. 그날 저녁이 되자 사과는 모두 다 팔렸다. 다음날 가게 주인은 청송사과 30개와 의성사과 30개를 함께 놓으면서 다음과 같이 생각했다. '이것들을 귀찮게 나누어 팔 필요가 있을까? 그냥 5개에 4000원씩 팔면 편하지 않을까?'하고 판매를 하였다. 그날 저녁이 되자 과일은 모두 팔렸다. 그런데 돈을 세어 보던 주인은 깜짝 놀랐다.

(1) 주인이 깜짝 놀란 이유는 무엇인가?

(2) 사과를 나누어 파는 것보다 묶어 파는 것이 더 유리하려면 가격을 얼마로 해야 하는가?

12. $(\sqrt[3]{(-i)} - i)(2\sqrt[3]{(-i)} + \sqrt{3} + i)(2\sqrt[3]{(-i)} - \sqrt{3} + i) = 0$이 성립하는 이유를 설명하시오.

13. 이차방정식 $x^2-2(k+2)x+2k^2+6=0$의 두 근이 정수일 때, 정수 k의 값을 구하시오.

14. 다음 명제가 참인지 또는 거짓인지를 말하시오. (단, a, b, c는 복소수이다.)

(1) 모든 실수 x에 대하여 $ax^2+bx+c>0$이면 a, b, c는 실수이다.

(2) $ax^2+bx+c=0$가 서로 다른 두 실근을 가지고 $a\in\mathbb{R}$이면 $b^2-4ac>0$이다.

(3) $b^2-4ac<0$이면 $ax^2+bx+c=0$은 실근을 갖지 않는다.

15. 다음을 인수분해하시오.

(1) $x^2y-x-y+1$

(2) x^4+4x^2-1

(3) x^4-6x^2+10

16. 다음 방정식의 해를 구하시오.

(1) $x^4+2x^2-3=0$

(2) $x^4+x^3+2x^2+x+1=0$

(3) $x^3-6x^2+12x-35=0$

(4) $x^4+2x^3+x^2-x-3=0$

(5) $x^5-x^4-x+1=0$

(6) $x^4+2x^3+2x+1=0$

17. 다음 식이 방정식, 항등식, 부정방정식, 불능방정식인지 각각 말하시오.

(1) $|x|=|x-1|$

(2) $e^x+1=0$

(3) $[x]^2=x^2$

(4) $2\sin x=\cos x$

18. 다음 방정식 또는 부등식의 해를 구하시오.

(1) $\dfrac{x-1}{x}\le x$

(2) $x+\dfrac{1}{x}<3$

(3) $\dfrac{x}{2}=\left[\dfrac{x}{2}\right]$

(4) $\begin{cases}[x+y]=2\\ [x]+2y=1\end{cases}$

(5) $\sin 2x=\sin\dfrac{\pi}{5}$

(6) $\log_{\frac{1}{2}}(6-x)>\log_{\frac{1}{2}}(2x+3)$

19. 다음을 만족시키는 정수 해를 구하시오.

(1) $xy = x + y + 3$

(2) $1990x - 173y = 11$

20. 다음 수가 무리수임을 증명하시오.

(1) $\sqrt{e}$

(2) $\sqrt[3]{4 - \sqrt{3}}$

(3) $\sqrt{2}^{\sqrt{2}}$

(4) $\log_{10} 2$

21. 제곱수가 아닌 자연수 n에 대하여 $\sqrt{n} \in \mathbb{Q}^c$를 증명하시오. 또 자연수 k와 n에 대하여 $k^{\frac{1}{n}}$은 정수가 아니면 무리수임을 증명하시오.

22. 자연수 n에 대하여 $\sqrt{n + \sqrt{n}}$은 무리수임을 증명하시오.

23. 대수는 사칙연산에 대하여 닫혀있음을 보이시오. 즉 대수 a, b에 대하여 다음 수도 모두 대수임을 증명하시오.

$$a + b, \quad a - b, \quad ab, \quad \frac{a}{b} \ (\text{단, } b \neq 0)$$

24. 임의의 유리수 a, r에 대하여 a^r는 대수임을 증명하시오.

25. 다음 연산의 결과가 대수가 되는지, 초월수가 되는지, 아니면 대수인지 초월수인지 정해지지 않는 경우인지를 각각 말하시오. (단, 대수는 0, 1이 아니다.)

(1) (대수)+(대수)

(2) (대수)×(대수)

(3) $(\text{대수})^{(\text{대수})}$

(4) (대수)+(초월수)

(5) (대수)×(초월수)

(6) $(\text{대수})^{(\text{초월수})}$

(7) $(\text{초월수})^{(\text{대수})}$

(8) (초월수)+(초월수)

(9) (초월수)×(초월수)

(10) $(\text{초월수})^{(\text{초월수})}$

26. 다음 수가 대수인지 초월수인지를 판별하시오.

(1) $\sqrt{a}+b$ (단, a, b는 유리수)

(2) i

27. 다음 수를 해로 갖는 방정식을 구하고 유리수인지 아닌지를 말하시오.

(1) $\cos 36°$

(2) $\sin 22.5°$

(3) $\log_{10} 2$

28. e와 π가 초월수임을 이용하여 다음 수는 무리수임을 증명하시오.

(1) $\sqrt{2}+\pi$

(2) $\ln 2$

(3) $e+\sqrt{e}$

(4) $\pi+\sqrt{\pi}$

29. 다음 수가 대수인지 초월수인지를 판별하시오.

(1) $\sin\dfrac{\pi}{12}$

(2) $\sqrt{2}^{\sqrt{2}}$

30. 한 자리의 숫자 d ($0 \le d \le 9$인 정수)를 임의의 자연수 n에 계속해서 이어 붙인 숫자

$$n\overbrace{dd\cdots d}^{k\text{개}}$$

이 모든 자연수 k에 대하여 소수가 되도록 하는 d는 존재하지 않음을 설명하시오.

31. $\sin\theta°$가 유리수가 되는 가장 작은 양의 정수 θ를 구하시오.

32. 임의의 양의 유리수는 어떤 $n \in \mathbb{N}$에 대하여 $\displaystyle\sum_{k=1}^{n}\frac{1}{n_k}$ $(n_k \in \mathbb{N})$으로 표현할 수 있음을 증명하시오.

33. 자연수 n과 홀수 a, b, c에 대하여 방정식

$$ax^n + bx + c = 0$$

은 유리수 해를 갖지 않음을 보이시오.

34. 홀수 a, b, c에 대하여 방정식

$$\tan(x^2) = \tan(ax + by + c)$$

은 유리수 해를 갖지 않음을 보이시오.

35. π가 무리수임을 설명하시오.

부록

부록 1 집합 공리에 대하여

1. 집합이란?

우리는 어떤 대상의 모임을 집합이라고 정의하여 왔다. 하지만 어떤 대상이 그 모임에 속하는지 속하지 않는지에 대하여 명확하게 판단하지 못하는 경우가 실제로는 많다. 바이러스를 생물로 분류할지 무생물로 분류할지를 놓고 학계에서는 많은 논란이 있어 왔던 것이 사실이다. 전 세계에 문제를 야기했던 광우병의 원인체인 프리온을 단순히 단백질 덩어리로 보기에는 석연찮은 면이 있다. 또 명왕성이 행성인지 아닌지에 대한 논란도 그러하다. 이와 같이 어떤 대상이 어떤 집합에 속하는지 속하지 않는지를 명백하게 알 수 없다면 집합의 정의 자체가 애매해진다. 그러므로 '집합'을 정의하기 위해서는 '속한다' 또는 '원소이다'는 용어가 명확해야 하는데 '속한다'란 용어는 대상의 모임인 '집합'이란 용어가 먼저 필요하게 된다.

집합은 보통 명제 P를 만족시키는 x의 모임으로 정의한다. 즉 $P(x)$가 참인 x는 집합에 '속한다'라고 정의한다. 역으로 x가 집합에 속하는지 알기 위해서는 $P(x)$가 참인지를 판단할 수 있어야 하는데 이는 '집합'이 정의되는 것과 같다. 즉 어떤 대상에 대하여 $P(x)$가 참인지 거짓인지를 판별할 수 있어야 그 대상이 집합에 속하는지 속하지 않는지를 판단할 수 있고, 또 그 역으로도 생각할 수 있다. 그러므로 어떤 진술의 참 또는 거짓을 판단할 수 있는 것과 그 진술을 만족시키는 집합을 구성하는 문제는 동일 선상에 있게 된다. 실제로 명제 $P(x)$를 만족시키는 x들의 모임을 P의 진리집합이라 하고, 'x가 P의 진리집합에 속한다' 또는 'x는 P의 진리집합의 원소이다'는 '$P(x)$는 참이다'로 등치한다. 이런 의미에서 집합론과 논리학은 불가분의 관계를 가지고 집합론의 구축이 논리적인 수학체계의 근간을 이룬다는 사실도 이해할 수 있다. 따라서 집합론을 위한 공리계의 구축이 매우 중요하다.

그렇다면 수학적 명제 P에 대하여 $P(x)$가 참이 되는 x의 모임인 $\{x \mid P(x)\}$는 항상 집합이 되는가? 칸토어(Georg Ferdinand Ludwig Philipp Cantor; 1845-1918)는 집합의 정의에 대하여 큰 고민 없이 이 정의를 사용하였는데 당연해보이던 이 정의로는 집합을 정의하는데 충분하지 않음이 밝혀진다. 수학적 대상에서도 집합을 구성하는데 모순을 내포하고 있음을 보여주는 여러 형태의 역설을 만나게 된다. 그중에서도 칸토어 역설과 러셀(Bertrand Arthur William Russell; 1872-1970)의 역설이 유명하다. 칸토어는 임의의 집합 A에 대하여 집합 A의 기수와 그 멱집합 $\wp(A)$의 기수가 같지 않음을 보임으로써 모든 기수의 집합은 존재할 수 없

음을 보였다. 그 결과

$$\{x \mid x \text{는 집합의 기수}\}$$

이라는 모임은 집합이 될 수 없음을 보게 된다. 또한 러셀은

$$\{x \mid x \notin x\}$$

도 집합이 될 수 없음을 보인다.

수학적 대상은 대부분 집합으로 환원하여 생각할 수 있으므로 집합론의 모순은 일반적인 수학적 대상에 대한 모순이기도 했으므로 중요한 문제이기도 했다. 칸토어 역설에서 모든 기수들의 모임은 집합이 아니라고 하면 그만이지만 러셀의 역설은 실수집합이 비가산임을 증명하는 칸토어의 대각법에 기초하고 있어 단순히 집합이 아니라고 할 수는 없었다. 이런 문제를 해결하기 위한 노력의 결과로 다양한 해결 방법이 제시되었다. 그중에서도 러셀 자신이 제시한 계형이론(Type Theory), 체르멜로-프랭켈의 공리체계(ZF, Zermelo-Fraenkel's Axioms)[1]를 도입한 집합론, 폰노이만-베르나이스-괴델(von Neumann-Bernays-Gödel)[2]의 클래스를 이용한 집합론은 중요한 성과로서 현대 수학의 기초를 정초하게 된다. ZF공리계를 간단히 나열해보면 다음과 같다.

(1) **외연공리(Axiom of Extensionality)** 두 집합의 원소가 같다면 집합으로 같다는 의미로

$$\forall A \forall B(\forall a \in A \Leftrightarrow a \in B) \Leftrightarrow A = B$$

이다. 그러므로 $A \subset B$이고 $B \subset A$이면 $A = B$이다. 이로부터 집합의 유일성도 보장받는다.

(2) **정칙공리(Axiom of Regularity)** 공집합이 아닌 모든 집합은 자신과 서로소인 원소를 가진다는 공리로

$$\forall X(\exists a(a \in X) \Rightarrow (\exists b(b \in X \ \wedge \neg \exists c(c \in b \wedge c \in X))))$$

이다. 이 공리에 의하여 자기 자신을 포함하는 집합(예, $A = \{A\}$)이나 재귀적인 집합(예, $A = \{B\}$, $B = \{A\}$)와 같은 집합은 존재할 수 없다.

(3) **분류공리꼴(Axiom Schema of Specification)** 임의의 집합에 대하여 그 집합에서 명제 P를 만족시키는 부분집합이 존재한다는 공리로

---

1) 체르멜로(Ernst Friedrich Ferdinand Zermelo; 1871-1953), 프랭켈(Abraham Fraenkel; 1891-1965)

2) 폰노이만(John von Neumann; 1903-1957). 베르나이스(Paul Isaac Bernays; 1888-1977), 괴델(Kurt Friedrich Gödel; 1906-1978)

$$\forall X \exists Y \forall a (a \in Y \Leftrightarrow (a \in X \wedge P(a)))$$

이다. 이로부터 집합 X에서 명제 P를 만족시키는 원소들의 모임은 집합이다. 그러므로 부분집합을 만들 수 있다. 또한 두 집합 A, B에 대하여 $A \cap B = \{x \in A \mid x \in B\}$이므로 교집합도 집합이 된다. 공리가 아닌 공리꼴인 이유는 임의의 술어 P에 적용되므로 1차 술어논리로 풀어 쓸 수 없기 때문이다.

(4) **짝공리(Axiom of Pairing)** 임의의 두 집합에 대하여 그 두 집합을 원소로 갖는 집합이 존재한다는 공리로

$$\forall A \forall B \exists C (A \in C \wedge B \in C)$$

이다. 즉 집합 A, B에 대하여 $C = \{A, B\}$는 집합이다. 특히 $A = B$이면 $C = \{A\}$이다. 또 순서쌍 (x, y)는 $A = \{x\}$, $B = \{x, y\}$에 대하여 $C = \{\{x\}, \{x, y\}\}$으로 구성할 수 있으므로 곱집합을 정의할 수 있다.

(5) **합집합공리(Axiom of Union)** 임의의 집합에 대하여 그 집합의 원소들의 원소들을 원소로 가지는 집합이 존재한다는 공리로

$$\forall X \exists U \forall a (\exists b (b \in X \ \wedge \ a \in b) \Rightarrow a \in U)$$

이다. 이로부터 임의의 집합의 합집합은 집합이다. 예를 들어 $A = \{A_1, A_2, \cdots\}$이면 $A_1 \cup A_2 \cup \cdots = \cup A$는 집합이다. 한편 짝공리에 의하여 집합 A, B에 대하여 $U = \{A, B\}$가 집합이므로 합집합공리에 의하여 U의 원소 A, B의 원소들을 원소로 갖는 집합 즉 $A \cup B$가 존재한다.

(6) **치환공리꼴(Axiom Schema of Replacement)** 임의의 집합 A의 임의의 $x \in A$에 대하여 관계 $\phi(x, y)$를 만족시키는 y가 유일하게 존재하면 ϕ에 의한 A의 상은 집합이라는 공리로

$$\forall A (\forall x \in A \exists ! y \phi(x, y) \Rightarrow \exists Y \forall x \in A \exists y \in Y \phi(x, y))$$

이다. $\phi(x, y)$는 함수이므로 이 공리로부터 집합 A에서 정의된 함수 f의 치역은 집합이라는 공리이다. 이 공리로부터 정렬가능한 모든 집합에는 서수가 유일하게 정의됨을 증명할 수 있다. 공리꼴인 이유는 관계 ϕ가 임의의 관계이므로 1차 술어논리로 쓸 수 없기 때문이다.

(7) **무한공리(Axiom of Infinity)** $\varnothing \in X$이고 $x \in X$이면 $x \cup \{x\} \in X$인 집합 X가 존재한다는 공리로

$$\exists X(\varnothing \in X \wedge (\forall x(x \in X \Rightarrow x \cup \{x\} \in X)))$$

이다. 이로부터 $\varnothing$, $\varnothing \cup \{\varnothing\} = \{\varnothing\}$, $\{\varnothing\} \cup \{\{\varnothing\}\} = \{\varnothing, \{\varnothing\}\}$, $\cdots$를 모두 원소로 갖는 집합이 존재한다. 이는 계승자의 개념으로 수를 만들어 가는 공리로 자연수집합이나 실수집합과 같은 무한집합을 만들 때 필요한 공리이다.

한편 무한공리에 의하여 자연수집합 $\mathbb{N}$이 존재하고 분류공리꼴에 의하여 $\varnothing = \{x \in \mathbb{N} \mid x \notin x\}$는 집합이므로 공집합은 집합이 된다. 즉 공집합이 집합임은 무한공리와 분류공리꼴로부터 유도될 수 있다. 그런데 직관주의자들은 무한공리를 잘 받아들이지 않으므로 공집합이 집합이라는 새로운 공리를 추가하기도 한다.

(8) **멱집합공리(Axiom of Power Set)** 임의의 집합에 대하여 그 집합의 부분집합들을 원소로 갖는 집합이 존재한다는 공리로

$$\forall X \exists P \forall Y(\forall a(a \in Y \Rightarrow a \in X) \Rightarrow Y \in P)$$

이다. 이로부터 임의의 집합의 멱집합은 집합이 된다.

먼저 집합은 내포가 아니라 외연으로 정의한다는 점이다. 개념은 내포와 외연으로 구성되는데 개념의 속성인 내포가 아니라 대상의 고리인 외연으로 집합을 정의함으로써 앞에서 설명한 집합의 정의 문제를 해결한다. 외연으로 정의함으로써 집합에 속하느냐 속하지 않느냐에 따라 원소임이 결정된다. 그러므로 집합의 원소에는 순서가 없고 여러 번 속해도 결국 같은 원소이므로 $\{a,\ b,\ c\}$, $\{c,\ b,\ a,\ a\}$, $\{a,\ b,\ a,\ b,\ c,\ c,\ c,\ c\}$ 등은 모두 같은 집합이다.

집합을 표현하는 방법은 원소나열법과 조건제시법이 있다. 조건제시법은 조건을 이용한 표현이므로 같은 집합을 여러 가지의 방법으로 표현할 수 있다. 예를 들어 직각삼각형의 집합을

$$\{\Delta \mid a^2 + b^2 = c^2,\ a,\ b,\ c \text{는 삼각형 ABC의 세 변의 길이}\}$$
$$\{\Delta \mid \angle \mathrm{C} = 90°,\ \mathrm{C}\text{는 삼각형 ABC의 한 꼭짓점}\}$$

와 같이 정의할 수 있다. 이와 같은 이유로 조건제시법으로 무한집합을 정의하면 그 집합의 존재성이 의심스러울 수 있다.

러셀의 역설이나 칸토어의 역설은 너무 큰 집합을 정의하는 데서 생기는 모순임을 고려하여 '명제에 적용될 수 있는 대상의 범위'를 제한하는 분류공리꼴로써 역설을 피해간다. 즉 명제의 참

또는 거짓을 판정하기 위한 대상의 집합을 제한해서 전체집합이라 두고 그 전체집합에서 명제 P를 만족시키는 대상의 모임은 집합임을 보장받는다. 집합 U에서 명제 P를 만족시키는 원소들의 집합을

$$\{x \in U \mid P(x)\}$$

와 같이 나타낸다. 하지만 주어진 집합의 부분집합만 만들 수 있다는 한계가 있다.

수학에서 매우 중요하게 다루어지는 공리가 선택공리이다. 현재는 집합론의 공리계인 ZF에 선택공리를 더한 ZFC를 수학의 기본공리체계로 본다. 선택공리는 다음과 같다.

(9) **선택공리(AC, Axiom of Choice)** 공집합이 아닌 집합족에서 각 집합의 한 원소씩으로 구성된 집합이 존재한다는 공리로

$$\forall X((\varnothing \notin X) \Rightarrow \exists f: X \to \cup X,\ \ \forall A \in X\,(f(A) \in A))$$

이다. 선택공리는 대표적인 비구성적 명제이다.

괴델은 ZF의 공리체계에서 선택공리를 더하여 생기는 모순은 ZF 자체의 모순임을 보임으로써 선택공리의 무모순성을 1937년에 보였고 코헨(Paul Joseph Cohen: 1934-2007)은 1963년에 ZF공리체계와 선택공리는 독립적임을 증명하였다.
선택공리는 분할을 구성하는 각 집합에서 한 원소를 선택하는 함수가 존재한다는 공리로 주어진 집합족의 대표원소로 구성된 집합이 존재함을 의미한다. 유한집합이나 수학에서 사용하는 무한집합의 많은 경우에 그 존재성이 분명하지만 일반적인 추상적 무한집합의 경우에는 대표 원소를 구성하는 방법을 제시하지 못하기 때문에 논란이 되었다. 더구나 선택공리가 배중률을 내포하고 있음을 보임으로써 수학의 구성주의나 직관주의 입장에서는 선택공리를 받아들일 수 없었다. 선택공리의 수용 여부에 대한 논란 속에서도 선택공리는 수학에서 많은 유용성을 보여주었다. 선택공리는 수학의 많은 정리들과 등가적임이 증명되었기 때문이다. 예를 들면 조른 보조정리(Zorn's Lemma), 하우스도르프 최대 원리(Hausdorff Maximal Principle), 정렬공리(Well-Ordering Principle) 등은 선택공리와 등가의 공리들이다. 하지만 우리가 지금 널리 사용하고 있는 실수체계에서조차 정렬공리를 만족시키는 순서(현재의 실수체계에서 사용하는 순서 $<$에 대해서는 정렬공리를 만족시키지 않는다.)를 구성하여 보여주지 못하고 있다. 그러므로 선택공리를 받아들이는 데는 거부감이 없던 사람도 정렬공리에 대해서는 받아들이기 꺼려하는 경우도 있다. 등가의 원리임에도 불구하고 선택공리에서 하우스도르프 최대 공리, 조른 보조정리, 정렬

공리로 갈수록 받아들이기를 꺼려하는 경향이 점점 증가하는 이상한 상황이 존재한다. 한편 '트리코토미 정리', '벡터공간은 기저를 갖는다', '단위환은 최대 이데알을 갖는다', '티호노프 정리'를 비롯하여 현재 우리가 사용하는 많은 정리가 실상은 선택공리가 받아들여진 상태에서 증명된 것임을 알 수 있다. 선택공리를 받아들이지 않고는 수학의 중요한 많은 정리들을 증명할 수 없으므로 수학적 이론 전개에서 많은 제약이 생길 수밖에 없다. 현대는 ZFC를 집합론의 모순 없는 기본 공리계로 인정하고 있다.

부록2 기수와 연속체 가설

1. 유한집합과 무한집합

두 집합의 크기는 각 집합의 원소를 하나씩 빼나감으로써 비교할 수 있다. 예를 들어 집합 $X=\{a,\ b,\ c\}$이고 $Y=\{1,\ 2,\ 3,\ 5\}$이면 X의 원소를 Y의 원소에 대응시켜 하나씩 빼나가면 그 크기를 비교할 수 있다. 예를 들어 X의 원소 a를 Y의 원소 1, b를 2, c를 3에 각각 대응시키면 Y의 원소가 한 개 남는다. 따라서 Y의 원소의 개수는 X의 원소의 개수보다 많다고 할 수 있다. 이와 같은 개념을 무한집합으로까지 확장할 수 있다. 임의의 두 집합 X, Y에 대하여 X에서 Y로의 함수를 대응시켜보면 그 크기를 비교할 수 있다. 예를 들어 일대일 함수가 있으면 정의역 X의 원소가 치역 $f(X)$의 원소의 개수와 같으므로 공역 Y의 원소의 개수보다는 작다. 역으로 X의 원소의 개수가 Y의 원소의 개수보다 많으면 X에서 Y로의 일대일 대응시키다 보면 Y의 원소를 소진하고도 X의 원소는 남는다. 그러므로 X에서 Y로의 전사함수가 존재한다. 따라서 단사함수가 존재하면 정의역의 원소가 치역보다 적고, 전사함수가 존재하면 정의역이 치역보다 원소가 더 많다고 할 수 있다. 전단사함수가 존재하면 정의역과 치역의 원소의 개수가 같다고 생각할 수 있다. 이처럼 두 집합의 크기는 일대일대응을 이용하여 비교할 수 있다. 두 집합 X와 Y사이에 일대일대응이 존재하면 두 집합의 크기는 대등하다고 하고 $X \approx Y$로 나타낸다. 그러면 $\approx$는 동등관계가 된다. 집합은 크기에 따라 유한집합과 무한집합으로 분류하고 무한집합은 다시 가부번집합과 비가부번집합으로 분류한다. 무한집합은 유한집합과 다른 여러 가지 특성을 가지고 있는데 그중에서 대표적인 하나가 부분집합과 일대일대응 관계가 있다는 점이다. 실제로 데데킨트(Julius Wilhelm Richard Dedekind; 1831-1916)는 이런 성질을 만족시키는 집합을 무한집합으로 정의하였다.

정의 1

집합 X에 대하여 $A \approx X$인 진부분집합 A가 존재하면 X를 무한집합이라 한다. 무한집합이 아닌 집합을 유한집합이라 한다.

정의로부터 집합 X가 유한집합이기 위한 필요충분조건으로 $X=\varnothing$이거나 어떤 자연수 k에 대하여 $X \approx \mathbb{N}_k=\{1,\ 2,\ \cdots,\ k\}$임을 수학적 귀납법으로 보일 수 있다. 자연수집합 $\mathbb{N}$에 대하여 $\mathbb{N} \approx 2\mathbb{N}$이므로 $\mathbb{N}$은 무한집합이다.

2. 무한집합의 크기

무한집합은 $\mathbb{N}$ 과 대등한 가부번집합과 대등하지 않은 비가부번집합으로 나눈다. 즉 집합 X가 $X \approx \mathbb{N}$ 이면 X를 가부번집합이라 하고 가부번집합이 아닌 무한집합을 비가부번집합이라 한다. 가부번집합과 유한집합을 합쳐서 가산집합이라 하고 비가부번집합을 비가산집합이라 한다. 집합의 정의로부터 가산집합의 부분집합은 가산이고 비가산집합의 초집합은 비가산이다. 또한 가산집합의 유한 곱집합도 가산이며 가산집합의 가산합집합도 가산이다. 이와 같은 집합의 크기에 대한 성질을 이용하면 자연수집합 $\mathbb{N}$, 정수집합 $\mathbb{Z}$, 유리수집합 $\mathbb{Q}$ 의 크기를 알 수 있다.

집합	정의	가산/비가산
$\mathbb{N}$	가장 작은 계승집합	가산 (정의에 의함)
$\mathbb{Z}$	$\mathbb{N} \cup \{0\} \cup (-\mathbb{N})$	가산 (가산집합의 합집합)
$\mathbb{Q}$	$\mathbb{Z} \times (\mathbb{Z} \setminus \{0\}) / \sim$	가산 (가산집합의 곱집합)
$\mathbb{Q}^c$	$\mathbb{R} \setminus \mathbb{Q}$	비가산 (가산집합의 여집합)
$\mathbb{R}$	완비순서체	비가산 (대각법으로 증명)
$\mathbb{C}$	완비체	비가산 ($\mathbb{R}$ 의 초집합)

실수집합 $\mathbb{R}$ 가 비가산임을 증명하는 방법은 주로 칸토어의 대각법을 이용하지만 '멱집합의 크기는 원래의 집합보다 크다'는 사실과 '실수집합은 자연수집합의 멱집합과 대등하다'를 보여 증명할 수도 있다. 또 축소닫힌구간정리를 이용하여 증명하는 방법도 있다.

유한집합 $X = \{1, 2, \cdots, n\}$ 의 부분집합은 $1, 2, \cdots, n$ 의 일부로 구성된 집합으로 n 개의 순서쌍 $(a_1, a_2, \cdots, a_n)$ 으로 대응시켜 표시할 수 있다. 이때 부분집합에 i 가 원소로 들어있으면 $a_i = 1$, 들어있지 않으면 $a_i = 0$ 이다. 예를 들어 부분집합 $\{1, 2, 4\}$ 는 $(1, 1, 0, 1, 0, \cdots, 0)$, X는 $(1, 1, \cdots, 1)$ 로 대응시키는 것이다. 그러면 멱집합 $\wp(X)$는

$$\wp(X) \approx \{(a_1, a_2, \cdots, a_n) \mid a_i = 0 \text{ 또는 } a_i = 1\}$$

와 대등하므로 $\wp(X)$ 의 원소의 개수는 2^n 이다. X가 무한집합일 경우에도 부분집합은 같은 맥락으로 생각할 수 있다. X가 가산 무한집합이면 자연수집합 $\mathbb{N}$ 과 전단사함수가 존재하므로 $X = \mathbb{N}$ 이라 생각해도 된다. 따라서

$$\wp(\mathbb{N}) \approx \{(a_1, a_2, \cdots, a_i, \cdots) \mid a_i = 0 \text{ 또는 } a_i = 1\}$$

과 대등하고 멱집합의 크기에 따라 $\wp(\mathbb{N})$은 $\mathbb{N}$과 대등이 아니므로 비가산이다. 그런데 $(a_1,\ a_2,\ \cdots,\ a_i,\ \cdots)$는 $X_n = \{0,\ 1\}$의 무한곱집합 즉 $\prod_{n=1}^{\infty} X_n$과 대등하다. 그러므로 원소가 2개인 집합의 무한곱의 크기는 $\wp(\mathbb{N})$과 같으므로 비가산이다. 또 $(a_1,\ a_2,\ \cdots,\ a_i,\ \cdots)$을 $0.a_1a_2a_3\cdots$와 같이 나타내면 구간 $(0,\ 1)$에 있는 실수를 이진법 소수로 나타낸 것과 동일하므로 구간 $(0,\ 1)$도 $\wp(\mathbb{N})$과 대등하고 비가산이다. 한편 $(a_1,\ a_2,\ \cdots,\ a_i,\ \cdots)$은 이진법으로 나타낸 수열로 볼 수 있으므로 이진법의 수열의 집합은 비가산이다. 이집법과 십진법의 변환은 일대일대응이므로 수열의 집합도 비가산이다. 또 X에서 정의된 함수공간 $2^X = \{f : X \to \{0,\ 1\}\}$에 대하여 $\varphi : 2^X \to \{(a_1,\ a_2,\ \cdots,\ a_i,\ \cdots) \mid a_i = 0$ 또는 $a_i = 1\}$을 $\varphi(f) = (f(1),\ f(2),\ \cdots,\ f(i),\ \cdots)$로 정의하면 φ는 일대일대응이다. 즉 $\wp(X) \approx 2^X$이다. 이를 정리 요약하면 자연수집합의 멱집합 $\wp(\mathbb{N})$, 무한곱의 집합 $\prod_{n=1}^{\infty}\{0,\ 1\}$, 실수의 구간 $(0,\ 1)$, 수열의 집합, 함수공간 $2^{\mathbb{N}}$은 모두 크기가 같은 비가산집합이다.

3. 기수

칸토어는 집합의 크기를 일대일대응으로 분류한 후 자연수집합 $\mathbb{N}$을 기본 단위로 하여 집합의 크기에 수를 대응시켰는데 이를 기수라고 한다. 즉 집합의 원소의 개수를 속성으로 갖는 수를 할당하였는데 그 수를 기수라고 한다. 무한집합에는 유한집합이나 일부 무한집합을 빼내도 일대일대응관계는 유지되므로 기수에는 차이가 없다. 그러므로 무한집합은 기수가 같은 진부분집합이 존재한다. 이로부터 기수는 집합의 크기를 나타내는 수라기 보다는 집합의 농도를 표현하는 수라고 볼 수 있다.

기수는 유한집합일 경우는 원소의 개수와 동일하고 무한집합일 경우에는 가부번집합이면 $\aleph_0$로 나타내고 실수집합의 경우에는 연속체 수라 하고 c로 나타낸다. 그리고 집합의 연산으로 기수의 덧셈과 곱셈 및 지수를 정의한다. 그러면 기수에 대한 연산법칙을 얻을 수 있는데, 이는 자연수의 연산을 확장한 성질과 비슷한 면이 있다. 하지만 무한집합의 성질로부터 초한수의 연산에는 조금 다른 경향도 있는데 기수의 덧셈과 곱셈은 더 큰 기수로 흡수된다. 예를 들어 다음과 같은 관계가 성립한다.

(1) $\aleph_0 + 1 = \aleph_0$

(2) $\aleph_0 + \aleph_0 = \aleph_0$

(3) $2\aleph_0 = \aleph_0$

(4) $\aleph_0\aleph_0 = \aleph_0$

(5) $\aleph_0 + c = c$ (6) $c + c = c$

(7) $\aleph_0 c = c$ (8) $cc = c$

(9) $c^{\aleph_0} = \aleph_0^{\aleph_0} = 2^{\aleph_0} = c$ (10) $c^c = 2^{\aleph_0 c} = 2^c$

4. 연속체 가설

칸토어가 무한집합의 크기를 비교하기 위하여 기수를 도입하고 대각법을 이용하여 $\aleph_0 < c$임을 보였다. 실제로 $\wp(\mathbb{N})$, $(0, 1)$, $\mathbb{R}$, $2^{\mathbb{N}}$의 기수는 모두 c이다. 멱집합 $\wp(\mathbb{N})$의 기수는 $2^{\aleph_0}$이므로 $c = 2^{\aleph_0}$이다. 그러므로 $\mathbb{N}$과 $\mathbb{R}$의 기수는 각각 $\aleph_0$, $2^{\aleph_0}$이고 $\aleph_0 < 2^{\aleph_0}$이다. 그런데 칸토어는 이 두 기수 사이에 또 다른 기수가 존재하는지에 관한 의문을 제시하였다. 이 의문에 답하기 위하여 많은 수학자들이 연구하였지만 그런 기수를 갖는 집합을 찾을 수 없었다. 결국 칸토어는 자신의 의문을 만족시키는 집합은 존재하지 않을 것이라는 예측을 내놓는다. 즉

$$\aleph_0 < |A| < 2^{\aleph_0} \quad (|A| \text{는 집합 } A \text{의 기수})$$

인 집합 A는 존재하지 않는다는 것이다. 이를 연속체 가설(continuum hypothesis)이라 한다. 나아가 멱집합을 반복하여 적용하면

$$\mathbb{N},\ \wp(\mathbb{N}),\ \wp(\wp(\mathbb{N})),\ \cdots$$

에 대한 기수는

$$\aleph_0 < 2^{\aleph_0} < 2^{2^{\aleph_0}} < \cdots$$

으로 한정되지 않고 무수히 커짐을 알 수 있다. 연속체 가설은 $\aleph_1 = 2^{\aleph_0}$에 대하여 $\aleph_0 < |A| < \aleph_1$인 집합 A가 존재하지 않는다는 주장이다. 이를 일반화하여

$$\aleph_{\alpha+1} = 2^{\aleph_\alpha} \quad (\alpha = 0, 1, 2, \cdots)$$

에 대하여 $\aleph_\alpha < |A| < \aleph_{\alpha+1}$인 집합 A는 존재하지 않는다고 주장하였는데, 이를 일반화된 연속체 가설(generalized continuum hypothesis)이라고 한다.

연속체 가설은 당시의 수학계에서 매우 중요한 문제였다. 1900년 국제수학자대회에서 힐베르트(David Hilbert; 1862-1943)가 제시한 당대의 23 난제 중에 첫 번째로 언급된 문제가 바로 연속체 가설의 증명 또는 반증이었다는 점만 봐도 알 수 있다. 가설을 제기한 칸토어는 당연히 그의 가설이 참일 것이라고 믿었으며 그 가설을 증명하고자 애를 썼으나 증명하지 못하였다. 1940

년에 괴델이 체르멜로-프랭켈 공리계(ZF)로서 반증이 불가능하며 선택공리(C)를 더하여도 반증이 불가능함을 보였다. 만약 ZFC와 연속체 가설을 합친 공리계에서 모순이 발견된다면 이는 곧 ZFC 자체의 모순임을 보인 것이다. 따라서 ZFC가 무모순적이라고 받아들이고 있으므로 연속체 가설은 ZFC와 무모순성을 보증한다. 또한 1963년 당시 29세의 젊은 수학자 코헨(Paul Joseph Cohen; 1934-2007)이 ZFC공리계에서는 증명도 할 수 없음을 보였다. 이는 연속체 가설이 ZFC공리계와는 독립적임을 의미한다. 1931년에 발표한 괴델의 불완정성 원리에 의하여 ZFC와 독립적인 명제의 존재성은 알고 있었지만 최초의 구체적인 수학적 대상인 예가 연속체 가설이었다. 연속체 가설의 독립성은 유클리드 기하에서 제5공준처럼 이를 받아들이거나 거부하여도 수학적으로 모순이 일어나지 않음을 의미이다. 따라서 연속체 가설에 대한 태도는

(1) 연속체 가설을 공리로 받아들인다.
(2) 연속체 가설을 공리로 받아들이지 않는다.
(3) 연속체 가설을 무시한다.

로 나눌 수 있다. 이는 수학자들의 연구 분야와 수학적 관점에 따라 가설을 공리로 받아들이거나 거부할 수 있다는 의미이다. 또는 아예 무관심할 수 있다. 이런 관점에서 공리의 채택 여부는 당시의 시대 상황과 수학계의 흐름과 관련이 깊다. 선택공리는 다양한 수학적 효용성에 의하여 전반적으로 공리로 인정되고 있다. 하지만 연속체 가설에 대해서는 많은 논란이 있어 공리로 채택되지 못하고 있다. 실제로 연속체 가설의 독립성 증명에 공헌한 괴델과 코헨이 모두 연속체 가설을 공리로 채택하는데 부정적인 견해를 보였다. 괴델은 연속체 가설을 공리로 채택하면 여러 가지 뜻하지 않는 결과가 도출될 수 있다고 거부했으며 코헨은 수학계에 맡겨야 한다면서 공리로 채택하기에는 시기상조라는 입장을 취했다. 그리하여 당대의 수학계 여건에 따라 공리로 채택되지 못하고 지금까지 가설로서 불리고 있다. 그런데 연속체 가설이 필요한 수학적 정리와 분야도 많고, 연속체 가설에서 파생되는 석연찮은 결과와 이를 피해가려는 대안 등 매우 다양한 주장이 있어 수학계에서는 어느 한 방향으로 의견이 모아지지 않아 현재까지도 논란과 연구가 계속되고 있다.

부록3 페아노 공리와 자연수집합

1. 자연수집합이란?[3)]

실수집합을 완비순서체로 정의하는 공리적 접근에서는 자연수집합을 실수의 부분집합으로 정의하며 가장 작은 계승집합으로 정의한다. 계승집합은 수학적 귀납법으로 정의된 집합을 의미한다. 즉

(i) $1 \in E$

(ii) $n \in E \;\Rightarrow\; n+1 \in E$[4)]

을 만족시키는 집합 E를 계승집합이라 한다. 그리고 가장 작은 계승집합을 자연수집합이라 한다. 계승집합은 무수히 많으며 합집합과 교집합에 대하여 닫혀있다. 그러므로

$$\mathbb{N} = \bigcap \{A \mid A \text{ 는 계승집합}\}$$

이다. 한편 모든 계승집합은 1을 포함하고 있으므로 자연수집합은 1을 포함하고 있다. 또한 계승집합의 성질에 의하여 $1+1$도 자연수이다. 이와 같이 계승집합의 성질로 구성된 집합은

$$\{1,\ 1+1,\ 1+1+1,\ 1+1+1+1,\ \cdots\}$$

을 모두 포함해야 한다. 그러므로 $\{1,\ 1+1,\ 1+1+1,\ \cdots\} \subset \mathbb{N}$이다. 그런데 집합 $\{1,\ 1+1,\ 1+1+1,\ \cdots\}$도 계승집합이고 $\mathbb{N}$은 가장 작은 계승집합이므로 $\mathbb{N} = \{1,\ 1+1,\ 1+1+1,\ \cdots\}$이다. 이때 $1+1$을 2, $2+1$을 3, $3+1$을 4, $\cdots$로 나타낸다.

계승집합의 정의가 수학적 귀납법이 성립하는 집합으로 정의되어 있으므로 자연수집합에서는 수학적 귀납법이 성립한다. 또한 수학적 귀납법에 의하여 자연수의 많은 특성을 얻을 수 있는데 그중 몇 가지를 요약하면 다음과 같다.

(1) $\mathbb{N}$은 계승집합이다. 즉 (i) $1 \in \mathbb{N}$ (ii) $n \in \mathbb{N} \Rightarrow n+1 \in \mathbb{N}$이다.

(2) $n \in \mathbb{N}$이면 $n \geq 1$이다.

(3) $n \in \mathbb{N}$과 $m \in \mathbb{N}$이 같은 계승자를 가지면 $n = m$이다.

---

3) 자연수집합의 공리 중에서 수학적 귀납법을 하나의 집합을 정의한 것으로 볼 것인지 또는 하나의 절차적 규칙으로 볼 것인지에 따라 자연수집합을 완결된 대상으로 볼 것인지 아니면 미완의 가무한적 개념으로 볼 것인지에 대한 태도를 결정한다. 수에 대한 이런 태도의 차이는 수학적 지식에 대한 태도를 드러내면서 수학철학에서 매우 중요한 논점을 남기게 된다.

4) 여기서 $+$는 실수집합에서 정의된 덧셈의 이항연산이다.

2. 페아노 공리[5)]

역사적으로는 자연수집합에서 정수집합으로, 정수집합에서 유리수집합으로, 유리수집합에서는 데데킨트의 절단으로 실수집합으로 수체계를 확장하여 왔다. 그러므로 자연수집합을 공리화하면 근대의 수체계가 모두 갖추어지게 된다. 자연수집합 $\mathbb{N}$은 1889년 페아노(Giuseppe Peano; 1858-1932)에 의해 처음으로 공리화되었다. 후에 집합론의 기본 공리계가 된 체르멜로-프랭켈 공리계에 의해 재구성될 수 있지만 페아노를 기념하여 페아노 공리로 부르고 있다. 페아노 공리는 9개의 공리로 구성되어 있지만 4개는 등호에 대한 공리이고 자연수를 정의하기 위한 공리는 다음과 같이 다섯 가지이다.

다음을 만족시키는 집합 $\mathbb{N}$이 존재한다. 이때 그 원소를 자연수라 한다.

A1. $\forall x \in \mathbb{N}$에 대하여 $x = x$이다.
A2. $\forall x, y \in \mathbb{N}$에 대하여 $x = y$이면 $y = x$이다.
A3. $\forall x, y, z \in \mathbb{N}$에 대하여 $x = y$이고 $y = z$이면 $x = z$이다.
A4. $y = x$이고 $x \in \mathbb{N}$이면 $y \in \mathbb{N}$이다.
A5. $\mathbb{N}$에는 한 원소 1이 존재한다.

다음을 만족시키는 계승함수 S가 존재한다.

A6. $\forall n \in \mathbb{N}$에 대하여 $S(n)$은 유일하게 정의되고 자연수이다.
A7. $\forall n \in \mathbb{N}$에 대하여 $S(n) \neq 1$이다.
A8. $\forall n, m \in \mathbb{N}$에 대하여 $S(n) = S(m)$이면 $m = n$이다.
A9. **(수학적 귀납법)** 임의의 $n \in \mathbb{N}$과 부분집합 P에 대하여 $(1 \in P) \wedge (n \in P \Rightarrow S(n) \in P)$이면 $P = \mathbb{N}$이다.

자연수집합 $\mathbb{N}$에서 덧셈 $+$과 곱셈 $\cdot$을 $\forall n, k \in \mathbb{N}$에 대하여

$$n + 1 = S(n) \qquad n \cdot 1 = n$$

5) 현재 대학과정에서는 실수집합을 공리적으로 정의하고 나서 실수체에서 정의된 연산 $+$와 덧셈에 대한 항등원 1을 사용하여 계승집합으로 자연수집합을 정의한다. 그리고 정수와 유리수는 대수적 확장을 통하여 정의하는게 일반적이다. 하지만 자연발생적으로는 그 역으로 수체계가 만들어져 왔다. 자연수에서 정수로 확장되고, 정수에서 유리수로 확장되고, 유리수에서 실수로 확장되었다. 자연수에서 정수, 정수에서 유리수로의 확장은 대수적 확장이므로 어렵지 않게 전개할 수 있다. 그리고 유리수에서 실수로의 확장은 데데킨트의 절단을 이용한 해석학적 확장으로 이루어진다. 그러므로 자연수집합이 정의되면 실수집합까지 수체계를 모두 갖추게 된다. 페아노 공리는 이런 요구에 맞는 자연수집합을 정의하는 공리계이다.

$$n+S(k)=S(n+k) \qquad n\cdot S(k)=nk+n$$

으로 정의하면 자연수에 대한 연산의 성질을 얻을 수 있다. 그러므로 $1+1=2$는 페아노 공리와 + 의 정의에 의하여 자명하다. 한편 페아노 공리를 만족시키는 집합의 유일성에 대해서도 다음이 성립한다.

정리 1

페아노 공리를 만족시키는 두 집합 $\mathbb{N}$, $\mathbb{N}'$에 대하여 함수 $\varphi:\mathbb{N}\to\mathbb{N}'$을

$$\varphi(1)=1', \quad \varphi(n+1)=\varphi(n)\oplus 1'$$

으로 정의하면 φ는 순서동형사상이 된다. 여기서 1, $1'$은 $\mathbb{N}$, $\mathbb{N}'$에서 정의된 수이고 +, $\oplus$는 $\mathbb{N}$, $\mathbb{N}'$에서 정의된 더하기 연산이고, $<$, $<$는 $\mathbb{N}$, $\mathbb{N}'$에서 정의된 부등호이다.

페아노 공리에 의하여 자연수집합 $\mathbb{N}$에 대하여 다음을 증명할 수 있다.

(1) + 는 $\mathbb{N}$에 닫혀있다. 즉 n, $m\in\mathbb{N}$이면 $n+m\in\mathbb{N}$이다.
(2) · 는 $\mathbb{N}$에 닫혀있다. 즉 n, $m\in\mathbb{N}$이면 $nm\in\mathbb{N}$이다.
(3) $\mathbb{N}$은 1과 1의 계승자들로만 구성되어 있다.
(4) n, $m\in\mathbb{N}$이면 어떤 $k\in\mathbb{N}$에 대하여 $n=m+k$ 또는 $n=m$ 또는 $m=n+k$이다.
(5) 임의의 자연수 n, m, k에 대하여 $n+(m+k)=(n+m)+k$이다.
(6) 임의의 자연수 n, m에 대하여 $n+m=m+n$이다.[6)]
(7) 임의의 자연수 n, m, k에 대하여 $n+m=n+k$이면 $m=k$이다.
(8) 임의의 자연수 n, m, k에 대하여 $(nm)k=n(mk)$이다.
(9) 임의의 자연수 n, m에 대하여 $nm=mn$이다.
(10) 임의의 자연수 n, m, k에 대하여 $nm=nk$이면 $m=k$이다.
(11) 임의의 자연수 n, m, k에 대하여 $(n+m)k=nk+mk$이다.

---

6) $S=\{n\in\mathbb{N}\mid n+m=m+n,\ \forall m\in\mathbb{N}\}$라 하면 다음이 성립한다.
(i) $1\in S$
(ii) $n\in S$라 하자. 그러면 $n+m=m+n, \forall m\in\mathbb{N}$이다. 이제 임의의 $m\in\mathbb{N}$에 대하여

$$(n+1)+m=n+(1+m)=(m+1)+n=m+(1+n)=m+(n+1)$$

이므로 $n+1\in\mathbb{N}$이다.
수학적 귀납법에 의하여 $S=\mathbb{N}$이므로 모든 자연수 n에 대하여 $n+m=m+n$, $\forall m\in\mathbb{N}$이다.

자연수 $n,\ m\in\mathbb{N}$과 어떤 $k\in\mathbb{N}$에 대하여 $n=m+k$이면 $n>m$ 또는 $m<n$이라 한다. 그러면 $\mathbb{N}$에서는 크기가 정의되고 임의의 자연수 $n,\ m,\ k\in\mathbb{N}$에 대하여 다음이 성립한다.

(12) 1은 $\mathbb{N}$의 최소원소다.

(13) $n<m$이고 $m<k$이면 $n<k$이다.

(14) $n<k$ 또는 $n=k$ 또는 $n>k$ 중의 하나이다.

(15) **($\mathbb{N}$의 이산성)** $\forall n\in\mathbb{N}$에 대하여 $n<m<n+1$인 $m\in\mathbb{N}$은 존재하지 않는다.

(16) $n\in\mathbb{N}\Rightarrow n-1=0$ 또는 $n-1\in\mathbb{N}$

(17) $m<n\ \Rightarrow\ n-m\in\mathbb{N}$

선택공리와 동치인 정렬공리에 의하면 임의의 집합은 어떤 순서에 의하여 정렬집합이 된다. 자연수집합에서 공집합이 아닌 부분집합은 최소원소를 가지므로 즉 $E\neq\varnothing$이고 $E\subset\mathbb{N}$이면 모든 $x\in E$에 대하여 $e\leq x$인 원소 $e\in E$가 존재하므로 $\mathbb{N}$은 정렬집합이다.

부록 4 실수집합

1. 실수집합이란?

수를 분류하는 방법은 당면한 문제와 수체계에 대한 이해 정도에 따라 변천해 왔으나 20세기 실수체계에 대한 공리적 근거가 확립된 이후로는 자연수, 정수, 유리수, 무리수로 분류하는 방법이 일반적이다. 실수집합을 정의하는 방식은 여러 가지가 있지만 데데킨트의 절단을 이용한 유리수체의 확장, 코시수열을 이용한 유리수체의 완비확장, 최소상계의 원리를 이용하는 방법이 주로 소개된다.

집합 X의 곱집합 $X \times X$ 에서 정의된 함수 $\tau: X \times X \rightarrow X$를 이항연산이라 한다. 예를 들면 실수집합에서 더하기 $+$ 와 곱하기 $\cdot$ 은 이항연산이다. 집합 X에서 τ가 이항연산이라는 말은 X에서 그 연산이 닫혀있다는 뜻이기도 하다.
집합 $\mathbb{R}$에 두 이항연산 $+$ 와 $\cdot$ 이 있고 다음을 만족시킬 때, $\mathbb{R}$를 실수집합이라 하고 그 원소를 실수라고 한다.

(i) $(\mathbb{R}, +)$는 가환군이다. 즉 $+$ 에 대하여 교환법칙과 결합법칙이 성립하고, 항등원 0이 존재하고, 임의의 a에 대한 역원 $-a$가 존재한다.

(ii) $(\mathbb{R} \setminus \{0\}, \cdot)$ 는 가환군이다. 즉 $\cdot$ 에 대하여 교환법칙과 결합법칙이 성립하고, 항등원 1이 존재하고, 임의의 $a\,(a \neq 0)$에 대한 역원 a^{-1}이 존재한다.

(iii) 분배법칙이 성립한다.

(iv) 순서공리가 있다.

(v) 최소상계의 원리가 있다.

이때 (i), (ii), (iii)을 만족시키면 체라고 하고, (v)를 완비공리라 한다. 그러므로 실수집합 $\mathbb{R}$는 완비순서체이다.

군의 항등원이 유일하게 존재하므로 실수에서의 0과 1은 유일하게 정의된다. 군에서 역원도 유일하므로 주어진 원소의 역원도 유일하게 잘 정의된다. 또한 역원의 역원은 자기 자신이 되므로

$$-(-a) = a\,, \quad (a^{-1})^{-1} = a$$

이다. 두 이항연산 $+$ 와 $\cdot$ 의 관계를 맺어주는 규칙이 분배법칙이다. 두 이항연산에 대하여 각

각 군이 되고 분배법칙이 성립하는 집합을 수학적으로 체라고 한다. 따라서 실수집합 $\mathbb{R}$는 체이다. 대수적 구조인 체는 다양하게 존재한다. 대표적인 예로 $\mathbb{Z}_p$, 유리수집합, $\mathbb{Q}(\sqrt{2})$, 실수집합, 복소수집합 등이 있다. 체는 대수적 연산에 대한 규칙을 함의하고 있다. 예를 들어 다음을 증명할 수 있다.

(1) $a-a=0$
(2) $\dfrac{a}{a}=1$ (단, $a \neq 0$)
(3) $-(-a)=a$
(4) $(a^{-1})^{-1}=a$
(5) $(-a)(-b)=ab$
(6) $-a=(-1)a$
(7) $a \cdot 0 = 0 \cdot a = 0$
(8) $-(a-b)=-a+b$
(9) $ab=0$ 이면 $a=0$ 또는 $b=0$ 이다.

순서공리는 다음을 만족시키는 $\mathbb{R}$의 부분집합 P가 존재함을 의미한다.

(i) $\forall x \in \mathbb{R} \Rightarrow x \in P$ 또는 $x=0$ 또는 $-x \in P$ 중의 한 경우이다.
(ii) $a, b \in P \Rightarrow a+b \in P$, $ab \in P$ 즉 P는 $+$, $\cdot$ 에 대하여 닫혀있다.

이때 P를 양수의 집합이라 하고

$$a-b \in P \text{이면 } a > b \text{ 또는 } b < a$$
$$a-b \in P \cup \{0\} \text{이면 } a \geq b \text{ 또는 } b \leq a$$

으로 각각 표기한다. 그러므로 순서공리에 의해 다음이 성립한다.

(i) 임의의 $a \in \mathbb{R}$은 $a > 0$ 이거나 $a=0$ 이거나 $a < 0$ 이다.
(ii) $a > 0$, $b > 0$ 이면 $a+b > 0$, $ab > 0$ 이다.

또한 임의의 실수 a, b에 대하여

$$a > b \quad \text{또는} \quad a=b \quad \text{또는} \quad a < b$$

중의 한 가지의 경우이다.

부등식의 정의로부터 실수의 크기 개념을 갖는 절댓값을 정의한다. 임의의 $a \in \mathbb{R}$에 대하여

$$|a| = \begin{cases} a & (a \geq 0) \\ -a & (a < 0) \end{cases}$$

이다. 이로부터 부등식에 대한 다양한 성질을 증명할 수 있다. 예를 들어 임의의 실수 a, b, c에 대하여 다음이 성립한다.

(1) $a < b,\ b < c \Rightarrow a < c$

(2) $a < b \Rightarrow a + c < b + c$

(3) $a < b,\ c > 0 \Rightarrow ac < bc$

$a < b,\ c < 0 \Rightarrow ac > bc$

(4) $a > 1 \Rightarrow a < a \cdot a$

$0 < a < 1 \Rightarrow 0 < a \cdot a < a$

(5) $a \neq 0 \Rightarrow a \cdot a > 0$

(6) $|a| < \varepsilon \Leftrightarrow -\varepsilon < a < \varepsilon$

(7) $a \leq |a|,\ |a| \geq 0$

(8) $|a| = 0 \Leftrightarrow a = 0$

(9) $|ab| = |a||b|$

(10) $|a| = |-a|,\ |a-b| = |b-a|$

(11) $|a+b| \leq |a| + |b|$

$||a| - |b|| \leq |a-b|$

(12) 임의의 $\varepsilon > 0$ 에 대하여 $|a| < \varepsilon$ 이면 $a = 0$ 이다.

순서공리로부터 크기 개념이 생기므로 집합의 유계를 정의할 수 있다. 실수의 부분집합에서 상계가 존재하는 집합을 위로 유계라고 하고 하계가 존재하면 아래로 유계라고 한다. 위로 유계이고 아래로 유계인 집합을 유계라고 한다. 또 실수의 부분집합 I가 '$\forall a,\ b \in I$에 대하여 $a \leq c \leq b$ 이면 $c \in I$ 이다'를 만족시키면 I를 구간이라 한다. 순서공리로부터 부등식이 정의되었으므로 구간이 잘 정의된다. 실수에서 구간은 유계 열린구간 $(a,\ b)$, 유계 닫힌구간 $[a,\ b]$, 유계 반열린구간 $[a,\ b)$, 유계 반닫힌구간 $(a,\ b]$, 비유계 닫힌구간 $(-\infty,\ b]$와 $[a,\ \infty)$, 비유계 열린구간 $(-\infty,\ b)$와 $(a,\ \infty)$, 그리고 실수 전 구간 $(-\infty,\ \infty)$이 있다.

끝으로 최소상계의 원리는 '$\mathbb{R}$에서 공집합이 아닌 위로 유계인 집합의 최소상계가 존재한다'이고 완비공리라고도 한다. 즉 $E \neq \varnothing$ 이고 $E \subset \mathbb{R}$가 위로 유계이면

(i) s는 E의 상계

(ii) t가 E의 상계이면 $s \leq t$ 이다

를 만족시키는 $s \in \mathbb{R}$가 존재한다. 이때 s를 E의 최소상계 또는 상한이라 하고 $\sup E$로 나타낸다. 최소상계는 정의에 의하여 존재하면 유일하게 존재한다.

순서공리를 만족시키지만 완비공리를 만족시키지 않는 대표적인 체는 유리수집합이다. 또한 완비공리를 만족시키지만 순서공리를 갖추지 않은 대표적인 체는 복소수집합이다. 실수집합의 최소상계의 원리는 여러 가지의 성질과 등가의 공리이다. 예를 들어 코시수열을 이용하여 최소상계의 원리를 증명하는 과정은 축소닫힌구간정리의 증명과 흡사하다. 그러므로 축소닫힌구간정리를 받아들이면 최소상계의 원리를 증명할 수 있다. 또 최소상계의 원리를 이용하여 단조수렴정리를 증명할 수 있고 역으로 단조수렴정리를 이용하여 최소상계의 원리를 증명할 수 있다. 실수의 완비공리는 다음과 같은 성질과 깊은 연관이 있음을 쉽게 알 수 있다.

(1) 축소닫힌구간정리
(2) 단조수렴정리
(3) 볼차노-바이어슈트라스 정리
(4) 완비성 - 임의의 코시수열은 수렴한다.
(5) 데데킨트 절단 - 실수의 연속성
(6) 중간값 정리

실수집합을 정의하는 여러 조건을 모두 만족시키는 체가 '존재하는지, 존재하지 않는지, 존재하면 유일하게 존재하는지 아니면 다수가 존재하는지?'와 같은 질문을 자연스럽게 할 수 있다. 실수집합의 존재성은 이미 우리가 배우고 쓰고 있는 집합 $\mathbb{R}$가 이를 만족시키므로 증명되었다. 그러면 실수집합은 유일한가? 이 질문에 대해서도 다음이 증명되어 있다.

정리 2

만약 $(X, \oplus, \otimes)$가 완비순서체이면 다음을 만족시키는 전단사함수 $\phi : \mathbb{R} \to X$가 존재한다.

(i) $\phi(a+b) = \phi(a) \oplus \phi(b)$이고 $\phi(ab) = \phi(a) \otimes \phi(b)$이다.
(ii) $a < b$이면 $\phi(a) < \phi(b)$이다.

여기서 $<$는 X에서 정의된 순서공리로부터 나온 부등식이다.

2. 데데킨트의 절단과 실수의 연속성

유리수는 정수의 비로 나타낼 수 있는 수이고 무리수는 유리수가 아닌 실수로 정의한다. 그리고 실수는 유리수와 무리수의 합집합으로 정의한다. 이 정의는 무리수와 실수가 서로 의존적으로 정의되어 있으므로 무리수를 정의하든지 아니면 실수를 정의해야만 실수집합이 집합으로서 의미를 지닐 수 있다. 이 문제를 처음 해결한 사람은 독일의 수학자 데데킨트였다.[7] 데데킨트는 절단을 이용하여 유리수집합에서 실수집합으로 수체계를 확장한다.

유리수집합 $\mathbb{Q}$에 대하여 다음을 만족시키는 유리수의 부분집합 A, B를 유리수 절단이라 한다.

(i) $A \neq \varnothing$, $B \neq \varnothing$, $A \cup B = \mathbb{Q}$
(ii) $a \in A$ 이고 $b \in B$ 이면 $a < b$ 이다.

이때 절단을 (A, B)로 나타낸다. 예를 들어 $A = \{r \in \mathbb{Q} \mid r \leq 2\}$, $B = \{r \in \mathbb{Q} \mid r > 2\}$는 유리수 절단이고 $A = \{r \in \mathbb{Q} \mid r \leq 1\}$, $B = \{r \in \mathbb{Q} \mid r > 2\}$와 $A = \{r \in \mathbb{Q} \mid r \leq 3\}$, $B = \{r \in \mathbb{Q} \mid r > 2\}$는 절단이 아니다.

집합 A에는 최댓값이 있고 B에는 최솟값이 있으면 (A, B)는 절단이 될 수 없다. 만약 ξ가 A의 최댓값이고 η가 B의 최솟값이면 유리수의 조밀성에 의하여 $\xi < r < \eta$인 유리수 r이 존재하는데 $\gamma \notin A$, $\gamma \notin B$이므로 $A \cup B \neq \mathbb{Q}$이다. 따라서 두 집합 A, B가 유리수 절단이 될 수 있는 경우는 다음의 세 가지로 나눌 수 있다.

(1) A는 최댓값을 갖지 않고 B는 최솟값을 갖지 않는 경우
(2) A는 최댓값을 갖지 않고 B는 최솟값을 갖는 경우
(3) A는 최댓값을 갖고 B는 최솟값을 갖지 않는 경우

(2)와 (3)은 대칭적이고 (3)의 A의 최댓값을 B로 옮기면 (2)의 경우가 되므로 (2)의 경우만 다루어도 충분하다. 따라서 유리수 절단의 경우를 (1) 또는 (2)의 경우로 생각하여도 무방하다. 이때 (2)의 경우를 유리수로 정의하고 (1)의 경우를 무리수로 정의한다. 즉

(1) A가 최댓값을 갖지 않고 B가 최솟값을 갖지 않는 경우 (A, B)를 무리수라 한다.
(2) A가 최댓값을 갖지 않고 B가 최솟값 α를 갖는 경우 α를 유리수라 하고 $\alpha = (A, B)$로 정의한다.

이때 유리수와 무리수를 통틀어서 실수라고 한다. 정의에서 무리수가 잘 정의되기 위해서는 유리수 절단 (A, B)에 대하여 한 개의 무리수가 정의되어야만 한다. 이를 위하여 두 실수 $\alpha = (A, B)$와 $\beta = (C, D)$에 대하여 크기를 다음과 같이 정의한다.

---

7) R. Dedkind, *Stetigkeit und irrationale Zahlen*, vierde editie, Braunschweig: Friedr. Vieweg & Sohn, 1912.

(i) $\alpha = \beta \quad \Leftrightarrow \quad A = C$

(ii) $\alpha < \beta \quad \Leftrightarrow \quad A \subsetneq C$

정의에서 (i)과 (ii)는 동시에 일어날 수 없음은 자명하고 하나의 유리수 절단 (A, B)에 하나의 실수가 대응된다. 이제 정의로부터 실수집합에서 유리수의 조밀성을 증명할 수 있다. 즉 $a < b$이면 $a < r < b$인 $r \in \mathbb{Q}$가 존재한다. 한편 (1)의 경우처럼 절단이 최댓값과 최솟값을 갖지 않는 경우에는 유리수 절단이 유리수집합을 두 집합으로 나눌 수 있음을 의미하기도 한다. 즉 유리수 집합은 조밀하기는 하지만 연속적이지 않음을 의미한다.

두 실수의 크기에 대하여 정의하였으므로 실수의 부분집합에 대한 유계를 정의하고 연산 $+$와 $\cdot$을 절단에서 집합의 성질을 이용하여 정의하면 최소상계의 원리를 이용하여 정의한 실수집합과 동일함을 보일 수 있다.

이제 유리수 절단을 정의했듯이 실수의 절단을 생각해 보자. 즉

(i) $X \neq \varnothing,\ Y \neq \varnothing,\ X \cup Y = \mathbb{R}$

(ii) $a \in X$이고 $b \in Y$이면 $a < b$이다.

를 만족시키는 (X, Y)를 실수 절단이라 하자. 실수 절단은 유리수 절단과 달리 최댓값과 최솟값이 모두 존재하지 않는 경우는 일어나지 않는다. 즉 (X, Y)가 실수 절단이면 X가 최댓값을 갖거나 Y가 최솟값을 갖는다. 이는 실수집합은 절단으로 분리될 수 없음을 의미한다. 이를 실수의 연속성이라고 한다.

3. 코시수열과 완비성

코시수열 $\{a_n\}$은 충분히 큰 n에 대하여 항들의 값이 서로 한없이 가까워지는 수열이다. 즉 임의의 $\varepsilon > 0$에 대하여 $n, m \geq N$이면 $|a_n - a_m| < \varepsilon$을 만족시키는 $N \in \mathbb{N}$이 존재하는 수열이다. 일반적으로 수렴하는 수열은 코시수열이지만 역은 성립하지 않는다. 거리공간에서 임의의 코시수열이 수렴하면 그 거리공간을 완비공간이라 한다. 유리수집합은 완비공간이 아니다. 예를 들어

$$a_{n+1} = \frac{1}{2}\left(a_n + \frac{2}{a_n}\right), \quad a_1 = 1$$

을 만족시키는 유리수열 $\{a_n\}$ 는 코시수열이지만 유리수집합에서는 수렴하지 않는다.[8] 그러면 유리수집합을 포함하는 가장 작은 완비공간은 어떤 집합일까? 거리공간의 완비화로 실수집합을 '유리수집합을 포함하는 가장 작은 완비공간'으로 정의할 수 있다.

수열 $\{a_n\}, \{b_n\}$ 에 대하여 + 와 · 를 $\{a_n+b_n\}$, $\{a_nb_n\}$ 으로 정의하면 코시수열은 + 와 · 에 대하여 닫혀있고 교환법칙과 결합법칙도 성립한다. 코시 유리수열의 극한점을 모두 포함하는 완비체를 만들기 위해서는 다음이 고려되어야 한다. (i) 0이 아닌 두 코시수열의 곱이 0이 되는 현상을 막아야 한다. 그런데 $a_n=(1,\ 0,\ 0,\ \cdots)$이고 $b_n=(0,\ 1,\ 0,\ \cdots)$이면 $a_nb_n=(0,\ 0,\ 0,\ \cdots)$인 것처럼 0이 아닌 두 수열의 곱이 0이 되는 경우가 있다. (ii) 주어진 실수로 수렴하는 유리수열은 무수히 많은데 그런 수열에 대하여 모두 같은 값이 대응되어야 한다. 예를 들면 $\left\{\frac{1}{n}\right\}$ 과 $\left\{\frac{1}{2^n}\right\}$ 은 같은 값으로 수렴하는 코시 유리수열이며 $\{a_n\}$ 이 코시 유리수열이면 부분수열 $\{a_{n_k}\}$ 도 같은 값으로 수렴해가는 코시 유리수열이 된다. 이처럼 코시 유리수열은 두 항들간의 사이가 가까워지는 수열로 정의를 하지만 완비성을 갖춘 체의 입장에서 보면 같은 값으로 수렴하는 수열이 여럿 있음이 문제가 된다. 따라서 이를 하나의 수열로 볼 수 있는 조건을 만들어야 한다.

코시 유리수열이 항 사이의 거리가 가까워짐을 의미하고 완비체에서는 같은 값으로 수렴하므로 그런 코시 유리수열은 동일한 수로 정의해야 한다. 즉 코시 유리수열 $\{a_n\}$, $\{b_n\}$ 이

$$\lim_{n\to\infty}|a_n-b_n|=0$$

이면 $a_n \sim b_n$ 이라 한다. 그러면 $\sim$ 은 동등관계가 된다. 코시 유리수열의 모임을 C라고 하고 동등관계 $\sim$ 에 대하여 $a_n \sim x_n$ 인 코시 유리수열의 집합을 $[a_n]$라 하자. 예를 들면 $a_n=(1,\ 0,\ 0,\ \cdots)$과 $b_n=(0,\ 1,\ 0,\ \cdots)$은 모두 $[(0,\ 0,\ \cdots)]$ 이다. 임의의 $[a_n]$ 과 $[b_n]$ 에 대하여

$$[a_n]+[b_n]=[a_n+b_n]$$
$$[a_n][b_n]=[a_nb_n]$$

이라 하면 덧셈과 곱셈은 잘 정의된다. 즉 $[a_n]$ 에 있는 임의의 코시 유리수열과 $[b_n]$ 에 있는 임의의 코시 유리수열의 합은 $[a_n+b_n]$ 의 원소가 되고 동등관계로부터 $[a_n+b_n]$ 의 집합은 유일함을 알 수 있다. 그러면 $C/\sim$ 는 체가 된다. 또한 $C/\sim$ 에 대소 관계를 다음과 같이 정의

8) $\lim_{n\to\infty}a_n=a$라고 하면 $a=\frac{1}{2}\left(a+\frac{2}{a}\right)$로부터 $a^2=2$이므로 유리수집합에서 $\{a_n\}$은 수렴하지 않는다.

하는 것은 당연하다. $C/\sim$ 의 두 원소 $[a_n]$, $[b_n]$에 대하여

$$n \geq N \Rightarrow a_n < b_n$$

을 만족시키는 N이 존재하고 $[a_n] \neq [b_n]$일 때, $[a_n] < [b_n]$이라 한다. 이로부터 코시 유리수열의 성질을 이용하여 실수집합에서 성립하는 모든 부등식의 성질을 증명할 수 있다. 예를 들면 $[a_n]^2 \geq 0$을 보일 수 있다. 이제 $C/\sim$ 의 원소를 실수라고 하고 동등관계 $\sim$ 을 실수의 등호 $=$ 로 정의한다.

유리수 q에 대하여 $[q] = [(q, q, \cdots q)] \in C/\sim$이다. 또 임의의 $[a_n]$, $[b_n] \in C/\sim$에 대하여 거리함수 d를

$$d([a_n], [b_n]) = \lim_{n \to \infty} |a_n - b_n|$$

으로 정의하면 $(C/\sim, d)$는 유리수집합의 완비화공간이 된다. 더구나 $(C/\sim, d)$가 최소상계의 원리를 이용하여 정의한 실수집합 $\mathbb{R}$와 같음을 보일 수 있다. 즉 $C/\sim$에서 최소상계의 원리를 증명함으로써 $\mathbb{R} = C/\sim$임을 보일 수 있다.

	자연수	정수	유리수	무리수	실수	복소수
닫혀있다	+,×	+,−,×	+,−,×,÷		+,−,×,÷	+,−,×,÷
연산법칙	교환,결합,분배	교환,결합,분배	교환,결합,분배	교환,결합,분배	교환,결합,분배	교환,결합,분배
구조	계승집합	환	순서체	유리수의 여집합	완비순서체	완비체
조밀성	이산	이산	조밀	조밀	연속	연속
가산성	가산	가산	가산	비가산	비가산	비가산
완비공리	○	○			○	○
순서공리	○	○	○	○	○	
지수	곱의 법칙	곱셈의 역원	제곱근 이용	유리지수의 최소상계	유리지수의 최소상계	로그함수를 이용한 지수
특성	정렬공리 수학적 귀납법		조밀성		최소상계원리	평면과 대응

부록 5 무한소와 아르키메데스 공리

실수집합 $\mathbb{R}$에서 아르키메데스 원리는 '임의의 $a, b > 0$에 대하여 $a < nb$를 만족시키는 자연수 $n \in \mathbb{N}$이 존재한다' 또는 '임의의 $\varepsilon > 0$에 대하여 $\frac{1}{n} < \varepsilon$을 만족시키는 $n \in \mathbb{N}$이 존재한다'와 같이 언급된다. 실수집합의 아르키메데스 원리는 자연수집합의 비유계로부터 얻어지는 결과이고, $\mathbb{N}$의 비유계는 계승집합 또는 수학적 귀납법에 따른 정의의 결과이다. 실수집합의 아르키메데스 원리는 일반적인 체에서 다음과 같이 정의되는 아르키메데스 공리를 만족시킨다.

(A1) $|nx| < 1,\ \forall n \in \mathbb{N}$을 만족시키면 $x = 0$이다.

공리 (A1)의 $|nx| < 1,\ \forall n \in \mathbb{N}$을 만족시키는 원소 x를 무한소(infinitesimal)라고 부른다. 아르키메데스 공리가 성립하는 실수집합에서는 무한소가 0뿐임을 의미한다. 일반적인 체에서는 (A1)을 만족시키지 않을 수 있다.

(A2) 0이 아닌 무한소가 존재한다. 즉 $|nx| < 1,\ \forall n \in \mathbb{N}$을 만족시키는 0이 아닌 x가 존재한다.

공리 (A1)을 만족시키는 체를 아르키메데스 체라 하고 (A2)를 만족시키는 체를 비아르키메데스 체라고 한다. 그러므로 실수체는 아르키메데스 완비순서체이다. 실수집합에 무한대와 무한소를 포함하는 초실수체는 비아르키메데스 체이다. 다음의 예는 아르키메데스 실수집합에서는 $0.\dot{9} = 1$임을 보여준다.

예 $0.\dot{9} = 1$

풀이 $x = 1 - 0.\dot{9}$라 하면 $|nx| < 1,\ \forall n \in \mathbb{N}$이므로 x는 무한소이다. 실수집합 $\mathbb{R}$는 아르키메데스 체이므로 $x = 0$이다. 따라서 $0.\dot{9} = 1$이다. ■

일반적으로 순서체 F에서 두 원소 x, y에 대하여 $nx < y,\ \forall n \in \mathbb{N}$이면 x를 y에 대하여 무한소라고 한다. x가 무한소이기 위한 필요충분조건은 $\frac{1}{x}$가 무한이다. 실수집합에서는 아르키메데스 공리인 다음의 성질을 만족시킨다.

(A3) 두 수 x, y가 모든 자연수 n에 대하여 $|nx| < |y|$를 만족시키면 $x = 0$이다.

아르키메데스 공리를 만족시키지 않는 비아르키메데스 체를 소개하기 위하여 실수의 절댓값 개념을 일반화하여 보자. 체에서 원소의 크기를 보통 노름이라 부르는데 그 정의는 다음과 같다.

정의 1

체 F에서 정의된 함수 $\|\cdot\| : F \to \{x \in \mathbb{R} \mid x \geq 0\}$가 임의의 $x,\ y \in F$에 대하여

(i) $\|x\| = 0 \Leftrightarrow x = 0$

(ii) $\|xy\| = \|x\|\,\|y\|$

(iii) $\|x + y\| \leq \|x\| + \|y\|$

를 만족시키면 $\|\cdot\|$을 노름이라 한다. 이때 $d(x,\ y) = \|x - y\|$를 x와 y 사이의 거리라고 한다.

실수체에서 절댓값은 위의 성질을 만족시키므로 노름이다. 또한 평면에서 $x = (x_1,\ x_2)$에 대하여

$$\|x\| = \|(x_1,\ x_2)\| = \sqrt{x_1^2 + x_2^2}$$

라 하면 노름이 된다. 이때 $x = (x_1,\ x_2),\ y = (y_1,\ y_2)$에 대하여

$$x + y = (x_1 + y_1,\ x_2 + y_2)$$
$$xy = (x_1y_1 - x_2y_2,\ x_1y_2 + x_2y_1)$$

이다. 두 점 사이의 거리는

$$d(x,\ y) = \|x - y\| = \sqrt{(x_1 - y_1)^2 + (x_2 - y_2)^2}$$

으로 유클리드 거리가 된다. 정의로부터 $\|(1,\ 0)\| = 1$와 $\|-x\| = \|x\|$이 성립한다.
노름의 정의에서 (iii)의 조건이 좀 더 강한 성질[9]

$$\|x + y\| \leq \max(\|x\|,\ \|y\|)$$

을 만족시키면 비아르키메데스 노름이라 하고 그렇지 않으면 아르키메데스 노름이라 한다. 비아르키메데스 노름을 갖는 체는 비아르키메데스 체가 된다. 비아르키메데스 체에서는 다음이 서로 같은 조건임을 알 수 있다.

(NA1) 모든 자연수 n에 대하여 $\|n\| \leq 1$이다.

(NA2) $\|\cdot\|$이 비아르키메데스 노름이다.

---

9) $\|x+y\| \leq \max(\|x\|,\ \|y\|) \leq \|x\| + \|y\|$이므로 이 성질은 노름의 성질 (iii)을 만족시킨다.

비아르키메데스 노름에 대하여 $x=y=1$ 을 대입하면

$$\begin{aligned}&\|2\| \le 1\\&\|3\| = \|2+1\| \le \max(\|2\|,\ \|1\|) \le 1\\&\quad\vdots\end{aligned}$$

이므로 모든 자연수 n 에 대하여 $\|n\| \le 1$ 이다. 이로부터 1 은 무한소가 된다.

비아르키메데스 체의 대표적인 예는 p -진수와 유리함수를 확장한 로랑급수 함수공간이다. 소수 p 에 대하여 p -진수 $\mathbb{Q}_p$ 를

$$\mathbb{Q}_p = \left\{x = \sum_{j=k}^{\infty} a_j p^j \mid k \in \mathbb{Z},\ a_j \in \mathbb{Z},\ 0 \le a_j < p,\ a_k \ne 0\right\}$$

라고 하자. $\mathbb{Q}_p$에 연산 $+$ 와 $\cdot$ 를 전형적인 급수의 합과 곱으로 정의하고 노름을

$$|x|_p = p^{-k}$$

라고 정의하면 유리수집합 $\mathbb{Q}$의 완비확장체가 된다. 원소의 크기를 조금 더 살펴보면

$$|x+y|_p \le \max\{|x|_p,\ |y|_p\}$$

임을 알 수 있다. 그러므로 임의의 $x \in \mathbb{Q}_p$는 모든 자연수 n 에 대하여

$$|nx|_p \le |x|_p$$

이다. 또 $x=1$ 을 대입하면 $|n|_p \le 1$ 이므로 $x=1$ 은 무한소이다. 한편 계수가 복소수이고 음의 항은 유한한 항만 나타나는 로랑급수 전개식을 모아둔 집합을 C라 하자. 즉

$$C = \left\{a(z) = \sum_{j=k}^{\infty} a_j z^j \mid k \in \mathbb{Z},\ a_j \in \mathbb{C}\right\}$$

라고 하자. 집합 C의 두 원소 $a(z) = \sum_{j=k}^{\infty} a_j z^j$ 와 $b(z) = \sum_{j=\ell}^{\infty} b_j z^j$ 에 대하여 연산 $+$ 와 $\cdot$ 를 각각

$$a(z) + b(z) = \sum_{j=\min\{k,\ \ell\}}^{\infty} (a_j + b_j) z^j$$

$$a(z) \cdot b(z) = \sum_{j=k+\ell}^{\infty} \left(\sum_{i=0}^{j} a_i b_{j-i}\right) z^j$$

와 같이 정의하면 $(C,\ +,\ \cdot\ )$는 체가 된다. 이때 임의의 $\rho \in (0,\ 1)$ 에 대하여

$$\|a\| = \rho^k$$

로 정의하면 $\|\cdot\|$는 비아르키메데스 노름이 된다. 따라서 $(C, +, \cdot)$는 비아르키메데스 체이다. 또 다른 예는 다음과 같은 유리함수의 집합이다. 집합

$$X = \left\{ \frac{p(x)}{q(x)} \mid p,\ q\text{는 계수가 실수인 다항함수} \right\}$$

에서 유한개의 점을 제외한 모든 점에서 $\frac{p_1(x)}{q_1(x)} = \frac{p_2(x)}{q_2(x)}$ 일 때는 $\frac{p_1}{q_1} = \frac{p_2}{q_2}$ 으로 정의한다. 예를 들어 $x - 3 = \frac{x^2 - x - 6}{x + 2}$ 이다. 그러면 $\mathbb{R} \subset X$이고 $(X, +, \cdot)$는 체가 된다. 이제 임의의 $f,\ g \in X$에 대하여 다음 셋 중에서 하나만을 만족시키는 $x_0 \in \mathbb{R}$가 존재한다.

(i) $x > x_0$ 이면 $f(x) < g(x)$이다.

(ii) $x > x_0$ 이면 $f(x) = g(x)$이다.

(iii) $x > x_0$ 이면 $f(x) > g(x)$이다.

이때 첫 번째의 경우는 $f < g$, 두 번째의 경우는 $f = g$, 세 번째의 경우는 $g < f$로 정의하면 $(X, +, \cdot)$는 순서체가 된다. 그리고 함수

$$f(x) = \frac{1}{x}, \quad \frac{1}{x^2}, \quad \frac{m}{x^n}, \quad \cdots$$

은 모두 무한소가 된다.

부록6 지수의 정의와 연산

1. 지수

양수 a와 자연수 n에 대하여 지수 a^n은

$$a^0 = 1, \quad a^n = a \cdot a^{n-1} = \overbrace{a \times a \times \cdots \times a}^{n}$$

와 같이 수학적 귀납법으로 정의한다. 그러면 음이 아닌 정수 m과 n에 대하여 지수법칙

$$a^n \times a^m = \overbrace{a \times a \cdots \times a}^{n} \times \overbrace{a \times a \times \cdots \times a}^{m} = a^{n+m}$$

이 성립한다. 실수 a의 곱셈에 대한 역원은 a^{-1} 또는 $\dfrac{1}{a}\,(a \neq 0)$이므로 음의 정수에 대한 지수도 곱셈에 대한 역원으로 정의한다. 즉 자연수 n에 대하여 a^{-n}은 a^n의 곱셈에 대한 역원으로 정의한다. 그런데 자연수 n 대신에 $-m$을 대입하면

$$1 = a^0 = a^{m+(-m)} = a^{m-m} = a^m \times a^{-m}$$

이므로

$$a^{-m} = \frac{1}{a^m} = \left(\frac{1}{a}\right)^m \text{ (단, } m \text{은 자연수)}$$

이다. 따라서 모든 정수에 대해서 지수를 정의할 수 있고 지수법칙

$$a^{n+m} = a^n a^m, \quad (a^n)^m = a^{nm}$$

이 성립한다. 지수를 정수에서 유리수로 확장하기 위해서는 분수에 대한 지수를 정의해야 한다. 그런데 $a^{\frac{1}{n}}$이 정의되면 정수에 대한 지수법칙을 이용하여 지수가 분수인 $a^{\frac{m}{n}}$을 정의할 수 있으므로 $a^{\frac{1}{n}}$을 정의하면 충분하다. $a > 0$와 $n \in \mathbb{N}$에 대하여 $a^{\frac{1}{n}}$은 방정식

$$x^n = a$$

를 만족시키는 양수 x로 정의하고[10] $r=\dfrac{m}{n}\in\mathbb{Q}\ (n,\ m\in\mathbb{Z})$에 대하여 $a^r=\left(a^{\frac{1}{n}}\right)^m$으로 정의한다. 그러면 $\left(a^{\frac{1}{n}}\right)^m=(a^m)^{\frac{1}{n}}$이 성립함을 알 수 있고 지수가 유리수인 경우에도 지수법칙이 성립함을 증명할 수 있다. 즉 임의의 유리수 $r,\ s$에 대하여

$$a^{r+s}=a^r a^s$$
$$(a^r)^s=a^{rs}$$

가 성립한다. 지수가 무리수일 때에는 유리수의 조밀성을 이용하여 유리지수의 최소상계 또는 유리지수인 수열의 극한으로 정의한다. 이 정의는 실수의 완비성에 의하여 잘 정의된다.

정의 1

$a>0,\ x\in\mathbb{R}$에 대하여 다음과 같이 정의한다.

$$a^x=\sup\{a^r\mid r<x,\ r\in\mathbb{Q}\}$$

유리지수의 확장으로 지수가 실수인 경우도 잘 정의되기 위해서는 다음 두 가지가 성립해야 한다.

---

10) 지수방정식의 양수 해는 다음과 같이 유일하게 존재하므로 잘 정의된다. 집합

$$E=\{x\in\mathbb{R}\mid x^n<a,\ x>0\}$$

라 하면 $E\neq\varnothing$이고 위로 유계($2a$은 E의 상계)이므로 최소상계의 원리에 의하여 $s=\sup E\in\mathbb{R}$이다. 그러면 순서공리에 의하여 다음 세 가지 경우 중 하나이다.

$$s^n<a,\quad s^n=a,\quad s^n>a$$

먼저 $s^n<a$이면 아르키메데스 원리에 의하여 $C=\sum_{k=0}^{n-1}\binom{n}{k}s^k$와 $\delta=a-s^n>0$에 대하여 $\dfrac{1}{m}<\dfrac{\delta}{C}$인 $m\in\mathbb{N}$이 존재한다. 그러면

$$\left(s+\frac{1}{m}\right)^n=s^n+\sum_{k=0}^{n-1}\binom{n}{k}\frac{s^k}{m^{n-k}}<s^n+\frac{1}{m}\sum_{k=0}^{n-1}\binom{n}{k}s^k=s^n+\frac{C}{m}<a$$

으로 $s+\dfrac{1}{m}\in E$이 되어 모순이다. 또 $s^n>a$이면 $\delta=s^n-a$에 대하여 $\dfrac{1}{m}<\dfrac{\delta}{C}$인 $m\in\mathbb{N}$이 존재한다. 그러면

$$\left(s-\frac{1}{m}\right)^n=s^n+\sum_{k=0}^{n-1}\binom{n}{k}\frac{(-1)^{n-k}s^k}{m^{n-k}}\geq s^n-\frac{1}{m}\sum_{k=0}^{n-1}\binom{n}{k}\frac{s^k}{m^{n-k-1}}\geq s^n-\frac{C}{m}>a$$

이고 $x\geq s-\dfrac{1}{m}$인 임의의 x에 대하여 $x^n\geq\left(s-\dfrac{1}{m}\right)^n>a$이 되어 $x\not\in E$이다. 그러므로 $s-\dfrac{1}{m}$이 E의 상계가 되므로 모순이다. 따라서 $s^n=a$이고 최소상계의 정의에 의하여 s는 유일하다.

(i) $\sup\{a^r \mid r < x,\ r \in \mathbb{Q}\}$는 유일하게 존재하는가?

(ii) 이 정의는 유리지수를 확장하는가? 즉 유리수 $x = \dfrac{p}{q}$에 대하여

$$a^{\frac{p}{q}} = \sup\{a^r \mid r < x,\ r \in \mathbb{Q}\}$$

이 성립하는가?

질문 (i)에 대해서는 집합 $\{a^r \mid r < x,\ r \in \mathbb{Q}\}$가 위로 유계이므로 존재하고, 최소상계의 유일성으로부터 유일성이 증명된다. (ii)도 유리수의 조밀성과 최소상계의 근사성에 의하여 증명된다. 또한 정의로부터 유리지수의 법칙을 지수가 실수인 경우로 확장할 수 있다. 예를 들어 다음이 성립한다.

정리 1

$a > 0,\ b > 0$이고 $x,\ y \in \mathbb{R}$에 대하여 다음이 성립한다.

(1) $a^{x+y} = a^x a^y$

(2) $(ab)^x = a^x b^x$

(3) $(a^x)^y = a^{xy}$

(4) $x > 0,\ a < b \Rightarrow a^x < b^x$

최소상계는 집적점의 일종이므로 최소상계로 수렴하는 수열이 존재한다. 그러므로 최소상계로 수렴하는 수열에 대한 지수의 극한과 같아야 함을 보일 수 있다. 실제로 지수가 실수인 경우를 다음과 같이 정의할 수도 있다. $a > 0$일 때, 임의의 $x \in \mathbb{R}$에 대하여

$$a^x = \lim_{n\to\infty} a^{r_n}$$

이다. 여기서 $\{r_n\}$은 $r_n \to x\ (n \to \infty$ 일 때) 인 증가하는 임의의 유리수열이다. 이 정의가 잘 정의되기 위해서는 극한이 유일하게 존재하고, 극한이 유리수열 $\{r_n\}$에 관계없이 일정해야 하고, 최소상계를 이용한 정의와 일치해야 한다. 즉 다음이 성립해야 한다.

(i) $\lim_{n\to\infty} a^{r_n}$은 유일하게 존재한다.

(ii) $\lim_{n\to\infty} r_n = x$, $\lim_{n\to\infty} \widetilde{r_n} = x$ 인 임의의 유리수열 $\{r_n\}$과 $\{\widetilde{r_n}\}$에 대하여

$$\lim_{n\to\infty} a^{r_n} = \lim_{n\to\infty} a^{\widetilde{r_n}}$$

이 성립한다.

(iii) $\lim_{n\to\infty} a^{r_n} = \sup\{a^r \mid r < x,\ r \in \mathbb{Q}\}$ 이다.

이 문제를 해결하는 접근법은 대략 다음과 같다. 임의의 $x \in \mathbb{R}$에 대하여 유리수의 조밀성에 의하여 $r_n \to x$ ($n \to \infty$ 일 때)인 증가하는 유리수열 $\{r_n\}$이 존재하고 $\{a^{r_n}\}$ 은 수열이다. 또한 지수가 유리수인 경우의 지수법칙에 의하여 $\{a^{r_n}\}$ 은 단조수열이고 유계이므로 단조수렴정리에 의하여 수렴한다. 수열의 극한은 유일하므로 (i)은 해결된다. 한편 단조수렴정리를 이용하면 $\lim_{n\to\infty} a^{\frac{1}{n}} = 1$ 임을 보일 수 있다. 그러므로 임의의 $\varepsilon > 0$ 에 대하여 $n \geq n_0$ 이면 $|a^{\frac{1}{n}} - 1| < \varepsilon$인 $n_0 \in \mathbb{N}$이 존재한다. 만약 $\lim_{n\to\infty} r_n = x$, $\lim_{n\to\infty} \widetilde{r_n} = x$ 이라 하면 $\lim_{n\to\infty} (r_n - \widetilde{r_n}) = 0$ 이므로 $n \geq N$ 이면 $|r_n - \widetilde{r_n}| < \dfrac{1}{n_0}$ 인 $N \in \mathbb{N}$이 존재한다. 따라서 $n \geq N$이면 $|a^{r_n - \widetilde{r_n}} - 1| \leq |a^{1/n_0} - 1| < \varepsilon$ 즉 $\lim_{n\to\infty} a^{r_n - \widetilde{r_n}} = 1$ 이다. 유리지수의 성질에 의하여

$$\lim_{n\to\infty} a^{r_n} a^{-\widetilde{r_n}} = \lim_{n\to\infty} a^{r_n - \widetilde{r_n}} = 1$$

이므로 수렴하는 수열의 성질에 의해 $\lim_{n\to\infty} a^{r_n} = \lim_{n\to\infty} a^{\widetilde{r_n}}$ 이다. 따라서 (ii)가 증명된다. 이제 $a > 1$, $x \in \mathbb{Q}$ 라 하고 $r_n \to x$인 단조증가수열 $\{r_n\}$이라 하면 $a^{r_n} < a^x$ 이므로 비교정리에 의하여 $\lim_{n\to\infty} a^{r_n} \leq a^x$ 이다. $L = \lim_{n\to\infty} a^{r_n}$이라 하고 $L < a^x$라 가정하자. 최소상계의 근사성에 의하여 $L < a^r \leq a^x$인 유리수 $r < x$가 존재한다. 그런데 $r_n \to x$ 이고 단조증가하므로 $n \geq N$ 이면 $r_n > r$ 인 N이 존재한다. 유리지수의 성질에 의하여 $n \geq N$이면 $a^{r_n} > a^r$ 이므로 비교정리에 의하여 $L = \lim_{n\to\infty} a^{r_n} \geq a^r$ 이 되어 모순이다. $a < 1$ 인 경우도 비슷하게 증명된다. 따라서 (iii)이 증명된다.

유리지수의 수열로 지수를 정의하면 여러 가지 장점이 있다. 예를 들어 $2^{\sqrt{2}}$의 정의는

$$2^{\sqrt{2}} = \sup\{2^r \mid r < \sqrt{2},\ r \in \mathbb{Q}\}$$

이지만

$$r_n : 1,\ 1.4,\ 1.41,\ 1.4142,\ 1.41421,\ \cdots$$

인 수열 $\{r_n\}$에 대하여 $2^{\sqrt{2}} = \lim_{n\to\infty} 2^{r_n}$이다. 즉

$$2^1,\ 2^{1.4},\ 2^{1.41},\ 2^{1.4142},\ 2^{1.41421},\ \cdots$$

인 수열의 극한으로 이해하는 것이 더 직관적이다. 또 $\sqrt{2}$ 로 수렴하는 증가하는 다른 유리수열 $\{s_n\}$ 에 대해서도 $2^{\sqrt{2}} = \lim\limits_{n\to\infty} 2^{s_n}$ 이다. 예를 들면

$$s_n : 0.4,\ 1.4,\ 1.411,\ 1.41420,\ \cdots$$

에 대해서도 $2^{\sqrt{2}} = \lim\limits_{n\to\infty} 2^{s_n}$이 성립한다.

정의로부터 r가 유리수일 때, $r_n = r,\ n \geq 1$ 이라 두면 당연히 $a^r = \lim\limits_{n\to\infty} a^{r_n}$이 성립한다. 이와 같은 성질은 유리지수의 법칙을 지수가 실수인 경우로 확장할 수 있게 해주고 지수함수가 연속이 되도록 해준다. 실제로 함수 $f(x) = a^x$ 일 때 $r_n \to x$인 유리수열 $\{r_n\}$에 대하여

$$\lim_{n\to\infty} f(r_n) = \lim_{n\to\infty} a^{r_n} = a^x = f(x)$$

이 성립한다.

예 $a^{x+y} = a^x a^y$

풀이 $\{r_n\}$, $\{s_n\}$ 을 x, y 로 각각 수렴하는 증가하는 유리수열이라 하자. 그러면 $\{r_n + s_n\}$ 는 $x+y$ 로 수렴하는 증가하는 유리수열이므로 다음과 같다.

$$a^x a^y = \lim_{n\to\infty} a^{r_n} \lim_{n\to\infty} a^{s_n} = \lim_{n\to\infty} a^{r_n} a^{s_n} = \lim_{n\to\infty} a^{r_n + s_n} = a^{x+y}$$

별해 $r < x$ 이고 $s < y$ 인 임의의 유리수 r, s 에 대하여 $r+s < x+y$ 이므로

$$a^r a^s = a^{r+s} \leq \sup\{a^t \mid t < x+y,\ t \in \mathbb{Q}\} = a^{x+y}$$

이다. 그러므로 a^{x+y} 는 $\{a^r a^s \mid r < x,\ s < y\}$ 의 상계이다. 따라서

$$a^x a^y = \sup\{a^r a^s \mid r < x,\ s < y,\ r, s \in \mathbb{Q}\} \leq a^{x+y}$$

이다. 역으로 $t < x+y$ 인 임의의 유리수 $t \in \mathbb{Q}$ 라 하자. 그러면 $t = r+s$, $r < x$, $s < y$ 인 유리수 $r, s \in \mathbb{Q}$ 가 존재한다. 실제로 $t-y < r < x$ 인 r 에 대하여 $s = t-r$ 라 하면 된다. 지수의 정의로부터 $a^r \leq a^x$, $a^s \leq a^y$ 이므로

$$a^t = a^{r+s} = a^r a^s \le a^x a^y$$

이다. t는 $t < x+y$인 임의의 유리수이므로 $a^x a^y$는 $\{a^t \mid t < x+y,\ t \in \mathbb{Q}\}$의 상계이다. 따라서

$$a^{x+y} = \sup\{a^r a^s \mid r < x,\ s < y,\ r, s \in \mathbb{Q}\} \le a^x a^y$$

이다. ■

2. 복소수의 지수

지수는 자연수에서 정수로, 정수에서 유리수로, 유리수에서 실수로 확장하여 왔다. 지수 x가 자연수이거나 정수인 경우에는 양수 a를 음수인 경우에도 확장하여 생각할 수 있다. 즉 $a \neq 0$인 실수에 대하여 a^n(n은 정수)은 잘 정의된다. 하지만 지수 x가 유리수인 경우에는 a가 양수일 때와는 달리 음수인 경우에 지수의 연산 규칙이 복잡해지고 정의가 쉽지 않다. 예를 들면

$$(-64)^{\frac{2}{6}} = \left((-64)^{\frac{1}{6}}\right)^2 = (-2)^2 = 4$$

이거나

$$(-64)^{\frac{2}{6}} = (-64)^{\frac{1}{3}} = -(2^6)^{\frac{1}{3}} = -4$$

라는 혼란스러운 결과를 만들 수도 있다. 일반적으로 밑이 음수인 경우 a^x에 대해서는 지수의 연산법칙을 적용하기가 어렵다. 예를 들면 $(-1)^{\frac{1}{3}}$과 $(-1)^{\frac{2}{6}}$에 대하여

$$(-1)^{\frac{1}{6}} \times (-1)^{\frac{1}{6}} = (-1)^{\frac{1}{3}} = -1$$

$$(-1)^{\frac{1}{6}} \times (-1)^{\frac{1}{6}} = \left\{(-1)^{\frac{1}{6}}\right\}^2 = 1$$

으로 계산 방식에 따라 값이 달라지기 때문에 지수가 유일하게 정의되지 않는다. 밑이 음수인 경우에 그 지수는 여러 값을 가질 수 있다는 사실은 밑이 복소수인 경우와 같다. 그러므로 밑이 복소수인 지수를 정의하고 밑이 음수인 경우를 살펴볼 수 있다.

지수 개념을 다시 원점으로 되돌아가서 생각해보자. 근호의 개념을 사용한 $a^{\frac{1}{n}}$은 방정식 $x^n = a$의 해를 찾는 것과 같다. 이때 a는 양수라야 하고 x는 양수 해이다. 만약 a가 음수이고 n이 홀수이면 실수 해를 가지므로 $a^{\frac{1}{n}}$이 실수의 범위에서 정의된다. 하지만 a가 음수이고 n이 짝

수이면 방정식은 실수 해를 가지지 않으므로 $a^{\frac{1}{n}}$ 은 정의되지 않는다. 이때 대수의 기본정리에 의하여 복소수의 범위에서는 방정식의 해가 존재하므로 음수 a에 대하여 $a^{\frac{1}{n}}$ 을 정의할 수 있다. 그런데 방정식 $x^n = a$은 복소수의 범위에서 한 개가 아니라 n개의 해를 가지므로 어떤 해를 $a^{\frac{1}{n}}$ 으로 정의해야 할지를 고민해야 한다. 예를 들어 $(-1)^{\frac{1}{2}}$ 는 방정식

$$z^2 = -1$$

의 해로서 두 개의 값 $\pm i$를 갖는다. 이 중에서 일반적으로 $z = i$ 라는 값으로 정의하여 사용한다. 이와 같이 하면 대수방정식으로부터 음수에 대한 유리지수를 정의할 수 있다. 그런데 음수에 대한 무리지수는 대수방정식의 해가 아니다. 그러므로 대수방정식의 해를 확장하여 정의하여야 한다. 예를 들어 $(-1)^{\sqrt{2}}$ 는 방정식

$$z^{\frac{1}{\sqrt{2}}} = -1$$

을 만족시키는 해로 정의하는 것이 자연스럽다. 이를 위하여 방정식의 양변에 로그를 취하여 풀면

$$z = e^{\sqrt{2}\log(-1)}$$

로 쓸 수 있고 $\log(-1)$ 을 정의할 수 있으면 된다.

로그함수는 지수함수 $w = e^z$ 의 역함수로 정의한다. 즉

$$e^w = z = |z|e^{i\arg(z)} = e^{\ln|z| + i\arg(z)}$$

의 해가 $w = \log z$ 이므로 방정식을 풀면

$$\log z = w = \ln|z| + i\arg(z)$$

이다. 여기서 $\arg(z)$는 z의 편각이고 $\ln$은 양수에서 정의된 로그함수이다. 예를 들어 $\log(-1) = \ln|-1| + i\arg(-1) = (2k+1)\pi i\ (k \in \mathbb{Z})$으로 무수히 많은 값을 갖는다. 이는 위의 방정식의 해가 무수히 많기 때문에 자연스럽다고 할 수 있다. 이런 맥락에서 복소수 z $(z \neq 0)$, α에 대하여

$$z^\alpha = e^{\alpha \log z} = e^{\alpha(\ln|z| + i\arg(z))}$$

로 정의한다.

$e^{2\pi i}=1$ 이므로 함수 $f(z)=e^z$ 는 $f(z+2\pi i)=e^{z+2\pi i}=e^z=f(z)$ 으로 주기함수이다. 지수함수가 $2\pi i$-주기함수이므로 그 역함수 $\log z$ 는 편각에 따라 여러 가지 값을 가질 수 있는 다가함수가 된다. 따라서 z^α 는 다가함수와 주기함수의 합성이다. 로그함수에서 만들어지는 여러 값이 지수함수의 주기와 얽히면서 유일한 값을 만들 수도 있고, 유한한 여러 가지 값을 만들 수도 있고, 무수히 많은 값을 만들어 낼 수도 있다. 실제로 지수가 정수인 경우에는 유일한 값을, 지수가 유리수인 경우에는 기약분수의 분모의 개수만큼의 값을, 그리고 무리수이거나 복소수인 경우에는 무수히 많은 값을 만들어 낸다. 예를 들어

$$i^5=e^{5\log i}=e^{5(\ln|i|+\arg(i))}=e^{5(\frac{\pi i}{2}+2k\pi i)}=e^{\frac{5\pi i}{2}}=i$$

는 하나의 값을 갖고

$$(-1)^{\frac{2}{6}}=e^{\frac{2}{6}\log(-1)}=e^{\frac{2}{6}(\ln|-1|+i\arg(-1))}=e^{\frac{(2k+1)\pi i}{3}}=\begin{cases}\dfrac{1+\sqrt{3}i}{2} & (k=3m)\\ -1 & (k=3m+1)\\ \dfrac{1-\sqrt{3}i}{2} & (k=3m-1)\end{cases}$$

는 세 개의 서로 다른 값을 갖고

$$(-1)^i=e^{i\log(-1)}=e^{i(\ln|-1|+i\arg(-1))}=e^{-(2k+1)\pi}\quad(k\in\mathbb{Z})$$

$$i^i=e^{i\log i}=e^{i(\ln|i|+i\arg(i))}=e^{-(\frac{\pi}{2}+2k\pi)}\quad(k\in\mathbb{Z})$$

$$i^{\sqrt{2}}=e^{\sqrt{2}\log i}=e^{\sqrt{2}(\ln|i|+i\arg(i))}=e^{\sqrt{2}i(\frac{\pi}{2}+2k\pi)}\quad(k\in\mathbb{Z})$$

는 모두 무수히 많은 값을 갖는다.

복소평면에서 로그함수는 다가함수이므로 α 가 정수가 아니면 z^α는 여러 값을 갖는다. 이로부터 지수가 잘 정의되기 위해서는 $\log z$ 의 값을 특정 영역의 값으로 지정해 주어야 하는데, 이를 가지나누기(branch cut)라 하고 그때의 함수를 가지함수(branch)라고 한다. 예를 들어

$$i^{\frac{1}{2}}=e^{\frac{1}{2}\log i}=e^{\frac{1}{2}(\ln 1+i(\frac{\pi}{2}+2k\pi))}=e^{(\frac{\pi}{4}+k\pi)i}$$

인데 $k \in \mathbb{Z}$의 값을 차례로 대입해보면 $i^{\frac{1}{2}}$은 $\pm \frac{1+i}{\sqrt{2}}$이다. 그러므로 편각을 $-\pi < \arg(z) \le \pi$으로 제한하면 $i^{\frac{1}{2}} = \frac{1+i}{\sqrt{2}}$이 된다. 일반적으로 $-\pi < \arg(z) \le \pi$로 제한한 가지함수를 주가지함수라 하고 이때의 값을 주값이라 한다. 예를 들어 주값은 각각 $(-1)^i = e^{-\pi}$, $i^i = e^{-\frac{\pi}{2}}$, $i^{\sqrt{2}} = e^{\frac{\sqrt{2}}{2}\pi i}$이다.

편각함수 $\arg(z)$는 다가함수이고 $-\pi < \arg(z) \le \pi$인 값을 주값이라 하고 $\mathrm{Arg}(z)$로 나타낸다. 그러면 $\arg(z) = \mathrm{Arg}(z) + 2k\pi\ (k \in \mathbb{Z})$이고

$$\arg(z_1 z_2) = \arg(z_1) + \arg(z_2)$$
$$\arg(z_1/z_2) = \arg(z_1) - \arg(z_2)$$

은 성립하지만

$$\mathrm{Arg}(z_1 z_2) = \mathrm{Arg}(z_1) + \mathrm{Arg}(z_2)$$
$$\mathrm{Arg}(z_1/z_2) = \mathrm{Arg}(z_1) - \mathrm{Arg}(z_2)$$

는 성립하지 않는다. 예를 들어 $z_1 = z_2 = -1$이면

$$\arg(z_1 z_2) = \arg(1) = 2n\pi \quad (n \in \mathbb{Z})$$
$$\arg(z_1) + \arg(z_2) = (2k_1+1)\pi + (2k_2+1)\pi = 2(k_1+k_2+1)\pi \quad (k_1,\ k_2 \in \mathbb{Z})$$

로 같지만 $\mathrm{Arg}(z_1 z_2) = \mathrm{Arg}(1) = 0$와 $\mathrm{Arg}(z_1) + \mathrm{Arg}(z_2) = \pi + \pi = 2\pi$는 다르다. 이와 같은 성질은 고스란히 로그함수로 전가된다. 그러므로 로그함수의 주값을

$$\mathrm{Log} z = \ln|z| + i\mathrm{Arg}(z)$$

로 나타내면

$$\log z = \mathrm{Log} z + 2n\pi i = \ln|z| + i(\mathrm{Arg}(z) + 2n\pi)$$

로 나타낼 수 있다. 편각함수와 마찬가지로

$$\log(z_1 z_2) = \log z_1 + \log z_2$$
$$\log(z_1/z_2) = \log z_1 - \log z_2$$

는 성립하지만

$$\mathrm{Log}(z_1 z_2) = \mathrm{Log} z_1 + \mathrm{Log} z_2$$
$$\mathrm{Log}(z_1 / z_2) = \mathrm{Log} z_1 - \mathrm{Log} z_2$$

는 성립하지 않는다. 하지만 e^z는 주기함수이므로 $e^{\mathrm{Log} z_1 z_2} = e^{\mathrm{Log} z_1 + \mathrm{Log} z_2}$는 성립한다. 또 지수함수와 로그함수의 합성의 순서를 생각해보면 $\log(e^z)$는 다가함수이지만 $e^{\log z}$는 주기함수이므로

$$\log(e^z) = e^{\log z}$$

은 성립하지 않는다. 실제로 $e^{\log z} = z$ 이지만

$$\log e^z = \ln|e^z| + i \arg(e^z) = \ln e^x + i(y + 2n\pi) = z + 2n\pi i \ (n \in \mathbb{Z})$$

이다. 이와 같은 성질은 복소수의 지수법칙에 영향을 주게 된다. 특히 지수

$$z^\alpha = e^{\alpha \log z} = e^{\alpha(\ln|z| + i \arg(z))} = e^{\alpha \ln|z| + i\alpha \mathrm{Arg}(z) + \alpha 2n\pi i} = e^{\alpha \mathrm{Log} z + \alpha 2n\pi i} \ (n \in \mathbb{Z})$$

로부터 다음을 알 수 있다.

(1) $\alpha \in \mathbb{Z}$인 경우: z^α의 값은 유일하다.
(2) $\alpha = \dfrac{p}{q} \in \mathbb{Q}$ (p, q는 서로 소)이면 z^α는 q개의 서로 다른 값을 갖는다.
(3) $\alpha \notin \mathbb{Q}$이면 z^α는 무수히 많은 값을 갖는다.

지수에서 편각은 연산에 의해 변하는데 정수가 아닌 두 지수의 연산에 의해 정수가 되는 경우, 유리수가 아닌 지수의 연산에 의해 유리수가 되는 등에서 지수법칙은 성립하지 않게 된다. 지수가 실수인 경우의 성질을 복소수로 확장할 수 있는지 차례로 살펴보자.

(1) $z^{\alpha+\beta} = z^\alpha z^\beta$. 지수의 정의에 의하여

$$z^{\alpha+\beta} = e^{(\alpha+\beta)\log z} = e^{(\alpha+\beta)(\mathrm{Log} z + 2n\pi i)} = e^{(\alpha+\beta)\mathrm{Log} z + 2n(\alpha+\beta)\pi i}$$
$$z^\alpha z^\beta = e^{\alpha \log z} e^{\beta \log z} = e^{\alpha(\mathrm{Log} z + 2m\pi i)} e^{\beta(\mathrm{Log} z + 2k\pi i)} = e^{(\alpha+\beta)\mathrm{Log} z + 2(\alpha m + \beta k)\pi i}$$

이므로 $\{z^{\alpha+\beta}$의 값$\} \subset \{z^\alpha z^\beta$의 값$\}$이고 주값으로는 $n = m = k = 0$이므로 $z^{\alpha+\beta} = z^\alpha z^\beta$가 성립한다. 예를 들어 $\alpha = \beta = \dfrac{1}{2}$, $z = -1$ 이면 $(-1)^{\frac{1}{2}}(-1)^{\frac{1}{2}} = \pm 1$이고 $(-1)^{\frac{1}{2}+\frac{1}{2}} = -1$이므로 $(-1)^{\frac{1}{2}+\frac{1}{2}} \subset (-1)^{\frac{1}{2}}(-1)^{\frac{1}{2}}$이다. 이때 주값은 모두 -1이다. 또

$$(-1)^{\frac{1}{3}}(-1)^{\frac{2}{3}} = \begin{cases} e^{\frac{\pi i}{3}} \\ -1 \\ e^{-\frac{\pi i}{3}} \end{cases} \times \begin{cases} e^{\frac{2\pi i}{3}} \\ 1 \\ e^{-\frac{2\pi i}{3}} \end{cases} = \left\{-1,\ \frac{1 \pm \sqrt{3}\,i}{2}\right\}$$

이므로 $(-1)^{\frac{1}{3}+\frac{2}{3}} \subset (-1)^{\frac{1}{3}}(-1)^{\frac{2}{3}}$ 이다. 이때 주값은 $(-1)^{\frac{1}{3}+\frac{2}{3}} = -1$이고 $(-1)^{\frac{1}{3}}(-1)^{\frac{2}{3}}$ $= e^{\frac{\pi i}{3}} \times e^{\frac{2\pi i}{3}} = -1$ 으로 같다. 참고로 α 또는 β가 정수이면 다가함수로서 $z^{\alpha+\beta} = z^{\alpha}z^{\beta}$도 성립한다.

(2) $(z^{\alpha})^{\beta} = z^{\alpha\beta} = (z^{\beta})^{\alpha}$. $z = x + iy$라 하면 $\log e^{z} = \ln e^{x} + i\arg(e^{z}) = z + 2k\pi i$이므로

$$\log z^{\alpha} = \log e^{\alpha \log z} = \alpha \log z + 2n\pi i$$

이다. 따라서

$$(z^{\alpha})^{\beta} = e^{\beta \log z^{\alpha}} = e^{\beta(\alpha \log z + 2n\pi i)} = e^{\beta\alpha \log z + 2n\beta\pi i} = z^{\beta\alpha}e^{2n\beta\pi i}$$

이다. 같은 방법으로 계산하면

$$(z^{\beta})^{\alpha} = z^{\alpha\beta}e^{2\alpha k\pi i}$$

이다. 그러므로 $\{z^{\alpha\beta}$의 값$\} \subset \{(z^{\alpha})^{\beta}$의 값$\}$, $\{z^{\alpha\beta}$의 값$\} \subset \{(z^{\beta})^{\alpha}$의 값$\}$이다. 만약 $\beta \in \mathbb{Z}$ 이면 $(z^{\alpha})^{\beta} = z^{\alpha\beta}$이고, $\alpha - \beta \in \mathbb{Z}$ 이면 $(z^{\alpha})^{\beta} = (z^{\beta})^{\alpha}$이다.

이제 $\frac{p}{q} \in \mathbb{Q}$ $(p,\ q \in \mathbb{Z})$에 대하여 $z^{\frac{p}{q}}$를 계산해보자. p가 정수이므로 앞의 계산 결과에 의해서

$$z^{\frac{p}{q}} = (z^{\frac{1}{q}})^{p} \neq (z^{p})^{\frac{1}{q}}$$

이다. 구체적으로 살펴보면 지수의 정의에 의해

$$(z^{\frac{1}{q}})^{p} = z^{\frac{p}{q}}e^{2pn\pi i} = z^{\frac{p}{q}}, \qquad (z^{p})^{\frac{1}{q}} = z^{\frac{p}{q}}e^{\frac{2k\pi i}{q}}$$

이므로 $p,\ q$가 서로소이면 $z^{\frac{p}{q}}$, $(z^{\frac{1}{q}})^{p}$, $(z^{p})^{\frac{1}{q}}$는 모두 q개의 값을 갖는다. 하지만 $p,\ q$가 서로소가 아닌 경우는 $(z^{\frac{1}{q}})^{p}$는 q개 보다 적은 값을 갖고 $(z^{p})^{\frac{1}{q}}$는 q개의 서로 다른 값을 갖는다.

예를 들어 $(-8)^{\frac{2}{3}}$에 대하여

$$(-8)^{\frac{2}{3}}=e^{\frac{2}{3}\log(-8)}=4e^{\frac{2(2n+1)\pi i}{3}}=\begin{cases}2(-1+\sqrt{3}i) & (n=3m)\\ 4 & (n=3m+1)\\ -2(1+\sqrt{3}i) & (n=3m-1)\end{cases}$$

$$\left\{(-8)^{\frac{1}{3}}\right\}^2=(2e^{\frac{(2n+1)\pi i}{3}})^2=4e^{\frac{(2n+1)2\pi i}{3}}=\begin{cases}2(-1+\sqrt{3}i) & (n=3m)\\ 4 & (n=3m+1)\\ -2(1+\sqrt{3}i) & (n=3m-1)\end{cases}$$

$$\{(-8)^2\}^{\frac{1}{3}}=e^{\frac{1}{3}(\ln 64+2n\pi i)}=4e^{\frac{2n\pi i}{3}}=\begin{cases}4 & (n=3m)\\ 2(-1+\sqrt{3}i) & (n=3m+1)\\ -2(1+\sqrt{3}i) & (n=3m-1)\end{cases}$$

으로 집합적으로는 같고 주값은

$$(-8)^{\frac{2}{3}}=\left\{(-8)^{\frac{1}{3}}\right\}^2=2(-1+\sqrt{3}i),\quad \{(-8)^2\}^{\frac{1}{3}}=4$$

이다. 이제 $(-64)^{\frac{2}{6}}$을 생각해보자. 지수의 정의에 의하여 k의 값에 따라 세 개의 값은

$$(-64)^{\frac{2}{6}}=e^{\frac{2}{6}\log(-64)}=e^{\frac{1}{3}(\ln|64|+i(\pi+2k\pi))}=4e^{\frac{i(2k+1)\pi}{3}}=\begin{cases}2(1+\sqrt{3}i) & (k=3m)\\ -4 & (k=3m+1)\\ 2(1-\sqrt{3}i) & (k=3m-1\end{cases}$$

이고 주값은 $(-64)^{\frac{2}{6}}=2(1+\sqrt{3}i)$이다. 또 $\left\{(-64)^{\frac{1}{6}}\right\}^2$을 계산하기 위해 지수를 써보면

$$(-64)^{\frac{1}{6}}=e^{\frac{1}{6}\log(-64)}=e^{\frac{1}{6}(\ln|-64|+i(\pi+2k\pi)}=2e^{\frac{(2k+1)\pi i}{6}}\quad(k\in\mathbb{Z})$$

이므로

$$\left\{(-64)^{\frac{1}{6}}\right\}^2=\left(2e^{\frac{(2k+1)\pi i}{6}}\right)^2=4e^{\frac{(2k+1)\pi i}{3}}\quad(k\in\mathbb{Z})$$

으로 위의 경우와 같다. 이때 주값은 $2(1+\sqrt{3}i)$이다. 따라서 $(-64)^{\frac{2}{6}}=\left\{(-64)^{\frac{1}{6}}\right\}^2$이다. 한편 $\{(-64)^2\}^{\frac{1}{6}}$을 지수의 정의를 이용하여 계산해보면

$$4,\quad 2(1+\sqrt{3}i),\quad -2(1-\sqrt{3}i),\quad -4,\quad -2(1+\sqrt{3}i),\quad 2(1-\sqrt{3}i)$$

으로 여섯 가지의 값이 생긴다. 이때 주값도 $\{(-64)^2\}^{\frac{1}{6}}=4$로 $(-64)^{\frac{2}{6}}$의 주값과 다르다.

(3) $(z_1z_2)^\alpha=z_1^\alpha z_2^\alpha$, $(z_1/z_2)^\alpha=z_1^\alpha/z_2^\alpha$. 지수의 정의에 의하여

$$z_1^\alpha=e^{\alpha\log z_1}=e^{\alpha(\mathrm{Log}z_1+2n\pi i)}=e^{\alpha\mathrm{Log}z_1+2n\alpha\pi i}\quad(n\in\mathbb{Z})$$
$$z_2^\alpha=e^{\alpha\log z_2}=e^{\alpha(\mathrm{Log}z_2+2m\pi i)}=e^{\alpha\mathrm{Log}z_2+2m\alpha\pi i}\quad(m\in\mathbb{Z})$$

이므로

$$z_1^\alpha z_2^\alpha=e^{\alpha(\log z_1+\log z_2)}=e^{\alpha(\mathrm{Log}z_1+\mathrm{Log}z_2)+2(n+m)\alpha\pi i}$$

이다. 한편 $\arg(z_1z_2)=\arg(z_1)+\arg(z_2)=\mathrm{Arg}(z_1)+\mathrm{Arg}(z_2)+2k\pi$이므로

$$(z_1z_2)^\alpha=e^{\alpha\log(z_1z_2)}=e^{\alpha(\mathrm{Log}z_1z_2+2k\pi i)}\quad(k\in\mathbb{Z})$$

이다. 따라서 다가함수로서는 $z_1^\alpha z_2^\alpha=(z_1z_2)^\alpha$이 성립하지만 주값으로 성립하기 위한 필요충분조건은 $\mathrm{Log}(z_1z_2)=\mathrm{Log}z_1+\mathrm{Log}z_2$ 즉 $\mathrm{Arg}(z_1z_2)=\mathrm{Arg}z_1+\mathrm{Arg}z_2$이다. 예를 들어 $z_1=-1$, $z_2=i$, $\alpha=\dfrac{1}{2}$이면

$$\{(-1)i\}^{1/2}=(-i)^{1/2}=\pm\frac{1-i}{\sqrt{2}}$$
$$(-1)^{1/2}(i)^{1/2}=\begin{cases}i\\-i\end{cases}\times\begin{cases}\dfrac{1+i}{\sqrt{2}}\\-\dfrac{1+i}{\sqrt{2}}\end{cases}=\pm\frac{1-i}{\sqrt{2}}$$

으로 다가함수로서는 같지만 주값은

$$(-1)^{1/2}(i)^{1/2}=i\times\frac{1+i}{\sqrt{2}}=-\frac{1-i}{\sqrt{2}}$$
$$\{(-1)i\}^{1/2}=(-i)^{1/2}=e^{-\frac{\pi i}{4}}=\frac{1-i}{\sqrt{2}}$$

으로 같지 않다. 한편 $z_1=z_2$이면 $(z_1z_2)^\alpha=(z^2)^\alpha$, $z^\alpha z^\alpha=(z^\alpha)^2$으로 (2)에서 $\beta=2$인 경우

로 $(z_1 z_2)^\alpha = z_1^\alpha z_2^\alpha$이 성립하지 않는다. 예를 들어 $z_1 = z_2 = -1$, $\alpha = \dfrac{1}{2}$ 이면

$$(-1)^{1/2}(-1)^{1/2} = \{(-1)^{\frac{1}{2}}\}^2 = -1, \quad \{(-1)\times(-1)\}^{\frac{1}{2}} = 1^{\frac{1}{2}} = \pm 1$$

이므로 서로 같지 않다. 이때 주값도 $(-1)^{1/2}(-1)^{1/2} = -1$, $\{(-1)\times(-1)\}^{\frac{1}{2}} = 1$으로 같지 않다. 그러므로

$$-1 = i \cdot i = \sqrt{-1}\,\sqrt{-1} = \sqrt{(-1)(-1)} = \sqrt{1} = 1$$

의 계산에는 $\{(-1)(-1)\}^{1/2} = (-1)^{1/2}(-1)^{1/2}$을 사용하여 잘못 계산한 것이다. 끝으로 z_1, z_2가 양수이면 $n = m = 0$ 이고 $k = 0$ 이 되므로 $(z_1 z_2)^\alpha = z_1^\alpha z_2^\alpha$는 성립한다. 또 $\alpha \in \mathbb{Z}$ 이면 $(m+n-k)\alpha \in \mathbb{Z}$가 되어 $(z_1 z_2)^\alpha = z_1^\alpha z_2^\alpha$이 성립한다.

음수에 대한 지수는 복소수로 확장하여 생각할 수 있으나 지수가 정수가 아닌 경우 지수법칙은 일반적으로 성립하지 않는다. 이와 같은 현상은 음수인 경우에도 그대로 적용되어 나타난다. 예를 들어

$$\sqrt{\frac{b}{-a}} = \frac{\sqrt{b}}{\sqrt{-a}} = \sqrt{\frac{-b}{a}} = \frac{\sqrt{-b}}{\sqrt{a}}$$

와 같은 공식을 이해할 때도 조심해야 한다. 근호 $\sqrt{\ }$ 는 양수에서만 정의하는 기호인데, 근호 안에 음수가 들어 있으면 복소수의 범위에서 지수로 이해해야 한다. 예를 들어

$$\frac{\sqrt{1}}{\sqrt{-1}} = \frac{1}{i} = -i$$

이고

$$\sqrt{\frac{1}{-1}} = \sqrt{-1} = i$$

이므로

$$\sqrt{\frac{b}{-a}} \neq \frac{\sqrt{b}}{\sqrt{-a}}$$

이다. 이를 복소수의 지수로 살펴보면

$$\frac{\sqrt{1}}{\sqrt{-1}} = \frac{e^{\frac{1}{2}\log 1}}{e^{\frac{1}{2}\log(-1)}} = \frac{e^{k\pi i}}{e^{\frac{(2n+1)\pi i}{2}}} = -ie^{(k-n)\pi i} = \pm i \quad (k, n \in \mathbb{Z})$$

이고

$$\sqrt{\frac{1}{-1}} = \sqrt{-1} = e^{\frac{1}{2}\ln 1 + \frac{(2n+1)\pi i}{2}} = ie^{n\pi i} = \pm i$$

로서 다가함수로서는 같지만 주값으로는 $\frac{\sqrt{1}}{\sqrt{-1}} = -i \neq i = \sqrt{\frac{1}{-1}}$ 이다.

부록 7 고차방정식의 해법

1. 삼차방정식 풀이법의 역사

방정식의 일반적인 해법을 찾는 근의 공식은 기원전부터 연구되어 왔다. 방정식의 해법이 보다 일찍 확보되지 못하고 오랜 시간을 소비한 이유 중의 하나는 수체계를 체계적으로 인식하지 못한데서 기인한다. 방정식의 계수가 익숙한 수체계로 구성되어 있더라도 그 해는 계수의 수체계의 범주를 벗어날 수 있기 때문이다. 예를 들어 유리수를 이해하지 못한 사람에게는 정수 계수의 방정식 $3x-2=0$의 해를 찾지 못하거나 무의미하게 느끼게 된다. 다행히 유리수는 일찍부터 연구되어 알려졌으므로 그 불편성을 인식하지 못하였다. 음수를 모르는 사람에게는 방정식 $2x+5=0$의 해는 비현실적이거나 무의미하게 여겨 이런 해에 대해서는 관심을 갖지 않았다. 실제로 고대에는 방정식으로부터 얻어지는 양의 해를 취하고 음의 해는 이해할 수 없거나 무용하다고 여겨 관심을 두지 않았다. 당시의 방정식은 기하 문제와 깊은 관련이 있었으므로 방정식은 양의 해가 존재해야 했고 풀이도 기본적으로 기하적인 관점에서 전개하였다. 예를 들면 이차방정식의 풀이는 다음과 같은 넓이를 이용하여 전개하였다.

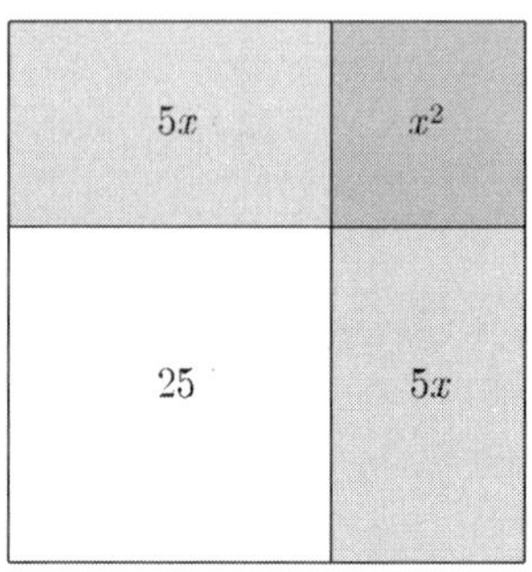

이차방정식 $x^2+10x=39$의 풀이

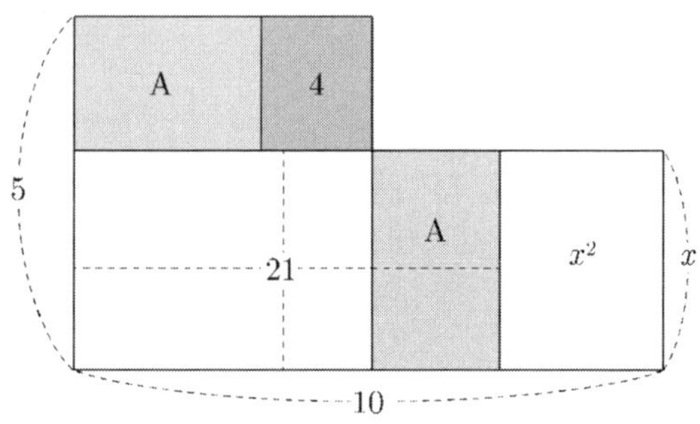

$x^2+21=10x$의 풀이

이차방정식의 근을 찾는 방식은 비교적 일찍 알려졌지만 근의 공식은 상당히 오랜 시간이 흐른 후에 공식화된다. 방정식에 대한 일반적인 해법을 찾는 문제는 수학계에서 매우 중요한 문제일 뿐만 아니라 현실적으로도 많이 요구되었던 문제였으나 수에 대한 체계적인 지식이 없던 시대였으므로 방정식의 풀이법이 해의 종류에 따라 달라져야 한다고 생각했다. 그래서 방정식의 형태에 따라 해법을 제공하는 방식이었다. 또한 허근을 다루지 못하므로 허근을 피하기 위한 여러 방식의 풀이법을 고민하였으나 근본적인 해법을 제시할 수는 없었다.

삼차방정식

$$ax^3 + bx^2 + cx + d = 0 \quad (a \neq 0,\ a,\ b,\ c,\ d\text{는 실수})$$

의 해를 구하는 문제는 고대 바빌로니아, 이집트, 고대 그리스 시대에 이미 다루었다. 디오판토스가 이 문제를 알고 있었으며, 삼차방정식이 특별한 모양일 경우 히포크라테스는 고대 작도 문제와 관련하여 다룬 적이 있었으며, 아르키메데스는 원추곡선과 연계하여 이 문제를 연구하였다. 한편 당나라 초기의 천문수학자 왕효통(王孝通, Wang Xiaotong; 580-640)은 《집고산경(緝古算經, Jigu Suanjing, 626년경)》에서 체적의 문제나 구고 문제 등을 다루면서 삼차방정식의 문제를 제시하고 그 풀이를 실었다. 그 책에서는 $b,\ c \neq 0$인 경우의 23문제와 $c = 0$인 경우의 2문제를 제시하고 풀었는데, 이 기록이 역사적으로 가장 오래되었다.[11] 이후 12세기에는 인도의 바스카라(Bhāskara II; 1114-1185)가 삼차방정식의 풀이법을 연구한 기록이 있으며, 페르시아의 수학자 샤라프 알-딘 알-투시(Sharaf al-Dīn al-Tūsī; 1135-1213)도 근의 판별에 따른 삼차방정식의 해법을 조사하였다. 또한 이탈리에서는 피보나치(Fibonacci; 1170-1250)도 삼차방정식의 해법에 관심을 보였다. 이와 같은 연구는 특별한 형태의 방정식에서 성과를 얻었지만 일반적인 풀이법을 제시하지는 못했다. 삼차방정식의 해법에 대한 획기적인 진전은 이탈리아 수학자 페로(Scipione del Ferro; 1465-1526)에 의하여 이루어진다. 페로는 16세기초 삼차방정식

$$x^3 + px = q$$

의 일반적인 해를 찾는데 성공하였다. 당시에는 삼차방정식이 현실의 문제를 나타내는 모델로서 다루어졌기 때문에 p, q가 음수인 경우는 다루지 않았다. 페로도 p, q가 양수인 경우만 방정식의 근을 생각하였다. 물론 그의 풀이법은 나중에 카르다노가 보였듯이 p, q가 음수인 경우에도 그대로 확장될 수 있다. 일반적인 삼차방정식은 $x = u - \dfrac{b}{3a}$로 치환하면 x^2의 항이 없는 위의 방정식으로 변환할 수 있으므로 페로는 삼차방정식의 일반적인 근의 공식을 찾았다고 할 수 있다. 당시 수학계에서는 수학 문제 풀기 시합이 흥행하였는데 이 시합에서 이기면 부와 명예를 거머쥘 수 있지만 지면 반대로 부와 명예를 잃을 수 있었다. 볼로냐 대학의 교수였던 페로는 삼차방정식의 풀이법을 공개하면 그에 따른 많은 도전이 있을 것으로 생각하여 발표를 미루었고 다른 도전 시합에서 자신을 지키기 위하여 비법을 공개하지 않은 듯하다. 페로는 그의 풀이법을 공개하지 않았지만 그의 주위 사람들은 어느 정도 알고 있었고, 그의 풀이법 발견에 대한 노트가 있

11) Mikami, Yoshio (1974) [1913], "Chapter 8 Wang Hsiao-Tung and Cubic Equations", The Development of Mathematics in China and Japan (2nd ed.), New York: Chelsea Publishing Co., pp. 53-56, ISBN 9780828401494

었음을 알 수 있어 페로의 풀이법이 실존했음을 뒷받침한다. 죽을 때까지 풀이법을 발표하지 않다가 죽음에 임박해서야 그의 제자 피오르에게 알려 주었다. 또한 사위이자 졸업생이었던 내브에게 그 비법의 노트를 남겨주었다. 페로의 풀이법이 오랫동안 공개되지 않음으로써 삼차방정식의 근의 공식에 대한 우선공훈권은 여러 우여곡절을 겪게 된다. 왜냐하면 1530년에 이미 타르탈리아(Niccolò Tartaglia; 1500-1557)라는 젊은 수학자가 자신이 삼차방정식의 근의 공식을 발견하였다고 주장하였기 때문이다. 타르탈리아는 곧 페로의 제자였던 피오르의 도전을 받게 되고 그 도전을 받아들여 삼차방정식의 해법과 관련하여 역사적으로 유명한 시합이 이루어졌다. 이 시합에서 피오르는 $x^3+\alpha x^2=\beta$라는 문제를 받고 타르탈리아는 당연히 $x^3+\alpha x=\beta$의 문제를 받게 된다. 피오르는 당시 페로의 풀이법이 일반적인 삼차방정식에 적용될 수 있는지를 알지 못하였으므로 타르탈리아가 제시한 방정식의 해를 구하지 못하였다. 반면 타르탈리아는 일반적인 해법을 알고 있었으므로 피오르의 문제를 해결하였다. 이 시합으로 타르탈리아는 부와 명예를 얻게 되지만 피오르는 삼차방정식의 근의 공식에 대한 우선공훈권(엄밀히 말하면 페로의 우선공훈권)을 잃게 된다. 그 후 타르탈리아는 이탈리아 르네상스 시대 다빈치의 친구이기도 하고 수학자이자 확률론자인 카르다노(Gerolamo Cardano; 1501-1576)의 설득과 유혹에 못 이겨 카르다노의 이름으로 출판하지 않는다는 조건하에 1539년에 풀이법을 가르쳐준다. 출판하는 경우에는 타르탈리아에게 일정한 시간을 주기로 약속하였다. 그런데 카르다노는 페로의 연구 결과를 손에 넣게 되고 그 풀이법을 정리하여 1545년의 저서 《아르스 마그나(Ars Magna)》에 싣게 된다. 비록 타르탈리아의 독립적인 풀이법에 대하여 언급하기는 했지만 그를 달랠 수는 없었다. 그는 카르다노가 약속을 어겼다고 생각했다. 반면 카르다노는 타르탈리아의 풀이법이 아니라 페로의 연구 결과를 공개한 것이므로 약속을 어기지는 않았다고 주장하였다. 발끈한 타르탈리아는 카르다노에게 삼차방정식의 풀이에 대한 시합을 도전하였지만 번번히 거절당하였다. 그 도전은 카르다노의 똑똑한 제자 페라리(Lodovico Ferrari; 1522-1565)가 받아들임으로써 세기적인 수학 시합이 이루어졌다. 이 시합에서 타르탈리아는 패배하여 그동안의 부와 명성을 모두 잃게 된다. 그는 부와 명성을 얻은 방법과 똑같은 방법으로 잃었다.[12)]

카르다노의 행위에 대하여 의견이 분분하다. 표절과 도용에 대한 중대한 위법 또는 도덕적 범죄 행위를 했다고 볼 수도 있고, 당시의 중요한 지식이 사장되지 않고 오늘날까지 잘 전달될 수 있도록 한 점은 카르다노의 덕분이라고 할 수도 있다. 삼차방정식의 해법은 최초로 페로가 얻었으며 또한 독립적으로 타르탈리아가 구하였다. 이들의 해법을 출판하여 일반 대중에 널리 보급한 사람은 카르다노였다. 따라서 삼차방정식에 대한 근의 공식이 일반에게 알려지기까지는 페로-타

12) Katz, Victor. A History of Mathematics. pp. 220. Boston: Addison Wesley, 2004.

르탈리아-카르다노의 공훈이 크다고 할 수 있다. 이런 점에 비추어 일반적으로 카르다노의 근의 공식이라고 알려져 있는 삼차방정식의 풀이법을 페로-타르탈리아-카르다노의 공식이라 함이 더 적절해 보인다.

카르다노는 근의 공식을 이용하려면 근호 속에 음수가 들어 있는 경우를 다루어야 함을 알고 있었다. 예를 들어 방정식 $x^3-15x-4=0$의 해를 얻기 위하여 근의 공식을 적용하면 $u^3=2+11i$, $v^3=2-11i$가 되어 $u=2+i$, $v=2-i$이다. 그러므로 최종적으로 $x=u+v=4$로 실수 해를 얻는다. 이와 같이 실수 해를 얻기 위해서는 근호 속의 음수 또는 복소수를 다루어야 한다. 《아르스 마그나》에서는 근호 속의 음수를 계산하는 데 이용하기는 하지만 복소수에 대한 개념은 없었다. 이런 이유로 삼차방정식의 근의 공식을 완전하게 이해하려면 근호 속의 음수를 이해해야만 하는데, 이에 대한 연구는 봄벨리(Rafael Bombelli; 1526-1572)에 의해 많이 이루어졌다. 그래서 봄벨리의 연구를 복소수 연구의 기원으로 보는 시각도 있다.

앞의 예에서 보듯이 삼차방정식이 실수 해를 갖더라도 근의 공식을 이용하면 근호 속의 음수를 더하거나 빼는 과정을 거쳐야만 최종적으로 실수 해를 얻는 경우가 있다. 허수의 개념이 없었던 당시에 허수를 더하거나 곱하는 과정은 상당히 꺼리게 마련이었다. 이차방정식의 경우에는 허근이 나타나면 비현실적인 문제로 간주하여 그 해를 무시하면 그만이지만 삼차방정식의 경우에는 최종적으로 실수 해를 얻기 때문에 그 해를 구하는 중간 과정에서의 허근을 다룰 줄 알아야만 했다. 이것이 허근 또는 복소수가 이차방정식이 아니라 삼차방정식을 다루면서 역사적으로 먼저 나타나는 이유이다.

2. 삼차방정식의 근의 공식

삼차방정식

$$ax^3+bx^2+cx+d=0 \quad (a \neq 0,\ a,\ b,\ c,\ d\text{는 실수})$$

의 일반해를 구하는 풀이법을 카르다노가 《아르스 마그나》에 발표한 내용을 기초로 현대식으로 재구성하여 정리하면 다음과 같다.

먼저 x^2의 항을 없애기 위하여 $x=t-\dfrac{b}{3a}$로 치환하면

$$t^3+pt+q=0 \quad (p,\ q\text{는 치환에 의해 } a,\ b,\ c,\ d\text{로 결정되는 상수})$$

의 꼴로 변형할 수 있다. 그러므로 이 방정식을 풀 수 있으면 삼차방정식의 일반적인 해를 구할 수 있다. 방정식의 해 t가 어떤 두 수의 합으로 구성된다고 가정해보자. 예를 들어

$$t = u + v$$

라고 해보자. 그러면 방정식으로부터

$$u^3 + v^3 + (3uv + p)(u + v) + q = 0$$

이다. 그런데 t를 나타내기 위하여 u 또는 v를 임의로 조절할 수 있으므로

$$3uv + p = 0, \quad 즉 \quad u^3v^3 = -\frac{p^3}{27}$$

가 되도록 조절하면

$$u^3 + v^3 = -q$$

이므로 u^3과 v^3은 이차방정식

$$z^2 + qz - \frac{p^3}{27} = 0$$

의 두 근이 된다. 따라서

$$u^3 = \frac{-q + \sqrt{q^2 + \frac{4p^3}{27}}}{2}, \quad v^3 = \frac{-q - \sqrt{q^2 + \frac{4p^3}{27}}}{2}$$

이다. 이제 삼중근을 이용하여

$$u = \sqrt[3]{-\frac{q}{2} + \sqrt{\frac{q^2}{4} + \frac{p^3}{27}}}, \quad v = \sqrt[3]{-\frac{q}{2} - \sqrt{\frac{q^2}{4} + \frac{p^3}{27}}}$$

을 얻을 수 있고 그로부터 삼차방정식의 한 근은

$$t = u + v = \sqrt[3]{-\frac{q}{2} + \sqrt{\frac{q^2}{4} + \frac{p^3}{27}}} + \sqrt[3]{-\frac{q}{2} - \sqrt{\frac{q^2}{4} + \frac{p^3}{27}}}$$

이다. 나머지의 두 근은 삼중근을 구하는 과정에서 복소수의 근($\omega^3 = 1$이 되는 근)을 이용하여 구할 수 있다. 방정식 $\begin{cases} 3uv = -p \\ u^3 + v^3 = -q \end{cases}$의 다른 해는 ωu, $\omega^2 v$ 또는 $\omega^2 u$, ωv임을 알 수 있으며

실제로

$$t^3+pt+q=(t-u-v)(t-\omega u-\omega^2 v)(t-\omega^2 u-\omega v)$$

임을 알 수 있다. 그러므로 세 근은

$$t=u+v,\quad \omega u+\omega^2 v,\quad \omega^2 u+\omega v$$

이다. 한편 어떤 경우는 미리 구한 한 근을 이용하여 삼차방정식을 인수 $(t-u-v)$으로 나누어 이차방정식으로 나눈 후 풀 수도 있다.

예 방정식 $x^3-15x-126=0$의 해를 구하시오.

풀이 $x=u+v$라 두면

$$u^3+v^3+(3uv-15)(u+v)-126=0$$

이므로 $3uv=15$ 즉 $u^3v^3=125$이고 $u^3+v^3=126$이다. 그러므로 u^3, v^3은 이차방정식

$$(t-u^3)(t-v^3)=t^2-126t+125=0$$

의 해이고, 이차방정식의 해는 $t=1$ 또는 $t=125$이므로

$$\begin{cases} u^3=1 \\ v^3=125 \end{cases}$$

이다. 그러므로

$$\begin{aligned} &u=1, \quad v=5 \\ &wu=\frac{-1+\sqrt{3}i}{2}, \quad w^2v=\frac{-5-5\sqrt{3}i}{2} \\ &w^2u=\frac{-1-\sqrt{3}i}{2}, \quad wv=\frac{-5+5\sqrt{3}i}{2} \end{aligned}$$

따라서 $x=6$ 또는 $x=-3+2\sqrt{3}i$ 또는 $x=-3-2\sqrt{3}i$이다. ■

3. 사차방정식

사차방정식에 대한 근의 공식은 카르다노의 제자 페라리가 1540년에 만들었다. 페라리의 사차방정식에 대한 근의 공식은 삼차방정식의 해법이 존재한다는 전제하에 만들어졌기 때문에 삼차방정식의 근의 공식이 공개될 때까지 발표를 할 수 없었다. 나중에 카르다노가 《아르스 마그나》에 삼차방정식의 근의 공식을 소개하면서 사차방정식의 해법도 함께 실었다. 페라리의 풀이법은 사차방정식을 삼차방정식의 모습으로 변환하는 미지수를 도입하면서 풀리게 된다. 그의 풀이법을 요약 정리하면 다음과 같다.

사차방정식

$$ax^4+bx^3+cx^2+dx+e=0 \quad (a \neq 0,\ a,\ b,\ c,\ d,\ e\text{는 상수})$$

에서 $x=t-\dfrac{b}{4a}$로 치환한 후 양변을 a로 나누면

$$t^4+pt^2+qt+r=0 \quad (p,\ q,\ r\text{는 } a,\ b,\ c,\ d,\ e\text{에 의해 결정되는 상수})$$

와 같이 변환할 수 있다. 이 방정식의 좌변을 완전제곱의 꼴이 되도록 만들면

$$\left(t^2+\frac{p}{2}\right)^2=-qt-r+\frac{p^2}{4}$$

가 되는데, 이 방정식의 좌변과 우변을 동시에 완전제곱의 꼴로 만들 수 있는 변수 y를 찾아보자. 좌변은 완전제곱의 꼴로 이루어져 있으므로 완전제곱의 꼴이 되려면 $t^2+\alpha \to t^2+\alpha+y$로 치환하여야 한다. 따라서 위의 식은

$$\begin{aligned}\left(t^2+\frac{p}{2}+y\right)^2&=-qt-r+\frac{p^2}{4}+y(2t^2+p)+y^2\\&=2yt^2-qt+\left(y^2+py-r+\frac{p^2}{4}\right)\end{aligned}$$

가 되므로 우변도 완전제곱이 되려면 판별식에 의해

$$q^2-8y\left(y^2+py-r+\frac{p^2}{4}\right)=0, \quad \text{즉} \quad y^3+py^2-\left(r-\frac{p^2}{4}\right)y-\frac{q^2}{8}=0$$

의 해를 이용하면 된다. 그런데 삼차방정식의 해법은 알려져 있으므로 위의 방정식으로부터 y의 값을 구할 수 있고 결국 사차방정식의 해를 구할 수 있다.

한편 사차방정식은 특수한 꼴일 때 그 해를 구할 수 있는 방법이 몇 가지 있다. 예를 들면

$$x^4 + ax^2 + b = 0$$

와 같이 x^2, x^4의 항만 나타나는 경우에는 $t = x^2$으로 치환하여 이차방정식으로 풀 수 있다. 또한

$$ax^4 + bx^3 + cx^2 + bpx + ap^2 = 0$$

와 같이 내림차순으로 썼을 때 계수가 대칭인 사차방정식은 (1) $t = x + \frac{1}{x}$로 치환하여 이차방정식을 풀거나 (2) 이차식의 곱 $(x^2 + \alpha x + p)(x^2 + \beta x + p)$로 나타내어 구할 수 있다. 예를 들면 방정식[13)]

$$x^4 + 5x^3 + 8x^2 + 5x + 1 = 0$$

는 양변을 x^2으로 나눈 후 $t = x + \frac{1}{x}$로 치환하여 이차방정식

$$t^2 + 5t + 6 = 0$$

를 풀거나

$$x^4 + 5x^3 + 8x^2 + 5x + 1 = (x^2 + \alpha x + 1)(x^2 + \beta x + 1)$$

이라 두고 계수 비교를 통해 α, β를 구한 다음 사차방정식의 해를 구할 수 있다. 실제로 사차식을 두 이차식의 곱으로 표현할 수 있으면 사차방정식의 근의 공식을 이용하지 않더라도 근을 찾을 수 있다. 이론상으로는 임의의 사차방정식은 두 이차식의 곱으로 나타낼 수 있다. 그 과정을 조금 더 살펴보자.[14)]

사차방정식의 양변을 최고차항의 계수로 나누어 최고차항의 계수를 1로 만든 후 적당한 α에 대하여 $x - \alpha$로 치환하면 x^3의 항이 제거된 사차방정식

$$x^4 + px^2 + qx + r = 0 \quad (p,\ q,\ r \text{는 상수})$$

의 꼴로 쓸 수 있다. 이 식을 일반적인 이차식의 곱

$$x^4 + px^2 + qx + r = 0 = (x^2 + ax + b)(x^2 - ax + c)$$

으로 두고 계수를 비교하면

13) L. Euler, Vollst. Anleitung zur Algebra, St. Petersburg, Opera Omnia, Vol I. 1770.

14) L. Euler, Opera Omnia, Vol VI, 1749, pp. 78-147.

$$c - a^2 + b = p$$
$$a(c-b) = q$$
$$bc = r$$

이다. $b + c = p + a^2$, $c - b = \frac{q}{a}$, $bc = r$ 로부터

$$(p+a^2)^2 - 4r = (b+c)^2 - 4bc = (c-b)^2 = \frac{q^2}{a^2}$$

이므로

$$a^2(p+a^2)^2 - 4ra^2 - q^2 = 0$$

를 얻는다. 이 방정식은 a^2 에 대한 삼차방정식이므로 그 해를 구할 수 있다. 따라서 b, c 의 값도 얻는다. 한편 a, b, c 의 값이 얻어지면 사차식은 두 이차식의 곱으로 이루어지므로 사차방정식의 해는 이차방정식 $x^2 + ax + b = 0$와 $x^2 - ax + c = 0$을 풀면 구할 수 있다.

4. 고차방정식

5차 이상의 방정식에 대한 일반적인 대수적 해법은 존재하지 않음을 아벨(Niels Henrik Abel; 1802-1829)이 증명하였다. 아벨의 증명과 그의 불행한 생에 대한 일화는 많이 알려져 있는 편이다. 고차방정식에 대한 일반적인 해법이 존재하지 않음을 증명하려는 시도는 아벨 이전에도 있었다. 그중에서도 루피니(Paolo Ruffini; 1765-1822)는 1799년에 500페이지에 달하는 긴 논문으로 그 해법이 존재하지 않음을 증명하였다.[15] 하지만 그 증명은 어느 누구도 관심을 가지지 않았으며 나중에는 증명이 불완전함이 밝혀져 그 증명을 인정하지 않게 되었다. 그 불완전한 부분의 가정을 아벨이 깔끔하게 증명함으로써 5차 이상의 방정식에 대한 일반적인 해법은 존재하지 않음이 밝혀지게 된다.[16] 루피니의 증명이 500여 페이지인 반면 아벨의 증명은 단지 6페이지였다.[17] 그럼에도 불구하고 5차 이상의 방정식에 대한 근의 공식이 존재하지 않음에 대한 증명은 아벨의 공로로 인정하고 있다. 하지만 루피니의 업적이 과소평가 되어서는 안 된다. 실제로 일부

15) Teoria Generale delle Equazioni, in cui si dimostra impossibile la soluzione algebraica delle equazioni generali di grado superiore al quarto, 1799.

16) MÉMOIRE SUR LES ÉQUATIONS'ALGÉBRIQUES, OU L'ON DÉMONTRE. L'IMPOSSIBILITÉ DE LA RÉSOLUTION DE L'ÉQUATION GÉNÉRALE. DU CINQUIÈME DEGRÉPDF - the first proof on 1824 in French (in website http://en.wikipedia.org/wiki/Abel%E2%80%93Ruffini_theorem)

17) du Sautoy, Marcus. "January: Impossibilities". Symmetry: A Journey into the Patterns of Nature, 2008, p.166.

에서는 5차 이상의 방정식에 대한 일반적인 해법이 존재하지 않는다는 정리를 아벨-루피니 정리라고 부르기도 한다. 루피니의 군론에 대한 연구와 방정식에 대한 연구 결과는 후에 가우스(Johann Carl Friedrich Gauss; 1777-1825)와 갈루아(Évariste Galois; 1811-1832)로 이어지는 연구를 이끌어내는 밑거름이 되었다. 가우스는 복소수 공간에서 일반적인 n차 다항식은 n개의 복소수 근을 가진다는 대수의 기본정리를 증명하였고[18] 갈루아는 방정식의 근의 성질에 대한 이론을 개발하였는데 이는 후대의 수학 발전에 큰 공헌을 한 이론들이다.[19] [20]

---

18) Gauss, Carl Friedrich (1799), Demonstratio nova theorematis omnem functionem algebraicam rationalem integram unius variabilis in factores reales primi vel secundi gradus resolvi posse, Helmstedt: C. G. Fleckeisen (tr. New proof of the theorem that every integral rational algebraic function of one variable can be resolved into real factors of the first or second degree).

19) Galois, Évariste (1846). "Lettre de Galois à M. Auguste Chevalier". Journal des mathématiques pures et appliquées XI: 408-415. http://visualiseur.bnf.fr/ark:/12148/cb343487840/date1846. Retrieved 2009-02-04.

20) Galois, Évariste (1830). "Sur la théorie des nombres". Bulletin des Sciences mathématiques XIII: 428.

부록 8 $\sqrt{2}$에 대하여

1. $\sqrt{2}$ 의 정의에 대하여

$\sqrt{2}$ 는 피타고라스 학파에 의해 정사각형의 대각선의 길이로 발견된다. 그러므로 $\sqrt{2}$ 는 기하적 대상에 적용된 수로서 기하적으로 정의하는 것이 자연스럽다. 하지만 피타고라스 학파에 의해서 수로 인정받지 못하였듯이 오랫동안 $\sqrt{2}$ 는 기하적 대상을 표현하는 수로 인정받지 못했다. $\sqrt{2}$ 가 완전하게 수로서 인정받는 시기는 수체계에 대한 공리적 접근이 완성된 20세기라고 해야 할 것이다. $\sqrt{2}$ 는 제곱해서 2 가 되는 양수 즉 $x^2 = 2$ 를 만족시키는 양수를 $\sqrt{2}$ 라고 정의한다. 하지만 $\sqrt{2}$ 는 기하적으로뿐만 아니라 아르키메데스의 실진법을 사용하는 등 수열의 수렴 개념이 있었던 그리스 시대에도 이미 사용하였다. 그리스인들은 다음과 같은 점화식

$$x_{n+1} = \frac{1}{2}\left(x_n + \frac{2}{x_n}\right), \quad x_1 = 2$$

을 만족시키는 수열 $\{x_n\}$ 의 극한을 $\sqrt{2}$ 로 생각하고 사용하였다. 수열 $\{x_n\}$ 의 수렴은 단조수렴정리를 이용하여 보일 수 있는데 이를 시각화하여 보면 다음 그림과 같다. 즉 함수 $y = x$ 의 그래프와 함수 $y = \frac{1}{2}\left(x + \frac{2}{x}\right)$의 그래프를 이용하여 점화관계식에 따라 점을 좌표평면에 각각 나열해보면 수열 $\{x_n\}$ 이 두 그래프의 교점으로 수렴해 감을 직관적으로 볼 수 있다.

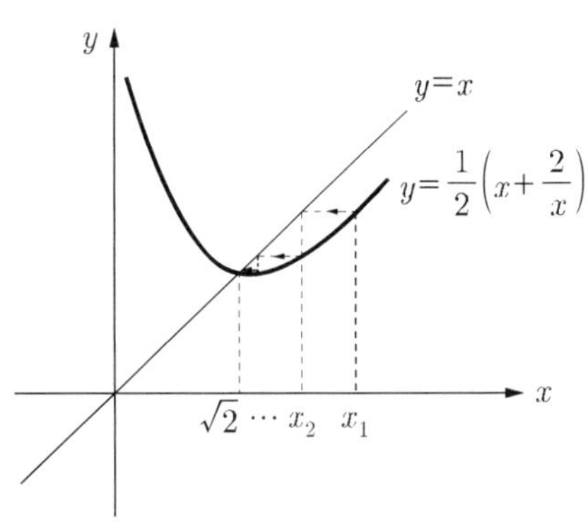

수열 $\{x_n\}$의 극한은 방정식

$$x = \frac{1}{2}\left(x + \frac{2}{x}\right)$$

의 해가 되므로 $x = \pm\sqrt{2}$ 이고 $x_n > 0$ 이므로 $\{x_n\}$의 극한은 $\sqrt{2}$ 이다. 이를 일반화하면 임의의 양수 p에 대하여

$$a_{n+1} = \frac{1}{2}\left(a_n + \frac{p}{a_n}\right), \quad a_1 > 0$$

을 만족시키는 수열 $\{a_n\}$은 $\sqrt{p}$ 로 수렴함을 알 수 있다. 한편 고대 그리스인들은 다음의 연립점화식을 이용하여 $\sqrt{2}$를 다루기도 하였다. $x_0 = 1$, $y_0 = 1$이고

$$\begin{cases} x_n = x_{n-1} + 2y_{n-1} \\ y_n = x_{n-1} + y_{n-1} \end{cases}$$

을 만족시키는 수열 $\{x_n\}$, $\{y_n\}$에 대하여 $\lim_{n\to\infty}\frac{x_n}{y_n} = \sqrt{2}$ 이다. 증명은 연립차분방정식의 풀이를 이용하여 구할 수 있다. 또 다른 방법으로는 극한의 비를 구하기 위하여

$$\frac{x_n}{y_n} = \frac{x_{n-1} + 2y_{n-1}}{x_{n-1} + y_{n-1}} = \frac{x_{n-1}/y_{n-1} + 2}{x_{n-1}/y_{n-1} + 1}$$

로 쓰고 $a_n = \frac{x_n}{y_n}$라 하면

$$a_n = \frac{a_{n-1} + 2}{a_{n-1} + 1}, \quad a_0 = 1$$

이다. 수열 $\{a_n\}$은 함수 $f(x) = \frac{x+2}{x+1}$에 대하여 $a_{n+1} = f(a_n)$의 관계식을 만족시키므로 이를 시각화하여 수렴함을 보일 수 있다.

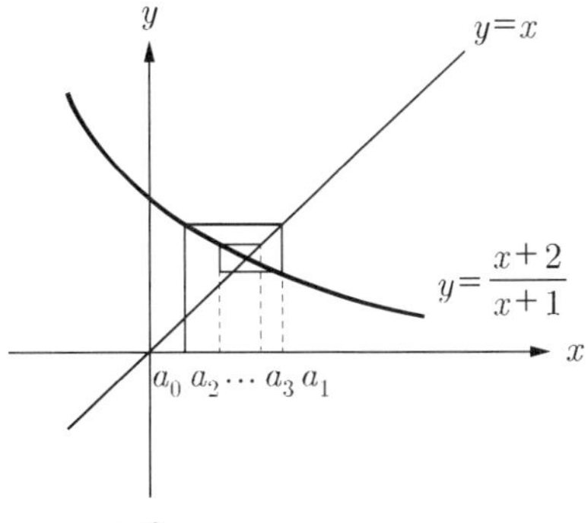

$y = \frac{x+2}{x+1}$ 의 그래프와 $y = x$ 의 그래프

실제로 $\lim_{n\to\infty} a_n = a$ 라 하면 관계식으로부터

$$a = \frac{a+2}{a+1}$$

이고 $a \geq 0$ 이므로 $a = \sqrt{2}$ 이다.

2. $\sqrt{2}$ 의 무리수 증명

무리수 중에서 가장 간단한 $\sqrt{2}$ 가 무리수임을 증명하는 방법은 150여 가지가 있는 것으로 알려져 있다.[21] 그중에서 간단하고 쉽게 접근할 수 있으며 학교 현장에서 사용할 수 있는 방법을 몇 가지 소개하고자 한다.

(1) 귀류법. $\sqrt{2}$ 를 유리수라 가정하고 $\sqrt{2} = \frac{a}{b}$ (a, b 는 서로소인 자연수)로 두자. 양변을 제곱하여 정리하면 $a^2 = 2b^2$ 이므로 a^2 은 2의 배수이다. a^2 이 2의 배수이면 a 도 2의 배수이다. 따라서 어떤 $m \in \mathbb{Z}$ 에 대하여 $a = 2m$ 이다. 이를 식에 대입하면 $b^2 = 2m^2$ 이다. 그러므로 b^2 이 2의 배수가 되어 b 도 2의 배수가 된다. 이는 a 와 b 가 서로소라는 데 모순이다. 따라서 $\sqrt{2}$ 는 무리수이다.

(2) 연분수를 이용한 증명. $\sqrt{2}$ 를 유리수라 가정하고 $\sqrt{2} = \frac{a}{b}$ (a, b 는 서로소인 자연수)로 두자. 그러면

$$\frac{a}{b} + 1 = \sqrt{2} + 1 = \frac{1}{\sqrt{2} - 1} = \frac{1}{\frac{a}{b} - 1} = \frac{b}{a-b}$$

이다. 따라서

$$\frac{a}{b} = \frac{b}{a-b} - 1 = \frac{2b-a}{a-b}$$

이다. 이제 $a_1 = 2b - a$, $b_1 = a - b$ 라고 하자. 그런데 $1 < \sqrt{2} = \frac{a}{b} < 2$ 이므로 $b < a < 2b$ 이다. 따라서 a_1 과 b_1 은 양의 정수이다. 또한 $a_1 = 2b - a < 2a - a = a$ 이므로

$$\sqrt{2} = \frac{a}{b} = \frac{a_1}{b_1} \quad (0 < a_1 < a)$$

21) http://en.wikipedia.org/wiki/Square_root_of_2와 http://www.cut-the-knot.org/proofs/sq_root.shtml

이다. 이제 a_1, b_1에 대하여 이 과정을 반복하면

$$\sqrt{2} = \frac{a_1}{b_1} = \frac{a_2}{b_2} \quad (0 < a_2 < a_1)$$

를 얻는다. 이와 같은 과정을 계속할 수 있으므로 $a > a_1 > a_2 > \cdots > 0$을 만족하는 자연수가 무수히 많아야 한다. 하지만 a보다 작은 자연수는 유한하므로 모순이다. 따라서 $\sqrt{2}$는 무리수이다.

(3) 정사각형을 이용한 유클리드의 증명. 유클리드는 $\sqrt{2}$가 무리수임을 다음 그림을 이용한 기하적인 방법으로 증명하였다. $\sqrt{2} = \frac{a}{b}$ (a, b는 서로소인 자연수)이면 변의 길이가 각각 b, b, a인 직각이등변삼각형이 존재한다. 다음 그림에서 삼각형 ABC는 각 변의 길이가 정수인 직각이등변삼각형이라 하자.

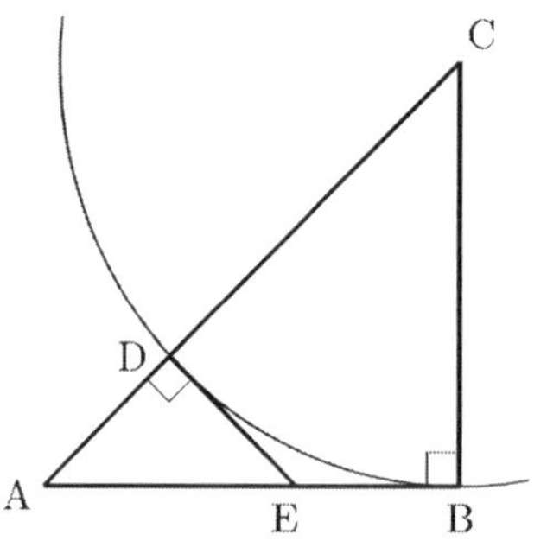

먼저 위의 꼭짓점 C에서 반지름의 길이가 BC인 원호를 그리면, 그 원호는 직각이등변삼각형 ABC의 빗변과 만난다. 그 만나는 점을 D라고 하자. 또한 점 D에서 빗변에 수선을 그어 변 AB와 만나는 점을 E라고 하자. 그러면 삼각형 ABC와 삼각형 ADE는 닮음이다. 그런데 CD의 길이가 정수이므로 $\overline{AD} = \overline{AC} - \overline{CD}$로서 변 AD의 길이는 정수이다. 따라서 닮음에 의하여 삼각형 ADE의 각 변의 길이는 모두 정수이다. 더구나 원래의 직각이등변삼각형 ABC보다 작다. 즉 각 변의 길이가 정수인 직각이등변 삼각형이 있으면 그보다 더 작으면서 각 변의 길이가 정수인 직각이등변 삼각형을 만들 수 있다. 이와 같은 과정을 계속하면 삼각형 ABC보다 작은 무수히 많은 직각이등변삼각형을 만들 수 있다. 이는 삼각형 ABC의 각 변의 길이보다 작으면서 각 변의 길이가 정수인 직각삼각형이 무수히 많다는 뜻이다. 그러므로 변 AB의 길이보다 작은 자연수가 무수히 많다는 뜻을 가지므로 모순이다.

(4) 나머지수를 이용한 방법. $\sqrt{k}$ 는 정수이거나 무리수이다.[22] 실제로는 $k^{\frac{1}{m}}$ (k, m 은 자연수)은 정수이거나 무리수이다. 먼저 $x = \sqrt{k}$ 가 유리수라 가정하자. x 가 유리수이므로 nx 가 정수가 되는 자연수 n이 존재하는데 그중에서 가장 작은 자연수를 n 이라 하고

$$n' = n(x - [x])$$

라 하자. 여기서 $[x]$ 는 x 의 정수부분이다. 그러면 $n' = nx - n[x]$ 이므로 정수이다. 그런데

$$n'x = nx^2 - nx[x] = nk - nx[x]$$

로서 $n'x$ 도 정수이다. 자연수 n 은 이런 성질을 만족시키는 가장 작은 정수이므로 $n' \geq n$ 이거나 $n' = 0$ 이라야 한다. 그런데 $0 \leq x - [x] < 1$ 이므로 $0 \leq n' < n$ 이다. 따라서 $n' = 0$ 즉 $x = [x]$ 로서 정수이다.

(5) 인수정리를 이용한 방법. a_0, a_1, $\cdots$, a_{n-1} 가 모두 정수인 방정식

$$x^n + a_{n-1}x^{n-1} + \cdots + a_0 = 0$$

의 유리수 해는 정수이고 a_0 의 약수이다. $\sqrt{2}$ 는 방정식 $x^2 - 2 = 0$ 을 만족시키므로 $\sqrt{2}$ 가 유리수이면 2의 약수이어야 한다. 그런데 $\sqrt{2}$ 는 2의 약수가 아니므로 $\sqrt{2}$ 는 유리수가 아니다.

---

22) Richard Beigel, Irrationality Without Number Theory, The American Mathematical Monthly, Vol. 98, No. 4, 1991, pp. 332-335.

풀이

제1장 … 논리와 집합

- **명제란?** (1) 명제 아님/명제함수 아님 (2) 명제/명제함수(항진) (3) 명제/명제함수 아님
  (4) 명제/명제함수(모순) (5) 명제 아님/명제함수
- **집합의 정의**: (1), (2), (3), (4), (6), (8)
- **집합의 이름**: (6)
- **무한집합**: $f:\mathbb{N}\to 2\mathbb{N}$, $f(n)=2n$ 이면 f 는 전단사이다.
- **개체와 전체**: $a_n = n$ 이면 (a)는 만족시키지만 (b)는 유계수열이어야 하므로 만족시키지 않는다.
- **개체와 전체의 부정**: 어떤 $\varepsilon > 0$에 대해서는 임의의 $N\in\mathbb{N}$ 에 대하여 $n \geq N$이고 $|a_n| \geq \varepsilon$인 $n\in\mathbb{N}$이 존재한다.
- **명제의 부정**: 대우는 '세 집합 A, B, C에 대하여 $A\not\subset C$이면 $A\not\subset B$ 또는 $B\not\subset C$이다'이다.
- **수학적 용어**: b가 실수이면 b^2이고, b가 실수가 아니면 모른다.

■ 연습문제

1. (1) 명제/명제함수(모순) (2) 명제/명제함수 아님 (3) 명제 아님/명제함수 (4) 명제/명제함수 아님 (5) 명제/명제함수(항진) (6) 명제 아님/명제함수 (7) 명제/명제함수 아님

2. (1), (3), (4)

3. (1), (2), (4)

4. A, $B\in\wp(X)$라 하면 A, B는 X의 부분집합이므로 $A\cup B$, $A\cap B$도 X의 부분집합이다. 그러므로 $A\cup B\in\wp(X)$이고 $A\cap B\in\wp(X)$이다. 따라서 닫혀있다.

5. (1) $\{\varnothing\}$ (2) $\varnothing$ (3) $\{\varnothing\}$

7. (1) 무한집합 (2) 유한집합 (3) 유한집합 (4) 무한집합

8. (1) 존재 (2) 존재 안함

(3) $f(x)=\dfrac{1}{2}+\dfrac{1}{\pi}\tan^{-1}x$

(4) $\mathrm{S}=\left\{1, \dfrac{1}{2}, \dfrac{1}{3}, \cdots, \dfrac{1}{n}, \cdots\right\}$라 하고 함수 $f:(0, 1]\to(0, 1)$를

$$f(x)=\begin{cases} x & (x\in(0, 1]\setminus \mathrm{S}) \\ \dfrac{1}{n+1} & \left(x=\dfrac{1}{n}\in\mathrm{S}\right)\end{cases}$$

라 하면 f 는 전단사이다.

9. (1) $f(m, n)=\dfrac{(m+n-1)(m+n-2)}{2}+n$을 생각해보라.

(2) $x=0.x_1x_2\cdots$, $y=0.y_1y_2\cdots$ 에 대하여 $f(x, y)=0.x_1y_1x_2y_2\cdots$이면 $f:[0, 1]\times[0, 1]\to[0, 1]$ 는 전단사이다.

(3) $z=a+bi$, $a=a_0.a_1a_2\cdots$, $b=b_0.b_1b_2\cdots$일 때 $f:\mathbb{C}\to\mathbb{R}$ 를 $f(z)=a_0b_0.a_1b_1a_2b_2\cdots$ 를 생각해보라.

11. (a)는 유계수열이고 (b)는 $\lim_{n\to\infty}a_n=0$ 인 수열이므로 같지 않다.

13. 방정식으로부터

$$\left\{(x, y)-\frac{1}{2}(1, 3)\right\}\left\{(x, y)-\frac{1}{2}(1, 3)\right\}$$
$$=(2, -1)+\frac{1}{2}(1, 3)\times\frac{1}{2}(1, 3)=\left(0, \frac{1}{2}\right)$$

이므로 $(a, b)=(x, y)-\frac{1}{2}(1, 3)$ 라 하면 $(a, b)\times(a, b)=\left(0, \frac{1}{2}\right)$ 이다. 그러므로 $a^2-b^2=0$, $ab=\frac{1}{4}$ 으로부터 $(a, b)=\pm\frac{1}{2}(1, 1)$이다. 따라서 $(x, y)=(1, 2)$ 또는 $(x, y)=(0, 1)$이다.

제2장 … 수체계

- **수학적 귀납법**: $\dfrac{\sin 2n\theta}{2\sin\theta}$
- **수학적 귀납법의 활용**: 살아남은 사람의 수에 따른 연장자별로 기댓값이 다음과 같으므로 최고연장자는 98, 0, 1, 0, 1을 제시한다.

살아남은 사람 수 \ 연장자 순서	1	2	3	4	5
5명	98	0	1	0	1
4명		99	0	1	0
3명			99	0	1
2명				100	0

- **나눗셈의 분배법칙**: (1) $a=\pm b$ (2) $c=\pm 1$ (3) 존재 안함
- **분수와 유리수**: $\dfrac{2}{1}+\dfrac{-2}{1}=2\cdot 1^{-1}+(-2)\cdot 1^{-1}=2+(-2)=0$이므로 $\dfrac{-2}{1}=-\dfrac{2}{1}$ 이다.

- **분수의 연산**: 6조각 중 7조각이 아니라 6등분한 조각이 7개라는 뜻이야.
- **분모의 유리화**: ②
- **무리수의 연산**: $e-\pi$가 유리수이면 $2e=(e+\pi)+(e-\pi)$가 유리수이므로 모순이다.
- **실수란?**: $e^{\pi i}$, $\sqrt{2^{\sqrt{2}}}$, $0.1010010000100000000100\cdots$, $\lim_{n\to\infty}\left(1+\frac{1}{n}\right)^n$
- **실수의 예**

  (1) $\gamma=\lim_{n\to\infty}\left(\sum_{k=1}^{n}\frac{1}{k}-\ln n\right)$

  (2) $a_n\to\sqrt{2}$인 수열 $\{a_n\}$에 대하여 $2^{\sqrt{2}}=\lim_{n\to\infty}2^{a_n}$이다.

  (3) 실수 아님

  (4) 실수 아님
- **실수의 연속성**: (1) 무리수 (2) 유리수 (3) 유리수
- **지수란?**: (1) 실수 (2) 복소수 (3) 복소수 (4) 실수 (5) 복소수
- **유리지수의 정의**: $x^m=a^n$의 해와 $y^m=a$의 해에 대하여 $x=y^n$임을 보이면 된다. 그런데 $y^{mn}=a^n=x^m$이므로 $x=y^n$이 성립한다.
- **근호 계산**

  (1) $f(a+b)=f(a)f(b)$, $f(ab)=f(a)^b=f(b)^a$

  (2) $f(ab)=f(a)+f(b)$

  (3) $f(a+b)=f(a)+2\sqrt{f(a)f(b)}+f(b)$, $f(ab)=f(a)f(b)$

  (4) $f(a+b)=f(a)\sqrt{1-f(b)^2}+f(b)\sqrt{1-f(a)^2}$

  (5) $f(a+b)=\sqrt{f(a)^2+f(b)^2}$, $f(ab)=f(a)f(b)$

  (6) $f(a+b)=\dfrac{f(a)f(b)}{f(a)+f(b)}$, $f(ab)=f(a)f(b)$
- **제곱근 계산**

  (1) $(\sqrt{2})^{\sqrt{2}}=2^{\frac{1}{2}\sqrt{2}}=\sqrt{2^{\sqrt{2}}}$

  (2) $a=\sqrt{2}+1$라 하면 $\sqrt{2}-1=\dfrac{1}{a}$이므로 다음과 같다.

$$(\sqrt{\sqrt{2}+1})^{\sqrt{2}+1}(\sqrt{\sqrt{2}-1})^{\sqrt{2}-1}=\sqrt{a}^{\sqrt{2}+1}\times\sqrt{\frac{1}{a}}^{\sqrt{2}-1}=a=\sqrt{2}+1$$

- **지수의 크기**

  (1) $a=2^{\sqrt{3}}$, $b=3^{\sqrt{2}}$라 하면

$$a^{\sqrt{6}} = 2^{3\sqrt{2}} = 8^{\sqrt{2}}$$
$$b^{\sqrt{6}} = 3^{2\sqrt{3}} = 9^{\sqrt{3}}$$

이므로 $a^{\sqrt{6}} < b^{\sqrt{6}}$ 이다. 그러므로 $a < b$ 이다.

(2) $f(x) = \dfrac{\ln x}{x}$ 에 대하여 $f(3) < f(e)$ 이므로 $\dfrac{\ln e}{e} > \dfrac{\ln 3}{3}$ 로부터 $3^e < e^3$ 이다.
또 $\dfrac{\ln \pi}{\pi} > \dfrac{\ln 4}{4} = \dfrac{\ln 2}{2}$ 이므로 $\pi^2 > 2^\pi$ 이다. 한편 $\dfrac{\ln \pi}{\pi} < \dfrac{\ln 3}{3}$ 이므로 $3e\ln\pi < e\pi\ln 3$,
즉 $e\ln 3 > \dfrac{3e}{\pi}\ln\pi > 2\ln\pi$ 이다. 그러므로 $\pi^2 < 3^e$ 이다. 따라서 $2^\pi < \pi^2 < 3^e < e^3$ 이다.

- **지수의 닫혀있음**: $(\sqrt{2})^{\log_2 100} = 2^{\log_2 10} = 10$
- **이중근호**: $\sqrt{1+\sqrt{2}}$ 를 생각해보라.
- **복소수의 지수**

(1) $e^{-(2k+1)\pi}$ 로 실수이고 주값은 $e^{-\pi}$ 이다.

(2) $e^{(2k+\frac{1}{2})\pi^2 i}$ 이고 주값은 $e^{\frac{\pi^2}{2}i}$ 이다.

(3) $e^{-2k\pi+i}$ 이고 주값은 $e^i = \cos 1 + i\sin 1$ 이다.

(4) $\log i = \ln|i| + i\left(\dfrac{\pi}{2} + 2k\pi\right) = \dfrac{\pi}{2}(4k+1)i$ 으로 순허수이고 주값은 $\log i = \dfrac{\pi}{2}i$ 이다.

- **근호 속의 음수**: (1) 성립 (2) 성립
- **음수에 대한 지수**: $1^{\frac{2}{6}} = 1^{\frac{1}{3}}$, $(-1)^{\frac{2}{6}} = (-1)^{\frac{1}{3}} = \{(-1)^{\frac{1}{6}}\}^2$, $\{(-1)^2\}^{\frac{1}{6}}$

■ 연습문제

2. $n = 1,\ 2$ 이면 $p = \dfrac{1}{2}$ 에 대하여 $\left(p+\dfrac{1}{3},\ p+\dfrac{1}{2}\right) \cap A_n = \varnothing$ 이다. $n = 3,\ 4,\ 5,\ 6$ 이면
$p = \dfrac{n+1}{n} - \dfrac{1}{3}$ 에 대하여 $\left(p+\dfrac{1}{3},\ p+\dfrac{1}{2}\right) \cap A_n = \varnothing$ 이다. $n \geq 7$ 이고 임의의 p 에 대하여
$\left(p+\dfrac{1}{2}\right) - \left(p+\dfrac{1}{3}\right) = \dfrac{1}{6} > \dfrac{1}{7}$ 이므로 $\left(p+\dfrac{1}{3},\ p+\dfrac{1}{2}\right) \cap A_n \neq \varnothing$ 이다.

3. (1) $G = \{n \in \mathbb{N} \mid n+m = m+n,\ \forall m \in \mathbb{N}\}$ 라 하면 G 는 계승집합이다.

(2) $G = \{n \in \mathbb{N} \mid nm = mn,\ \forall m \in \mathbb{N}\}$ 라 하면 G 는 계승집합이다.

(3) 수학적 귀납법

4. $12 \times 48 + 12 \times 52 = 12 \times (48 + 52) = 12 \times 100 = 1200$

12. (1) $[0, 1)$ (2) $(-\infty, 0]$

(3) $(-\infty, 0)\cup(0, \infty)$ (4) $[0, 0]$

13. (1), (2), (3), (4)는 모두 동치이다.

참고로 볼록집합과 연결집합의 정의는 다음과 같다. 집합 C가 $\forall p,\ q\in C$에 대하여 $0\leq\lambda\leq 1$이면 $\lambda p+(1-\lambda)q\in C$일 때 C를 볼록집합이라 한다. 또 집합 X가 $U\cap X\neq\varnothing$, $V\cap X\neq\varnothing$, $(U\cap X)\cap(V\cap X)=\varnothing$, $(U\cap X)\cup(V\cap X)=X$인 열린집합 $U,\ V$가 존재하지 않으면 X를 연결집합이라고 한다.

14. (1) $101110011_{(2)}$ (2) $0.01_{(2)}$

(3) $0.010101\cdots_{(2)}$ (4) $1.0110\cdots_{(2)}$

18. (1) $r=\dfrac{p}{q},\ s=\dfrac{n}{m}$에 대하여 다음과 같다.

$$a^{r+s}=a^{\frac{p}{q}+\frac{n}{m}}=a^{\frac{pm+nq}{qm}}=\left(a^{\frac{1}{qm}}\right)^{pm+nq}=\left(a^{\frac{1}{qm}}\right)^{pm}\left(a^{\frac{1}{qm}}\right)^{nq}=a^{\frac{pm}{qm}}a^{\frac{nq}{mq}}=a^{\frac{p}{q}}a^{\frac{n}{m}}=a^ra^s$$

20. $4=(2^{\sqrt{2}})^{\sqrt{2}},\quad 2=(\sqrt{2}^{\sqrt{2}})^{\sqrt{2}}=(\sqrt{2^{\sqrt{2}}})^{\sqrt{2}}=\sqrt{2}^{\sqrt{2}^2},$

$2^{\sqrt{2}}=\sqrt{2}^{2\sqrt{2}}=\left(\sqrt{2^{\sqrt{2}}}\right)^2=\left(\sqrt{2}^{\sqrt{2}}\right)^2=\sqrt{2^{\sqrt{2}+\sqrt{2}}}$

21. (3) $\sqrt{4-2\sqrt{2}}=\sqrt{a}-\sqrt{b}$라 두고 양변을 제곱하여 계산하면 된다. 또는 다음과 같이 구할 수 있다.

$$\begin{aligned}\sqrt{4-2\sqrt{2}}&=(\sqrt{2}+1-1)\sqrt{2-\sqrt{2}}=\sqrt{(\sqrt{2}+1)^2\sqrt{2}(\sqrt{2}-1)}-\sqrt{2-\sqrt{2}}\\&=\sqrt{2+\sqrt{2}}-\sqrt{2-\sqrt{2}}\end{aligned}$$

(4) $(\sqrt{2}+1)(\sqrt{2-\sqrt{2}})=\sqrt{(\sqrt{2}+1)^2(2-\sqrt{2})}=\sqrt{2+\sqrt{2}}$

25. (1) 안 됨$(1+i,\ 1-i)$ (2) 허수

(3) 안 됨$(1+i,\ 1-i)$ (4) 허수

27. $i^2=-1$이므로 $i<1,\ i=1,\ i>1$ 중의 하나를 만족시키지 않는다.

28. $a_{n+1}=\dfrac{1}{2}\left(a_n+\dfrac{2}{a_n}\right),\ a_1=1$인 $\{a_n\}$은 유리수열이지만 수렴하지 않는다.

30. 자연수의 이산성: 임의의 $n\in\mathbb{N}$에 대하여 $n<m<n+1$인 자연수 m은 존재하지 않는다.

유리수의 조밀성: $a<b$인 임의의 두 실수 $a,\ b$에 대하여 $a<r<b$인 $r\in\mathbb{Q}$가 존재한다.

실수의 연속성: $\mathbb{R}$는 실수 절단으로 나누어지지 않는다 또는 최소상계의 원리를 만족시킨다.

제3장 … 수식의 계산

- **다항식이란?** (1) $x(y+1)$ (2) $\ln 2^x$, $x\ln 2$, $(x\ln 2)^2+1$ (3) 모두 (4) 없음
- **사칙연산의 순서:** (1) 2 (2) 8 (3) $\frac{4}{a}$ (4) $4a$
- **소인수분해:** 소수가 유한개 $p_1, p_2, \cdots, p_k$ 라 하면 $n=p_1p_2\cdots p_k+1$ 이면 n은 소수가 아니고 $p_1, p_2, \cdots, p_k$ 로 나누어지지도 않으므로 모순이다.
- **약수와 배수의 활용:** 남학생 8, 여학생 17 명으로 남학생은 최소 17개를 사와야 하고, 이때 여학생은 각자 8 개씩 받는다.
- **최대공약수와 최소공배수**

  (1) $G=(x-1)(2x+1)$, $L=(x-1)(2x+1)$

  (2) $G=(x-\sqrt{2})(x^2+2)$, $L=(x+\sqrt{2})(x-\sqrt{2})(x^2+2)$

  (3) $G=x-1$, $L=3(x-1)(2x+1)(x+1)(x^2+2)$
- **수와 식의 공약수:** 최대공약수 x^2-1 이고, 식으로서의 $x=2$ 일 때 최대공약수는 $x^2-1=3$ 이다. 하지만 $x=2$ 이면 두 수는 각각 15, 45이므로 최대공약수는 15 이다.
- **인수와 체공리:** $A=\begin{pmatrix}0 & 0\\ 0 & 1\end{pmatrix}$, $B=\begin{pmatrix}1 & 0\\ 0 & 0\end{pmatrix}$
- **복소수 해:** $2\cdot 3=0$ (1) 2, 4 (2) 모든 값
- **인수정리:** (1) $\pm\sqrt{2}$, $\pm i$ (2) $\frac{\pm 1\pm\sqrt{5}}{2}$
- **이차방정식과 판별식:** (1) $\frac{\pm\sqrt{3}-i}{2}$, $D>0$ (2) 2, -1, $D<0$

  (3) $\pm\frac{1+i}{\sqrt{2}}$, D의 부호 판별 못 함 (4) i (중근), $D=0$
- **부등식의 해와 논증**

  (1) $-\frac{1+\sqrt{5}}{2}<x<\frac{-1+\sqrt{5}}{2}$

  (2) $x>0$

  (3) $x<\frac{3-\sqrt{5}}{2}$ 또는 $\frac{3+\sqrt{5}}{2}<x<\frac{3+\sqrt{13}}{2}$

  (4) $x<-1$, $\frac{1-\sqrt{5}}{2}\le x<1$, $x\ge\frac{1+\sqrt{5}}{2}$
- **삼차방정식의 근의 공식**

  (1) $\pm\frac{\sqrt{3}-i}{2}$, $\pm\frac{\sqrt{3}+i}{2}$

  (2) -1 (중근), $\frac{-1\pm\sqrt{3}i}{2}$

(3) $-\sqrt[3]{4}-\sqrt[3]{16}-2,\ -\omega\sqrt[3]{4}-\omega^2\sqrt[3]{16}-2,\ -\omega^2\sqrt[3]{4}-\omega\sqrt[3]{16}-2$

(4) $u=\sqrt[3]{2+11i}=2+i,\ v=\sqrt[3]{2-11i}=2-i$에 대하여

$$x=u+v=4$$
$$x=wu+w^2v=-2-\sqrt{3}$$
$$x=w^2u+wv=-2+\sqrt{3}$$

이 해이다.

- **방정식의 분류**: (1) 방정식 (2) 방정식(불능) (3) 방정식(부정) (4) 부등식
- **풀이와 검증**: (1) $x=2n\pi$ 또는 $x=\cos^{-1}\left(-\frac{3}{5}\right)$ (단, $2n\pi+\frac{\pi}{2}<x<(2n+1)\pi$)

  (2) $x=\dfrac{3+\sqrt{5}}{2}$
- **함수의 성질과 해**: $f(x)=x-\sin x$라 하면 $f(0)=0$이다. 또 $f'(x)=1-\cos x\ge 0$이므로 f는 증가함수이다. 특히 $x\in(0,\ 2\pi)$에서는 $f'(x)>0$이므로 $f(x)>f(0)=0$이다. f가 단조증가하므로 $x>0$에서 $f(x)=0$는 해를 갖지 않는다. 비슷한 방법으로 $x<0$에서 $f(x)=0$는 해를 갖지 않는다. 따라서 $f(x)=0$의 해는 $x=0$이 유일하다.
- **연립일차방정식의 해**: 연산을 하면

$$\begin{array}{l} x+2y=a+b \\ (b-2a)y=1-a^2-ab, \\ (a-2b)y=c-ab-b^2 \end{array}\quad \text{즉}\quad \left(\begin{array}{cc|c} 1 & 2 & a+b \\ 0 & b-2a & 1-a^2-ab \\ 0 & a-2b & c-ab-b^2 \end{array}\right)$$

이므로 다음과 같이 나누어진다.

(i) $a=2b,\ b=2a$인 경우: $a=b=0$이므로 해가 존재하지 않는다.

(ii) $a=2b,\ b\ne 2a$인 경우: $b\ne 0$이다. $c\ne 3b^2$이면 해를 갖지 않고, $c=3b^2$이면 유일한 해를 갖는다.

(iii) $b=2a,\ a\ne 2b$인 경우: $3a^2\ne 1$이면 해를 갖지 않고 $3a^2=1$이면 유일한 해를 갖는다.

(iv) $b\ne 2a,\ a\ne 2b$인 경우: $c=\dfrac{(b-a)(b+a)^2+(a-2b)}{b-2a}$이면 유일한 해가 존재하고 그렇지 않으면 해가 없다.

- **연립이차방정식**

(1) $y^2=x+k$를 대입하면 $x^2+x+k-1=0$이므로 $-1\le x\le 1$에서 근을 갖기 위한 필요충분조건은 $1^2-4(k-1)\ge 0,\ k+1\ge 0$이다. 그러므로 $-1\le k\le\frac{5}{4}$이다.

별해 접점을 $(x_0,\ y_0)$라 하면 $2x_0+2y_0y'=0,\ 2y_0y'=1$이므로 $x_0=-\frac{1}{2}$이다. $(x_0,\ y_0)$는 원 위의 점이므로 $y_0=\pm\frac{\sqrt{3}}{2}$이다. 또 $(x_0,\ y_0)$는 $y^2=x+k$를 지나므로 $k=\frac{5}{4}$이다.

그러므로 $k \le \dfrac{5}{4}$ 이라야 한다. 한편 $k < -1$ 이면 $x = y^2 - k > 1$ 이므로 $x^2 + y^2 = 1$ 을 만족시키지 않는다. 그러므로 $-1 \le k \le \dfrac{5}{4}$ 일 때 연립방정식은 해를 갖는다.

별해 $y = x^2 + x - 1$과 $y = -k$의 그래프가 $-1 \le x \le 1$에서 만나기 위한 조건을 이용하여 구할 수도 있다.

(2) $k \ge -\dfrac{3}{16}$

- **연립방정식과 공통근**: (1) $a = 0\,(x = 0)$, $a = \dfrac{1}{2}\,(x = -1)$, $a = \dfrac{4}{3}\,(x = -2)$

  (2) $a = 0\,(x = 0)$, $a = \dfrac{2}{3}\,(x = 1)$, $a = 2\,(x = 2)$

- **행렬방정식**: (1) 해가 없음 (2) $x = 2,\ 5$
- **정수방정식**

(1) $\begin{cases} x = 2k + 1 \\ y = \ -k + 1 \end{cases}$ (단, k는 정수)

(2) $(x-3)(y-2) = 4$로부터 $(x,\ y)$는 $(-1,\ 1)$, $(1,\ 0)$, $(2,\ -2)$, $(4,\ 6)$, $(5,\ 4)$, $(7,\ 3)$이다.

- **가우스함수 방정식**

(1) 함수의 그래프 $y = \dfrac{3}{x}$와 $y = [x] + 1$의 그래프를 이용하여 해의 존재성을 볼 수 있다. $x = n + \alpha$(n은 정수, $0 \le \alpha < 1$)라 하면 $(n+\alpha)(n+1) = 3$ 이므로 $0 \le \alpha = \dfrac{3}{n+1} - n < 1$ 이다. 그러므로 $n(n+1) \le 3$, $(n+1)^2 > 3$ 이므로 $n = 1$ 이고 $\alpha = \dfrac{1}{2}$ 이다. 따라서 $x = n + \alpha = \dfrac{3}{2}$ 이다.

(2) $x = n + \alpha$, $y = m + \beta$라 하면 $n - m = 1 - \alpha$, $n + m = 1 - \beta$로부터 $\alpha = 0$, $\beta = 0$ 이고 $n = 1$, $m = 0$ 이다. 따라서 $x = 1$, $y = 0$ 이다.

- **지수방정식**: 양변에 로그를 취하면 $x\ln x = a\ln a$ 이므로 $\ln\left(\dfrac{1}{x}\right)^{\frac{1}{a}} = \ln\left(\dfrac{1}{a}\right)^{\frac{1}{x}}$ 이다. 그러므로 $\dfrac{1}{x}$를 x로 치환하고 a를 $\dfrac{1}{a}$로 치환하면 방정식 $x^a = a^x$의 해가 된다. 따라서 $a = \left(\dfrac{\alpha}{\alpha+1}\right)^{\alpha+1}$, $x = \left(\dfrac{\alpha}{\alpha+1}\right)^{\alpha}$ 이다.
- **직관과 연립방정식**: 4천 원짜리와 5천 원짜리가 같은 개수로 팔렸다면 각각 240개씩 팔렸으므로 판매금액은 216만 원이다. 판매금액이 210만 원이므로 6만 원이 더 적다. 4천 원짜리가 하나 더 팔리고 5천 원짜리가 하나 덜 팔리면 금액의 차액을 1천 원이므로 60장이 4천 원짜리가 더 팔리고 5천 원짜리가 덜 팔리면 판매금액이 210만 원이 된다. 그러므로 4천 원짜리는 $240 + 60 = 300$장이 팔렸고, 5천 원짜리는 $240 - 60 = 180$장이 팔렸다.

별해 내분하는 비율을 이용하여 풀 수도 있다. 실제로

$$\frac{5000\times 480-2100000}{2100000-4000\times 480}=\frac{300}{180}$$

이므로 4천 원에서의 거리가 180, 5천 원에서 거리가 300이다. 따라서 판매된 입장권에는 4천 원짜리가 300개이고 5천 원짜리가 180개다.

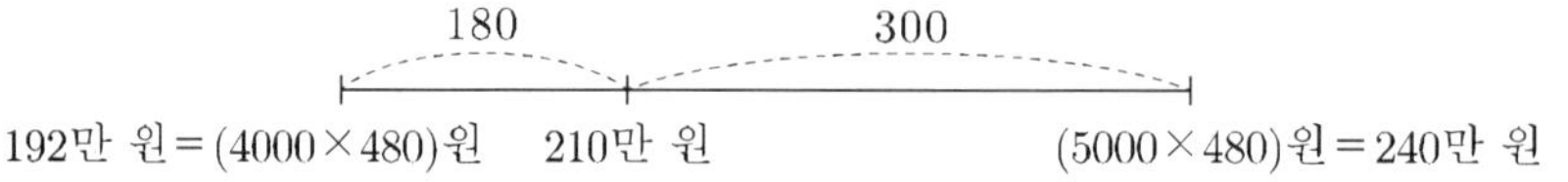

별해 예매한 입장권의 수를 x, 창구에서 구매한 입장권의 수를 y라 하면

$$\begin{cases} x+y=480 \\ 4x+5y=2100 \end{cases}$$

이다. 따라서 $x=300$, $y=180$이다.

- **직관과 방정식**: 충돌할 때까지의 시간은 2시간이므로 파리가 이동한 거리는 150km이다.

  별해 등비급수의 합으로 계산할 수도 있다.

- **연립방정식 변형**: (1) $\dfrac{6\pm 3\sqrt{3}}{4}$ (2) $26\pm 15\sqrt{3}$
- **지수방정식**: $a=\sqrt{2+\sqrt{3}}$ 이라 하면 $a^x+a^{-x}=4$ 로부터 $a^x=2\pm\sqrt{3}$ 이다. 그러므로 $x=\pm 2$ 이다.
- **삼각방정식**: (1) $-\dfrac{7}{32}$ (2) $\cos x=\dfrac{3\pm\sqrt{23}}{8}$
- **방정식의 근과 계수**: $a+b=-12$
- **다항식의 인수**

  (1) $x^4+1=(x^2-\sqrt{2}x+1)(x^2+\sqrt{2}x+1)$

  (2) $x^4-5x^2-6=(x^2-6)(x^2+1)$

  (3) $x^4+3x^2+4=(x^2-x+2)(x^2+x+2)$

  (4) $x^4-10x^2+16=(x^2-2)(x^2-8)$

  $$=(x^2-3\sqrt{2}x+4)(x^2+3\sqrt{2}x+4)$$

  $$=(x^2-\sqrt{2}x-4)(x^2+\sqrt{2}x-4)$$

- **다항식의 나눗셈**: (1) $a=0$, $b=4$이고 $f(x)=x^2-2x+2$이므로 $f'(1)=0$이다.

  (2) $a=1$, $b=-1$이고 $f(x)=x^2+2$이므로 $f'(1)=2$이다.

- **직선의 교점과 연립방정식**: $(1,\ 1)$ 또는 $(3,\ 9)$
- **무리수 판별법**: b^2-4ac 가 제곱수가 아니면 $\sqrt{b^2-4ac}$ 는 무리수이므로 $x=\dfrac{-a\pm\sqrt{b^2-4ac}}{2a}$

는 무리수이다.

- **무리수의 종류**: e, π는 방정식 $x^2-(e+\pi)x+e\pi=0$의 해이다. 만약 $e\pi$, $e+\pi$가 모두 유리수이면 e, π는 모두 대수가 되므로 모순이다.
- e와 $\cos 1$: (1) $\dfrac{\ln 5}{\ln 2}=\dfrac{m}{n}$이면 $5^n=2^m$이다. 좌변은 홀수이고 우변은 짝수이므로 모순이다.

  (2) $\log_2 6=\dfrac{m}{n}$이면 $2^m=6^n=2^n\cdot 3^n$이므로 $2^{m-n}=3^n$이 되어 모순이다.
- 삼각비

  (1) $\dfrac{1}{2}=\sin 30°=2\sin 15°\sqrt{1-\sin^2 15°}$이므로 $a=\sin 15°$라 하면 a는 방정식 $16x^4-16x^2+1=0$의 해이다. 그런데 인수정리에 의해 이 방정식은 유리수 해를 갖지 않으므로 a는 무리수이다.

  (2) $\tan a$, $\tan b$가 유리수이면 $\tan(a+b)=\dfrac{\tan a+\tan b}{1-\tan a\tan b}$도 유리수이다. 그러므로 $\tan 2°$가 유리수이면 $\tan 4°$, $\tan 8°$, $\tan 16°$가 모두 유리수이다. 따라서 $2+4+8+16=30$이므로 $\tan 30°$도 유리수이다. 그런데 $\tan 30°=\dfrac{1}{\sqrt{3}}$이 무리수이므로 모순이다.

■ 연습문제

1. 유클리드 호제법에 의하여

$$
\begin{aligned}
286 &= 195\times 1+91\\
195 &= 91\times 2+13\\
91 &= 13\times 7
\end{aligned}
$$

이므로 최대공약수는 13이다.

2. 자연수는 $6n-2$, $6n-1$, $6n$, $6n+1$, $6n+2$, $6n+3$ 중의 하나이고 $6n\pm 1$을 제외한 모든 경우는 합성수이다. 하지만 역은 성립하지 않는다. $n=4$, $n=6$을 생각해보라.

5. (2), (3)은 인수분해한 것이다.

8. $ab=-3$

9. (1) $a+b=\pm 2$ (2) $a+2b=\pm 3$

10. 5%에서 6%까지의 차이는 1%이고, 8%에서 6%까지의 차이는 2%이므로, 섞어서 같은 소금농도가 되려면 8%의 소금물의 양이 5%의 소금물의 양의 $\dfrac{1}{2}$라야 한다. 그러므로 240g의 절반인 120g이다.

별해 농도 5%인 소금물 240g에는 소금이 12g이 들어있다. 8%인 소금물의 양을 xg라 하고 소금의 양을 ag이라 하면 $a=\dfrac{8x}{100}$이다. 이 둘을 섞으면 농도는

$$\frac{6}{100}=\frac{12+a}{240+x}, \quad \text{즉} \quad 6\times240+6x=1200+100a=1200+8x$$

이다. 따라서 $x=120\,\text{g}$이다.

13. 실근을 가지려면 (판별식) ≥ 0이므로 $2-\sqrt{2}\leq k\leq 2+\sqrt{2}$이다. k가 정수이므로 $k=1,\ 2,\ 3$뿐이다. $k=1,\ 2,\ 3$을 차례로 대입해보면 x가 정수인 경우는 1, 3이다.

별해 근의 공식을 써서 근호 속의 값이 제곱수가 되는 k의 값을 계산한다.

14. (1) 모든 실수 x에 대하여 ax^2+bx+c가 실수이므로 $a,\ b,\ c$ 실수이다.

(2) 서로 다른 두 실근을 $\alpha,\ \beta$라 하면 $a(x-\alpha)(x-\beta)=0$으로 $a,\ b,\ c$는 모두 실수이므로 참이다.

(3) $ix^2-ix=0$ 또는 $x^2-(i+1)x+i=0$를 생각해보라.

15. (1) $x^2y-x-y+1=(x-1)(xy+y-1)$

(2) $x^4+4x^2-1=(x^2+2-\sqrt{5})(x^2+2+\sqrt{5})$

(3) $x^4-6x^2+10=(x^2-3+i)(x^2-3-i)$

16. (1) $\pm1,\ \pm\sqrt{3}i$

(2) $\pm i,\ \dfrac{-1\pm\sqrt{3}i}{2}$

(3) $5,\ \dfrac{1\pm3\sqrt{3}i}{2}$

(4) $1,\ u+v-1,\ \omega u+\omega^2v-1,\ \omega^2u+\omega v-1$

(단, $u=-\sqrt[3]{\dfrac{1}{2}+\sqrt{\dfrac{31}{108}}}\ \ v=-\sqrt[3]{\dfrac{1}{2}-\sqrt{\dfrac{31}{81}}}$)

(5) 1(중근), $-1,\ \pm i$

(6) $\dfrac{-1-\sqrt{3}\pm\sqrt[4]{12}}{2},\ \dfrac{-1+\sqrt{3}\pm\sqrt[4]{12}i}{2}$

17. (1) 방정식 (2) 방정식(불능) (3) 방정식(부정) (4) 방정식(부정)

18. (1) $x>0$

(2) $x<0$ 또는 $\dfrac{3-\sqrt{5}}{2}<x<\dfrac{3+\sqrt{5}}{2}$

(3) $x=2n$ (n은 정수)

(4) $\begin{cases} x = 3+\alpha \ (0 \le \alpha < 1) \\ y = -1 \end{cases}$ 또는 $\begin{cases} x = 2+\alpha \ (1/2 \le \alpha < 1) \\ y = -1/2 \end{cases}$

또는 $\begin{cases} x = 4+\alpha \ (0 \le \alpha < 1/2) \\ y = -3/2 \end{cases}$

(5) $x = \dfrac{n\pi}{2} + (-1)^n \dfrac{\pi}{10}$

(6) $1 < x < 6$

19. (1) $(x-1)(y-1) = 4$로부터 (x, y)는 $(5, 2)$, $(2, 5)$, $(0, -3)$, $(-3, 0)$, $(3, 3)$, $(-1, -1)$이다.

(2) 유클리드 호제법을 적용하면

$$1990 = 173 \times 11 + 87$$
$$173 = 87 \times 1 + 86$$
$$87 = 86 \times 1 + 1$$

이므로 1990과 173은 서로소이다. 이제 위의 과정을 역으로 정리해가면

$$\begin{aligned} 1 &= 87 - 86 \times 1 \\ &= 87 - (173 - 87 \times 1) \times 1 = 87 \times 2 - 173 \\ &= (1990 - 173 \times 11) \times 2 - 173 = 1990 \times 2 - 173 \times 23 \end{aligned}$$

이다. 그러므로 $1990x - 173y = 11$의 한 해는 $x_0 = 2 \times 11 = 22$, $y_0 = 23 \times 11 = 253$ 이다. 따라서 방정식의 해는 $\begin{cases} x = x_0 + 173k = 22 + 173k \\ y = y_0 + 1990k = 253 + 1990k \end{cases}$ (단, k는 정수)이다.

20. (1) $\sqrt{e}$가 유리수이면 e가 유리수이므로 모순이다.

(2) $(x^3-4)^2 = 3$ 즉 $x^6 - 8x^3 + 13 = 0$의 해이다.

(3) $\sqrt{2}^{\sqrt{2}} = \sqrt{2^{\sqrt{2}}}$가 유리수이면 $2^{\sqrt{2}}$가 유리수이므로 모순이다.

(4) $\log_{10} 2 = \dfrac{p}{q}$이면 $2^q = 10^p = 2^p \cdot 5^p$이므로 $2^{q-p} = 5^p$이다. 좌변은 짝수이고 우변은 홀수이므로 $q - p = 0$, $p = 0$이 되어야 하므로 모순이다.

21. $x = \sqrt{n}$이라 하면 $x^2 - n = 0$이다. $x^2 - n = 0$가 유리수 해 r를 가지면 r는 n의 약수라야 한다. 그러면 $n = r^2$이 되어 n이 제곱수가 된다.

별해 $\sqrt{n} = \dfrac{p}{q}$ $(p, q \in \mathbb{N})$이 유리수라고 가정하자. n이 완전제곱수가 아니므로 $\sqrt{n}$은 자연수가 아니다. 그러므로 $m_0 < \sqrt{n} < m_0 + 1$을 만족시키는 자연수 $m_0 \in \mathbb{N}$가 존재한다. 집합 E를

$$E = \{k \in \mathbb{N} \mid k\sqrt{n} \in \mathbb{Z}\}$$

로 두자. $q\sqrt{n} \in \mathbb{Z}$이므로 $q \in E$이다. 순서공리에 의하여 E의 최소원소가 존재하는데 그 원소를 n_0라 하자. $x = n_0(\sqrt{n} - m_0)$라 두자. 그러면 $0 < x < n_0$이다. 자연수 n_0가 E의 최소원소이므로 $x \notin E$이다. 한편 $n_0\sqrt{n} \in \mathbb{Z}$이므로

$$x\sqrt{n} = n_0(\sqrt{n} - m_0)\sqrt{n} = n_0 n - n_0\sqrt{n}\,m_0 \in \mathbb{Z}$$

가 성립하여 $x \in E$가 되어 모순이다.

24. $x = a^r$, $r = \dfrac{m}{n}$ (단, n, m은 정수)라 하면 $x^n = a^m$이다. $a = \dfrac{p}{q}$ (단, p, q은 정수)라 하면 $x = a^r$는 방정식 $q^m x^n - p^m = 0$의 해이다.

25. (1) 대수 (2) 대수

(3) 2^2는 대수이고 $\sqrt{2}^{\sqrt{2}}$는 초월수이다. (4) 초월수

(5) 초월수

(6) 2^π는 초월수이고 $2^{\log_2 3}$은 대수이다. 참고로 $\log_2 3$가 유리수이면 $2^m = 3^n$을 만족시키는 정수 n, m이 존재하므로 모순이다. 그러므로 $\log_2 3$은 무리수이다. 만약 $\log_2 3$이 대수이면 Gelfond-Schneider 정리에 의하여 $2^{\log_2 3}$은 초월수라야 하는데 모순이다. 그러므로 $\log_2 3$은 초월수이다.

(7) e^2은 초월수이고 $(\sqrt{2}^{\sqrt{2}})^{\sqrt{2}}$은 대수이다.

(8) $e + e = 2e$는 초월수이고 $(1+e) + (1-e) = 2$는 대수이다.

(9) $e \times \pi$는 초월수이고 $e \times e^{-1}$은 대수이다.

(10) e^π는 초월수이고 $e^{\ln 2}$는 대수이다. 참고로 $\ln 2$가 초월수임은 Lindemann-Weierstrass 정리를 참조하라.

26. (1) 대수 (2) 대수

27. (1) $\theta = 36°$라 하면 $5\theta = \pi$이므로 $\cos 3\theta = \cos(\pi - 2\theta) = -\cos 2\theta = 1 - 2\cos^2\theta$이다. 그러므로 $x = \cos\theta$는 $4x^3 - 3x = 1 - 2x^2$의 해이다.

(2) $\theta = 22.5°$라 하면 $2\theta = 45°$이다. 그러므로 $\sin 2\theta = \dfrac{\sqrt{2}}{2}$ 즉 $2\sin\theta\cos\theta = \dfrac{\sqrt{2}}{2}$이다. 양변을 제곱하면 $4\sin^2\theta(1 - \sin^2\theta) = \dfrac{1}{2}$이므로 $x = \sin\theta$는 $x^2(1 - x^2) = \dfrac{1}{8}$의 해이다.

(3) $a = \log_{10} 2$라 하면 $10^a = 2$이다. a가 대수이면 Gelfond-Schneider 정리에 의해 10^a 즉

2가 초월수라야 하므로 모순이다. 그러므로 a는 초월수이다.

28. (1) $a=\sqrt{2}+\pi$라 하면 $a^2-2\pi a+\pi^2=2$이므로 π는 $x^2-2ax+a^2-2=0$의 해이다. a가 유리수이면 π는 대수이므로 모순이다.

(2) $\ln 2=\dfrac{m}{n}$이면 $e^m=2^n$으로 $x=e$는 방정식 $x^m-2^n=0$의 해가 되므로 모순이다.

(3) $a=e+\sqrt{e}$라 하면 a는 방정식 $a^2-2ea+e^2=e$이다. 만약 a가 유리수이면 e는 방정식 $x^2-(2a+1)x+a^2=0$의 해가 되어 모순이다.

(4) $a=\pi+\sqrt{\pi}$라 하면 a는 방정식 $a^2-2\pi a+\pi^2=\pi$이다. 만약 a가 유리수이면 π는 방정식 $x^2-(2a+1)x+a^2=0$의 해가 되어 모순이다.

29. (1) $x=\sin\dfrac{\pi}{12}$라 하면

$$\frac{1}{2}=\sin\frac{\pi}{6}=\sin\left(2\cdot\frac{\pi}{12}\right)=2\sin\frac{\pi}{12}\sqrt{1-\sin^2\frac{\pi}{12}}$$

이므로 $\dfrac{1}{4}=4x^2(1-x^2)$이다. 그러므로 x는 대수이다.

(2) 초월수

31. 먼저 $\theta=30$은 존재한다.

33. 유리수 해를 $x=\dfrac{q}{p}$ (p, q는 서로소)라 하면 $a\left(\dfrac{q}{p}\right)^n+b\left(\dfrac{q}{p}\right)+c=0$이므로 다음과 같다.

$$aq^n+bp^{n-1}q+cp^n=0$$

(i) p, q가 모두 홀수이면 위의 방정식은 (홀수)+(홀수)+(홀수) $=0$가 되어 모순이다.

(ii) p가 홀수이고 q가 짝수이면 (또는 p가 짝수이고 q가 홀수이면) 위의 방정식은

$$(\text{짝수})+(\text{짝수})+(\text{홀수})=0$$

가 되어 모순이다.

(iii) p와 q가 모두 짝수인 경우는 $(p,\ q)=1$이므로 일어나지 않는다.

따라서 유리수 해는 존재하지 않는다.

34. $x^2=ax+by+c+n\pi$이다. $n\neq 0$이면 유리수 해를 가질 수 없으므로 방정식 $x^2=ax+by+c$와 같다.

知而不知數學

중등수학에 관한 대화 1

지은이 이동원
펴낸이 조경희
펴낸곳 경문사
펴낸날 2024년 1월 25일 1판 1쇄
등 록 1979년 11월 9일 제1979-000023호
주 소 04057, 서울특별시 마포구 와우산로 174
전 화 (02)332-2004 팩스 (02)336-5193
이메일 kyungmoon@kyungmoon.com

값 22,000원

ISBN 979-11-6073-329-7

★ 경문사의 다양한 도서와 콘텐츠를 만나보세요!

홈페이지	www.kyungmoon.com	페이스북	facebook.com/kyungmoonsa
포스트	post.naver.com/kyungmoonbooks	블로그	blog.naver.com/kyungmoonbooks
북이오	buk.io/@pa9309	인스타그램	instagram.com/kyungmoonsa

도서 중 **정오표** 및 **학습자료**가 있는 경우 홈페이지 내 해당 도서 상세 페이지의 **자료** 탭에 업로드됩니다.